湖北省省级一流线上课程配套教材

实用社交礼仪教程

编著 ◎ 陈珊秀

中国·武汉

内 容 简 介

本书是为高校本专科学生量身定制的一本实用性教材,包括:仪态、仪容、仪表这些个人形象方面的礼仪知识;称呼、会面、通联、交谈、馈赠等交际交往与沟通往来方面的常识技巧;中餐、西餐、烟酒、咖啡等饮食礼规;求职面试、恋爱见家长、宿舍方面的综合实用礼仪知识;国内与国外部分国家、地区的庆典礼俗和风土人情。本书从举手投足、穿衣打扮、交际交往、跨文化交流等多方面进行阐述,在很大程度上开阔了读者的视野,可满足高校学生的各种社会交往需要。

图书在版编目(CIP)数据

实用社交礼仪教程 / 陈珊秀编著. -- 武汉:华中科技大学出版社,2024.11. -- ISBN 978-7-5772-1339-2

Ⅰ. C912.12

中国国家版本馆 CIP 数据核字第 20240R493C 号

实用社交礼仪教程 陈珊秀 编著
Shiyong Shejiao Liyi Jiaocheng

策划编辑:袁 冲	
责任编辑:叶向荣	
封面设计:孢 子	
责任校对:李 弋	
责任监印:朱 玢	

出版发行:华中科技大学出版社(中国•武汉)　　电话:(027)81321913
　　　　　武汉市东湖新技术开发区华工科技园　　邮编:430223

录　　排:华中科技大学惠友文印中心
印　　刷:武汉科源印刷设计有限公司
开　　本:710mm×1000mm　1/16
印　　张:13.75
字　　数:269 千字
版　　次:2024 年 11 月第 1 版第 1 次印刷
定　　价:59.00 元

本书若有印装质量问题,请向出版社营销中心调换
全国免费服务热线:400-6679-118　竭诚为您服务
版权所有　侵权必究

前　言

很多同学有过这样的经历：在较正式的场合或面对重要的人时会感到紧张，会不自信，甚至手足无措。为什么会出现这样的情形呢？部分原因在于：关键时刻同学们在行为举止方面尽力想表现好，但不知道什么样的标准才是好。学习社交礼仪知识，才有了检视自身修养举止的标尺，进而知道如何展示迷人笑容、拥有优雅体态、控制好人际交往距离、把握好社交分寸。

作者历经十五年的一线教学发现，无论是线上还是线下，"社交礼仪"都是受关注受欢迎的课程，许多礼仪课程案例2023年被高校联盟评为"慕课十年典型案例"。作者深深地知道：即将进入社会的同学，内心是忐忑不安的，这种忐忑不安缘于社交知识的匮乏。大多数同学目前仅有的社交知识来自家庭教育，是零星的，甚至是不规范的。学校应该重视礼仪教育，为同学们从容自信地面对社会提升能力、增加信心。本书为作者2020年省级一流线上课程的配套教材，是学校、学院重点支持的立项教材，还获得2023年湖北省哲学社会科学项目资助（项目编号：23Z105/项目名称：中华优秀传统礼仪文化融入大中小学思政课一体化研究）。本书网课链接：https://i.chaoxing.com/base? vflag=true&fid=438&backUrl=https://whkjdx.fanya.chaoxing.com。

本书实用性、趣味性较强，从举手投足、穿衣打扮、交际交往、餐饮通勤、婚恋求职、节日庆典等方面全方位进行礼仪介绍，可满足同学们的各种社交需要。礼仪是打开交际之门的钥匙，是事业成功的手段，是进入社会的通行证。不学礼，如何立？

本书在参考已有礼仪研究成果的基础上，融入作者自己的心得体会编撰而成，疏漏之处在所难免，请各位前辈及读者不吝赐教。

有"礼"走遍天下，无"礼"寸步难行！

谨以此书献给即将进入社会的同学们！

编著者
2024年6月

目　　录

第一章　社交礼仪概述 ……………………………………………（1）
　第一节　礼仪的起源与发展 ………………………………………（1）
　第二节　礼仪的内涵与原则 ………………………………………（3）
　第三节　礼仪的通用惯例 …………………………………………（5）
　第四节　礼仪的重要性 ……………………………………………（5）
　课后思考题 …………………………………………………………（7）

第二章　个人形象礼仪 ……………………………………………（8）
　第一节　仪态礼仪 …………………………………………………（8）
　第二节　仪容礼仪 …………………………………………………（20）
　第三节　仪表礼仪 …………………………………………………（29）
　课后思考题 …………………………………………………………（44）

第三章　交际交往的基本礼仪 ……………………………………（45）
　第一节　称呼礼仪 …………………………………………………（45）
　第二节　见面礼仪 …………………………………………………（48）
　第三节　空间礼仪 …………………………………………………（55）
　第四节　通联礼仪 …………………………………………………（57）
　第五节　公共礼仪 …………………………………………………（61）
　课后思考题 …………………………………………………………（64）

第四章　沟通往来礼仪 ……………………………………………（65）
　第一节　交谈礼仪 …………………………………………………（65）
　第二节　馈赠礼仪 …………………………………………………（70）
　课后思考题 …………………………………………………………（75）

第五章　饮食礼仪 (76)
第一节　中餐礼仪 (76)
第二节　西餐礼仪 (84)
第三节　饮品礼仪 (90)
课后思考题 (100)

第六章　综合实用礼仪 (101)
第一节　求职面试礼仪 (101)
第二节　恋爱见家长礼仪 (105)
第三节　宿舍礼仪 (107)
课后思考题 (109)

第七章　中国节日庆典礼俗 (110)
第一节　庆典礼规之婚礼 (110)
第二节　庆典礼规之寿诞礼俗 (115)
第三节　中国节日礼俗之春节 (122)
第四节　中国节日礼俗之清明、端午、中秋、重阳 (127)
第五节　部分少数民族的习俗与礼仪 (138)
课后思考题 (153)

第八章　世界部分国家礼俗 (154)
第一节　亚洲部分国家礼俗 (154)
第二节　欧洲部分国家礼俗 (179)
第三节　美洲、大洋洲部分国家习俗礼仪 (195)
课后思考题 (204)

附录 (205)
附录A　带你领略不一样的风土人情 (205)
附录B　谦辞和敬语 (210)

主要参考文献 (213)

第一章

社交礼仪概述

孔子曰:"不学礼,无以立。"的确,不学礼仪、不懂礼仪、不讲礼仪,我们怎么能安身立命,怎么在社会上立足呢?无论是国家、集体还是个人都要注重礼仪,礼仪是打开交际之门的钥匙,是促进事业成功的手段,是形成完美人格的途径。

第一节 礼仪的起源与发展

我国自古就是"礼仪之邦",关于礼仪的渊源问题,我们应该做些了解;外国在礼仪方面有哪些建树,我们也有必要略知一二;在与各色人种交际交往中我们应该怎样把握好分寸,作为现代人更应了解。

(一)中国礼仪的起源与发展

中国素有"礼仪之邦"的美誉,礼仪文化源远流长,关于它的起源问题可追溯到原始社会的祭祀活动。祭祀最早就是先人们祈求天地等各路神明保佑无难无灾、风调雨顺,祈祷祖先显灵、降福生子的一种仪式。随着社会的发展,礼仪逐渐从原来的祭祀活动扩展到各种人际交往活动中,通过"郑重其事"的仪式来表达对交往对象的敬重。经过传承沿袭并不断变革,逐渐形成了现代礼仪。

我国礼仪的演变过程大致可以划分为五个发展阶段。

1. 礼仪的起源萌芽阶段

原始社会中晚期(约旧石器时代),那时制定了简单的婚嫁礼仪、尊卑等级礼制、祭天敬神的祭典仪式,还规定了人们的相互交往中表示尊重和礼节的行为准则。

2. 礼仪的形成阶段

奴隶社会时期,统治阶级把原始的宗教礼仪演变为满足自身需要的阶级礼制,并形成了比较完整的国家礼仪与制度。这个时期制定的"五礼"涉及社会生活各方面的礼仪规范和行为标准。我国最早的"礼学三著作"——《周礼》《仪礼》《礼记》均出自这一时期。它们的问世标志着周礼达到了系统完备的状态,礼仪的内涵已从纯粹祭祀祖先及天地鬼神向制约人类转变,其从治理国家到家庭生活进行全面规范,古代正式的礼仪开始形成,社会也开始区分贵贱、尊卑、顺逆、贤愚等人际交往准则。随着"礼仪三百,威仪三千"的提出,"礼仪之邦"的称谓应运而生。

3. 礼仪的变革阶段

春秋战国时期的"百家争鸣"导致礼仪产生了分化。礼仪制度成为国礼、民众交往的礼俗并逐渐发展成为家礼,对治国安邦、规范行为、培养人格具有极为重要的价值。

以孔子、孟子、荀子为代表的诸子百家对礼仪进行了系统阐述。"不学礼,无以立""人无礼则不生,事无礼则不成,国无礼则不宁""非礼勿视,非礼勿听,非礼勿言,非礼勿动""礼之用,和为贵。先王之道,斯为美"等名言佳句皆出于这一时期。

从秦汉到清末,纵观封建社会的发展历程,可以说历代统治者都十分重视礼仪,统治者根据自己的统治需要"以礼治国"。封建社会的礼仪涉及国家政治礼制和家庭伦理两类,构成了中华传统礼仪的主体。所谓的"君权神授""三纲五常""三从四德"代表了这一阶段的礼仪走向,礼仪成了使人窒息的精神枷锁。尊君抑臣、尊夫抑妇、尊父抑子、尊神抑人,礼教导致人与人之间无平等交往的空间,但对于维护社会秩序具有积极意义。

4. 礼仪的发展阶段

辛亥革命以后,中国的传统礼仪受到西方资产阶级思想的强烈冲击。五四新文化运动对腐朽、落后的礼教进行了清算,并尝试接受国际上通用的礼仪形式。新中国成立后,逐渐确立平等相处、友好往来、相互帮助、团结友爱的新型社会人际关系。改革开放之后,西方礼仪思想陆续传入我国,同我国的传统礼仪相互交融、碰撞,中国礼仪得到新的完善和发展。

5. 礼仪的成熟阶段

现如今,礼仪已被写进《新时代公民道德建设实施纲要》中,从国家的层面来要求公民必须明礼诚信,将文明礼貌作为社会公德的主要内容。"礼仪是宣示价值观的有效方式",人们通过各种仪式来表达自己的价值观,不少年轻人也越来越重视生活的仪式感、各种重大活动的庆典仪式。

(二) 国外礼仪的演变与发展

我国礼仪在蓬勃发展的同时,西方的礼仪也并非没有作为,如我们熟知的王室礼仪、贵族礼仪、西餐礼仪等。据考证,西方最早的礼仪萌芽于古希腊,形成于17世纪和18世纪的法国,其间,深受古希腊、古罗马、法兰西等文化的影响。

古希腊人对于女性非常崇拜,如智慧女神雅典娜、爱情之神维纳斯,以及命运之神、正义之神、胜利之神等都是女性;西方人一生中最重要的礼仪——洗礼、婚礼、葬礼,都与教堂有关,罗马帝国时期的基督教对西方礼仪的形成产生了很大的影响;17世纪和18世纪的法国宫廷制定了出入上流社会场所的种种行为规范,成为西方礼仪的雏形。公元前11世纪,古希腊进入"荷马时代",《荷马史诗》中有许多关于礼仪的论述,如讲礼貌、守信用的人才受人尊重,提出了"美德即是一种和谐与秩序"的观点;"人类由于志趣善良而有所成就,成为最优良的动物,如果不讲礼法、违背正义,他就堕落为最恶劣的动物"。其后的《雄辩术原理》中还论及"一个人的道德、礼仪教育应从幼儿期开始";《爱的艺术》中告诫青年朋友不要贪杯,用餐不可狼吞虎咽。

12世纪至17世纪是欧洲封建社会鼎盛时期,制定了严格而烦琐的贵族礼仪、宫廷礼仪、用餐礼仪:用餐的规矩、贵宾居上座、举杯祝酒等都有讲究。14世纪至16世纪,欧洲进入文艺复兴时期,出版的礼仪名著有:伊拉斯谟的《礼貌》,着重论述了个人礼仪和进餐礼仪等,提醒人们讲究道德、清洁卫生和外表美;培根的《培根论说文集·论礼节与仪容》指出"一个人若有好的仪容,那对他的名声大有裨益⋯⋯就好像一封永久的推荐书一样"。

西方现代学者也出版了不少礼仪书籍,如法国学者让·赛尔著的《西方礼节与习俗》、英国学者埃西尔·伯奇·唐纳德编的《现代西方礼仪》、德国作家卡尔·斯莫尔卡著的《请注意您的风度》、美国礼仪专家伊丽莎白·波斯特著的《西方礼仪集萃》以及美国教育家卡耐基编撰的"成功之路丛书"等。

第二节 礼仪的内涵与原则

(一) 礼仪的内涵

何谓礼仪?"礼"在《辞海》中注释为敬神,可引申表示为敬意的通称,即为表示敬意而隆重举行的仪式,在《说文解字》中有"礼,履也。所以事神致福也"。在《诗经》和《周礼》中,礼仪一词的内涵是典章制度和道德教化。"礼仪"一词,在西方源于法语"etiquette",意为进入法庭的通行证。"礼仪"后来才出现在英语中,表示礼节、规范的含义,最后逐渐引申为"人际交往的通行证"。简单来讲,礼即礼节、礼貌;仪,即仪表、仪态、仪容、仪式。

礼貌是一个人的思想道德水平、文化修养、交际能力的外在表现,是人类为维系社会正常生活而共同遵守的最起码的道德规范。它在人们长期共同生活和相互交往中逐渐形成,并且以风俗、习惯和传统等方式固定下来。东汉经学家赵岐解释说:"礼者,接之以礼也;貌者,颜色和顺,有乐贤之容。"《孟子·告子下》曰:"迎之致敬以有礼。"礼貌具体就是以言语、行动所表现的恭敬谦虚。与人打交道时,我们一定要注意礼貌,因为礼貌可让你"无须花费一文而赢得一切","礼貌是有教养人的第二个太阳"。

礼节是在交际中,人们相互表示尊重、问候、致意、祝愿、友好而采用的一些惯用形式,如问好、鞠躬、握手、献花等,是礼貌的具体表现形式。管子曰:"仓廪实而知礼节。"

人们在社会交往活动中,为了相互表示尊重,在仪表、仪态、仪容、仪式等方面也存在约定俗成的共同认可的行为规范。

马克思指出:"人的本质不是单个人所固有的抽象物,在其现实性上,它是一切社会关系的总和。"很明显,人类区别于动物的一个显著特征是人的社会性。置身于社会中的人与人之间必定会有各种交往活动,即我们所说的社交。

古希腊哲学家亚里士多德也说过:"一个人不和他人打交道,不是一个神,就是一个兽。"只要是个正常人,都会有社交,有社交就要遵守一定的社交规则,即社交礼仪。社交礼仪就是人们在社会的各种具体的交往和相处中,为了相互表示尊重,减少摩擦,在仪表、仪态、仪容、仪式、言谈举止等方面约定俗成的共同认可的规则和程序。

(二) 礼仪的原则

礼仪的内涵丰富多样,但它有自身的规律性,其基本的原则包括以下几条。

1. 互尊原则

与人交往时我们要自尊尊人、互相尊重,做到敬人之心长存,处处不可失敬于人,不可伤害他人的个人尊严,更不能侮辱对方的人格。

2. 真诚原则

对他人的尊重是发自内心的,言行一致,表里如一,"人无信不立",取信于人在人际交往中是非常重要的。

3. 适度原则

与人打交道时要把握好分寸,修饰自己要把握好度,敬重别人也要把握好度,切忌低声下气。

4. 宽容原则

学礼仪、懂礼仪、用礼仪是我们对自己的要求,其他人与我们相处时没遵守礼仪规则,我们要持宽容的态度,切不可斤斤计较、怀恨在心,既要严于律己,也要宽以待人。

5. 自律原则

知礼、学礼、懂礼、用礼,在有需要的时候都应如此,最重要的就是要自我要求、自我约束、自我对照、自我反省、自我检查,而不仅仅只在几个自认为重要的场合或只对某几个人。

第三节　礼仪的通用惯例

正如大家所感知到的那样：人们之间的往来越来越频繁，打交道的机会越来越多，如果没有一套通行的礼仪规则、各行其是，将会造成摩擦、误会不断。由于各地习俗不同、文化不同、背景不同，交际交往中的礼仪差异在所难免，为了能更顺利地沟通、更融洽地往来，遵守一定的礼仪惯例成了必然。

1. 女士优先

"女士优先"是国际社会公认的第一礼仪，是指在一切交际场合都要尊重女性、照顾女性、体谅女性、保护女性。女士优先是专门为男士设置的礼仪惯例，在社交场合遵守女士优先的男士显得非常有绅士风度。"妇女享有优先的特权"在社会上已形成惯例，生活中很多地方都对女性有特别的关照，如车库里划出粉红色的"女士专用停车位"，方便女性停车。

2. 以右为尊

按国际惯例，将多人进行排序时，最基本的规则是右高左低，即以右为上，以左为下；以右为尊，以左为卑。私人接触、社交应酬、开会用餐，但凡有必要排主次尊卑时，都遵守"以右为尊"的原则。握手、递接物品都是用右手，不允许用左手。

3. 信守约定

信守约定就是与人交往时说话要算数，承诺要兑现，约会要如约而至。失信、失约是违背礼仪基本原则的，既不尊重别人，也有损自身形象。

4. 入乡随俗

"入乡随俗"是国际交往中一条很重要的礼仪原则。社交在很多时候包含跨地区、跨文化、跨民族交流，俗话说："十里不同风，百里不同俗"，遇到有文化、风俗、习惯差异的情况，我们就要秉着"入乡随俗"的原则，灵活处理，谨记《礼记》中的"礼从宜，使从俗"。

5. 尊重隐私

尊重隐私是国际上比较重要的一个惯例，以前我们对这方面的重视不够，随着对外交往越来越频繁，很多人开始接受、认可并遵循这一惯例。

第四节　礼仪的重要性

孟子曰："礼，门也。"礼仪是待人接物的门道，是进入社交场合的通行证，是为人处世所应具备的教养，是与他人打交道的基本道理。不懂礼仪，几乎寸步难行，用荀子的一句话来概括,即"人无礼则不生,事无礼则不成,国不礼则不宁",小到日常的社交,再至职场中的往来,大到国际交流,无论哪一个场景都不能忽视礼仪。

在日常生活中,一个不得体的举止、一套不恰当的装扮、一句不得当的语言,也许就会给自己引来麻烦或不公正待遇。如:用左手递接物品,在外出旅游时很可能会引发不快;穿着不讲究,可能在很多场合被禁止入内。下面这个年轻人生活中的一个失礼行为,则付出了50年监禁的代价。

一声口哨的代价

奥古斯汀是来自法国贝利郡的一位年轻公爵,年方22岁,风流倜傥,气度非凡。

1786年的一天,法国巴黎的一个戏院来了一位美丽而又高贵的客人,名叫玛丽安多尼,是现任法国国王路易十六的王妃。全场响起热烈的掌声,顿时沸腾起来,年轻的奥古斯汀也在现场,为了引人注意,竟对着玛丽王妃吹了一声口哨。这声具有挑逗意味的口哨引起了王妃的不悦和尴尬。显然这声口哨是一个不得体、有失礼仪的行为,但年轻的奥古斯汀公爵丝毫没有意识到。

这事很快传到了路易十六的耳朵里,他顿时勃然大怒,下令将奥古斯汀关进了巴士底狱,给他一点颜色瞧瞧。怒火渐消的路易十六慢慢把这事忘记了,可奥古斯汀仍然蹲在监狱等候处理,直到1793年路易十六和玛丽王妃被相继送上断头台,所有的随从都死了,奥古斯汀依然没有被处理,也没被放出来。

随后,政权更迭、机缘巧合,奥古斯汀继续被关在监狱,没有机会被放出来。直至1836年奥尔良王朝统治法国,其在清理冤假错案的时候,才发现了奥古斯汀并将奥古斯汀释放出狱。此时,奥古斯汀已经成了72岁的老人,在监狱里整整关了50年。

在职场,因为着装不当、称谓不当、位次排列不当等不遵守礼仪规则而导致的工作失误屡见不鲜。

在国际交往中,礼仪礼规更是被摆在了显赫的位置。管子指出:"礼义廉耻,国之四维,四维不张,国乃灭亡。"下面这个故事充分证明了这一点。

因失礼而导致的血战

历史上著名的"鞍之战"就是由一国之君不尊重他人、无视礼仪而导致的国家战乱。

公元前592年,当时的齐国国君齐顷公在朝堂接见来自晋国、鲁国、卫国和曹国的使臣,各国使臣都带来了墨玉、币帛等贵重礼品献给齐顷公。献礼的时候,齐顷公向下一看,只见晋国的使者是个独眼,鲁国的上卿是个秃头,卫国的上卿是个跛脚,而曹国的大夫则是个驼背,不禁暗自发笑:怎么四国使臣都是这般模样?

当晚,齐顷公把白天看到的四个有缺陷的使臣当笑话讲给母亲萧夫人听。萧夫人一听也觉得有趣,便执意要求亲眼见识一下。第二天齐顷公招待各国使臣时,便通知萧夫人躲在帷帐的后面观看。当四国使臣依次进入宴请厅时,掀开帷帐的萧夫人看到四个形态各异的使臣忍不住大笑起来,其随从也个个笑得前仰后合。使者们当众受辱,个个怒不可遏,发誓:"不报此仇,今生不渡黄河!"

因身体残疾遭到嘲笑的四国使者约定各自回国请兵伐齐、血洗耻辱。四年后,晋、鲁、卫、曹四国联合起来讨伐齐国,齐国不敌,大败,这就是历史上著名的"鞍之战"。

课后思考题

1. 结合现实谈谈你对"不学礼,无以立"的理解。
2. 说说你所知道的礼仪故事。
3. 从礼仪学的角度谈谈你对"小处不可随便"的理解。

第二章

个人形象礼仪

　　个人形象是由举手投足、穿衣打扮、容貌表情、谈吐涵养等多方面因素综合而给人留下的印象,大致可概括为仪态、仪容、仪表三个方面。良好的个人形象有利于我们的工作、生活和社交;不好的个人形象无疑会让人处处碰壁。主持人杨澜早期在英国时有过这样的经历,发出感慨:没有人有义务必须透过你邋遢的外表去发现你优秀的内在。英国形象大师玛丽·斯皮莱恩也提出过类似的看法:如果你不在早上花点时间注意修饰细节,那么你将会在一天中经受因此而带来的许多不幸。所以,我们在求职面试、相亲、拜会、工作等重要场合,一定要特别注重个人形象,留意个人形象礼仪。

第一节 仪态礼仪

　　仪态又称体态,是指人的身体所呈现出的各种姿态,我们平时的一举一动、一颦一笑以及相对静止的体态都属于仪态的范畴。仪态在个人形象中极具分量,它体现着一个人的气质、风度和教养。在生活中,我们所欣赏的那些风度翩翩、气质优雅的人往往都具有良好的仪态。一个人如果在乎自己的形象,就必须保持良好的仪态,拥有良好仪态的秘诀就是在站姿、坐姿、走姿、蹲姿、手势及表情举止等方面把握好关键要领、合乎礼仪规范。

小心肢体语言"出卖"了你

　　人身体的不同部位在体态中表达不同的含义,正是由于不同部位的功能组合,才形成体态特有的功能表达。人体重要部位的主要功能如下。

　　(1)嘴部。嘴可以借嘴唇的伸缩、开合表露心理状态。比如,噘起嘴是不满和准备攻击对方的表示,抽烟动作则可以表示出一个人的内心活动和情绪变化。

　　(2)颈部。颈部的功能是决定表情的正或负(即"是"或"否")。

　　(3)肩部。肩部历来被视为责任与尊严的象征,特别是男性尊严、威严、责任感和安全感的象征。把手置于对方的肩上,暗示信任与友好。肩与肩的相互接触表示对等的关系。肩与手的相互接触则表示亲密的关系。

(4)腕部。腕部是力量、能力的象征。比如,政治上强有力的人物称为"铁腕人物",善于玩弄权术则称为"耍手腕",手腕高强。

(5)胸部。挺胸表示自信和得意,因为挺胸的姿势把自己的心脏部位暴露出来,显示敌人不可能对自己进行攻击,是精神具有优势的表现。

(6)腰部。腰部位置的"高"或"低"与一个人的心理状态有关联。比如,鞠躬、点头哈腰的动作属于精神状态的"低姿态",蹲、揖、跪、伏、拜等都具有服从、屈从的含义。反之,挺直腰板则显得情绪高昂、充满自信。

(7)腹部。腹部相对比较不引人注目,但其表达的含义也是十分深刻的。比如,凸出腹部,往往表现出这个人的心理优势、自信与满足感。反之,抱腹部蜷缩的动作则表现不安、消沉、沮丧。

(8)背部。背部具有一定的掩盖和隐藏情感、情绪的功能,但其露出来的部分反而展示出更为深刻的内涵。

(9)腿部。腿部虽然位于身体的下端,但往往是最先表露出潜意识情感的部位。比如,小幅度地摇动腿部或抖动腿部,意味着将不安、紧张、焦躁的感觉传达给对方。架腿动作可以表示防卫态度。同时,腿部动作还可以表达扩大或缩小自己的势力范围。

(10)足部。足部指脚踝以下的部位,其表现力与腿部相仿,同样可以表现欲望、需求、个性和人际关系。

弗洛伊德曾说:"凡人皆无法隐瞒私情,尽管他的嘴可以保持缄默,但他的手指却会多嘴多舌。"确实,与人交往时,哪怕你嘴里什么都没说,你的肢体语言却走漏了很多信息,毕竟,我们不是仅靠一张嘴在交往,而是整个人在与人打交道。所以要适当关注自己的体姿,莫让它在不经意之间"出卖"了你。

一、站姿

站姿是社会交往中一种最基本的仪态,是一种静态的身体造型,为其他动态体态的基础和起点。常言道"站有站相",站相的标准是"站如松",即站得像松树一样直立和挺拔。标准的站姿往往给人以端庄大方、精神饱满之感。美国作家威廉姆·丹福斯就此谈到过自己的体会:"我相信一个站立得很直的人的思想也是同样正直的。"理想状态的男士站姿是"玉树临风",能给人以阳刚之美;女士站姿则为"亭亭玉立",给人以阴柔之美。

1. 标准站姿的关键要领

(1)头正:头顶平正,双目平视为最佳;下颌微收,面含微笑,表情平和自然。没有左歪、右偏、后仰或探脖。

(2)肩平:双肩保持平正、后张,稍用力下沉,身体躯干有向上轻盈之感。

(3)躯挺:收腹、立腰、收臀、挺胸、背直。腰立起来、肩膀打开不含胸很重要,挺肚撅臀不雅观,驼背或勾腰没气质,避免向后翘臀。

（4）臂垂:双臂自然放松,下垂于身体两侧或双手交叉于腹前。

（5）腿并:身体直立,重心尽可能在两腿中间以保持身体平衡,两腿并拢;腿直,膝盖不弯曲。

2. 不同场合的站姿

（1）肃立:身体直立,双手置于身体两侧,双腿自然并拢,脚跟靠紧,脚掌分开呈"V"形,表情庄重严肃。

（2）直立:身体直立,右手搭在左手上,自然置于腹部,或两手背后轻搭在臀部,两腿站直,脚跟紧靠,脚掌分开。

3. 女士常用礼仪站姿

（1）女性前腹式站姿:双脚呈八字步或丁字步,将右手搭握在左手四指上,上身腰背挺直、头正肩平、挺胸收腹,两腿站直。

（2）女性交流式站姿:双手轻握放在腰际,手指可自然弯曲。

4. 男士常用礼仪站姿

（1）男性前腹式站姿:身体站直,双目平视,下颌微收,两脚平行分开,略窄于肩宽,双手手指自然并拢,右手握住左手腕,置于腹前,避免挺肚或后倾。

（2）男性后背式站姿:身体站直,双手在身后交叉,右手搭在左手上,贴于臀部。

良好的站姿给人以挺拔向上、庄重俊美之感,而不规范的站姿不仅会使人的形象大打折扣,还会影响人的身体健康。不良的站姿大致可归纳为缩颈、腆肚、含胸、探脖、耸肩、撅臀、驼背、叉腿。为了保持优雅体态,我们应尽量避免出现不良站姿,同时也要注意以下细节:

①两脚不要叉得太开;

②避免一肩高一肩低、耸肩;

③不要站得松松垮垮;

④不要倚靠着门框、树干、墙壁、栏杆等而站;

⑤站立时不要抖腿;

⑥避免膝盖没伸直;

⑦避免双臂交叉抱在胸前或叉腰;

⑧不要站成内八字。

二、坐姿

坐姿是一种静态的人体仪态,古人云"坐如钟",强调的是坐得稳重、端庄、大方。优雅得体的坐姿需要注意三个方面:入座姿态、坐定仪态、离座礼仪。

1. 入座姿态

入座是走向座位坐下的过程,这一过程需要留意以下几方面。

(1) 入座从容,即入座时动作自然从容、轻盈缓和、不疾不徐。

(2) 落座无声,即落座要轻,不能猛地一坐,发出声响,更不能因为没有控制好身体与桌椅之间的距离而磕碰发出噪声。

(3) 坐法得当,坐前调整好椅子和桌子之间的距离,然后以膝盖为支点,弯曲两腿徐徐坐下,上身保持正直。切忌坐前没控制好距离,以"臀"探座,更忌坐定后挪动椅子,这都是失礼的行为。特别需要提醒的是:女士如果着裙装或较长上装,落座前一定要反手轻拢裙摆或衣摆,以防衣服被压皱和坐下后急忙拉扯整理衣服的状况发生。

(4) 讲究礼节,无论从哪一侧走向座位都要遵循"左进左出"的原则,同时在人多的场合还要遵守"以右为尊""敬者为先"的原则。

2. 坐定仪态

坐定的姿态是人风度气质的最佳展示,如何坐得气定神闲也有章法可循:坐定时上半身一般要保持挺直(不要塌软),双肩平正,双手自然摆放在两腿或扶手上,双腿则有多种变换姿势,后面具体再述;坐满椅子的2/3,宽座沙发至少坐1/2,坐得过浅则不稳,过深会显得太松懈散漫。

3. 离座礼仪

离座时要自然稳当,右脚向后收半步,而后用小腿发力支撑身体站起,上身保持挺直,尽量避免翘臀和上身前倾,然后从椅子的左边离开。切不可推动椅子发出大的声响,否则,有失礼仪。

4. 女士常用礼仪坐姿

(1) 标准式坐姿(又称为第一坐姿):抬头挺胸,两臂自然弯曲,两手交叉叠放在腿上并靠近躯干。双膝靠拢,小腿垂直于地面,两脚尖朝向正前方。

(2) 侧点式坐姿:两小腿向左或右斜放,斜放后腿部与地面成45°,大腿小腿要成直角,小腿充分伸直以展示小腿优美线条和长度,双膝并拢,靠外侧脚脚掌着地,靠内侧脚脚尖着地。

(3) 侧挂式坐姿:以侧点式坐姿为基础,左小腿后屈,脚绷直,脚掌内侧着地,右脚提起,用脚面贴住左踝,膝和小腿并拢,上身右转。

(4) 屈直式坐姿:大腿与膝盖靠紧,一脚伸向前,另一脚屈回,两脚前脚掌着地并在一条直线上。这是非常适合女性的优雅坐姿,座稍低时尤为适用,适合一般场合。

(5) 重叠式坐姿:在标准式坐姿的基础上,腿向前,一条腿提起,腿窝落在另一腿的膝关节上边。要注意上边的腿向里收,贴住另一腿,脚尖向下。

5. 男士常用礼仪坐姿

（1）标准式坐姿：又称正襟危坐，适用于面试等正规场合。具体规范是上身挺直，双肩平正，两手自然放在两腿或扶手上，双膝打开不超过肩宽，小腿垂直落于地面，两脚自然分开成45°。

（2）重叠式坐姿：左腿垂直于地面，右叠放在左腿上面，右小腿尽可能内收，脚尖向下，右腿避免架在左腿上呈"4"字形。

6. 不合适的坐姿

在社交场合，有以下坐姿为不雅，也不符合礼仪规范。

（1）双腿叉开过大。无论是男士还是女士，在社交场合都不宜双腿叉开过大；尤其是女士更应注意，无论穿裙装还是裤装，双腿都应并拢，大小腿都不宜叉开。

（2）架腿呈"4"字形。将一条小腿横架在另一条腿的膝盖上的一种过分的"二郎腿"，通常以鞋底示人。在一些东南亚、中东国家将此种坐姿视为"侮辱人"。

（3）将腿放在桌椅上。此坐姿显得过于粗俗和放肆。

（4）将手夹在两腿之间或坐在臀部之下。这一动作显得拘谨和不妥，在大学校园里比较多见。

（5）双手抱在腿上。这是一种惬意、放松的休息姿势，在工作中不可取。

（6）脱鞋、脱袜或以手触摸脚部。在社交场合，尽量避免出现此种令人反感的行为。

（7）抖动摇晃腿部。这不仅会令他人心烦意乱，而且也会给人留下不稳重的印象。

（8）将脚藏在椅子下面或勾住椅子腿。

趣味知识："左进左出"

在古时的西方，骑士凯旋时腰间都佩带刀剑，为了使刀剑尖端不碰到桌椅、妨碍入座，一般入座和离座时会选择左进左出。沿袭至今，左侧入座、离座的习惯就流传了下来。恰好，"左进左出"的入座和离座规则跟位次排列的"以右为尊"不谋而合。

礼仪故事：孟子休妻

《韩诗外传》第九卷有如下记载。孟子妻独居，踞。孟子入户视之，白其母曰："妇无礼，请去之。"母曰："何也？"曰："踞。"其母曰："何知之？"孟子曰："我亲见之。"母曰："乃汝无礼也，非妇无礼。《礼》不云乎：'将入门，问孰存；将上堂，声必扬；将入户，视必下。'不掩人不备也。今汝往燕私之处，入户不有声，令人踞而视之，是汝之无礼也，非妇无礼也。"于是孟子自责，不敢出妇。孟子之妻独自在家，呈箕踞状、两腿叉开而坐，被突然回家的孟子看到，孟子气愤不已，心生嫌恶：我堂堂的儒学亚圣，妻子竟如此没有礼节规矩！于是便欲休妻。孟母问明原因，反斥孟子无礼。孟母说道:"《礼记》上说,将要进屋之前,应当高声询问,确定屋内是否有人,让屋内的人有所准备。进入屋子的时候,眼睛要向下看,让别人有所准备。"孟子觉得羞愧,自认为是懂礼之人,却连《礼记》里的要求都没能做到,之后再也不敢提休妻了。箕踞是古时一种极其不雅的坐姿,具体为臀部着地、膝盖弯曲、两脚前伸并张开,形似簸箕的一种坐的姿势。

三、走姿

走姿,是以站姿为基础的延续动作,不论是在日常生活中,还是社交场合,都是十分引人注目的举止,最能表现出个人的风度和活力。优雅、轻盈、矫健、有节奏感的走姿会创造出一种动态的美,让人觉得精神抖擞、风度翩翩、庄重优雅。正确的走姿突出三个要领:从容、平稳、直线。

1. 标准走姿规范

(1) 头部:头部端正,面朝前方,双目平视,下颌略收,切勿左顾右盼。如果发现有吸引自己的事物,应驻足查看,而不是边走边看。

(2) 躯干:立腰、收腹、挺胸,重心稍向前倾,肩峰稍微后张。掌握好度,切不可令胸部突出,腹部凸起,背部生沟。

(3) 两臂:要以身体为中心,大臂带动小臂前后自然摆动。前摆约35°,后摆约15°。掌心要向内,手掌要向下伸直。注意手臂不能太直太僵,也不要摆动幅度太大,否则腰部及臀部过多扭曲转动,会让人觉得不雅观。切记双手不要横摆或同向摆动。

(4) 双膝:走路时要以大腿发力带动小腿,而不是膝关节发力。膝盖伸直,重心落于前脚掌。

(5) 双脚:走路时外八字是多见的错误姿态,会给人衰老的感觉;内八字也很不雅观。所以在行走时脚尖应向正前方伸出,两脚内侧行走的轨迹大体落在一条直线上,脚跟先着地,然后迅速过渡到前脚掌。

(6) 步幅:步幅指的是行进中一步的长度,通常正常的步幅应为一脚之长,即行走时前脚脚跟与后脚脚尖二者相距一脚之长。准确地说,女士步幅约 20 cm,男士步幅约 50 cm。当然,步幅的大小应根据身高、着装与场合的不同而有所调整,尤其男士要注意这一点,身高欠佳时步幅不宜过大。女性在穿裙装、旗袍或高跟鞋时,步幅会小些,穿裤装时步幅应大些。

(7) 步态:行走时,上体的稳定与下肢的运动形成和谐对比,行动干净利落,有节奏感。一般说来,女士步伐频率约每分钟 90 步,要轻盈飘逸,能展示出恬静贤淑的阴柔美。

(8) 规范走姿口诀:"挺胸立腰双臂摆,提髋提膝小腿迈,跟落掌接趾推送,步幅适当一线踩,两眼平视肩放松,自然协调有神采。"敏捷、有韵律感的走姿是社交场合的一道流动美景,不雅的走姿则会极大地影响个人形象。

不同的心境,不同的场合,面对不同的人,我们的走姿在细节上还有一些要具体问题具体处理的地方。为他人引路时,要尽可能走在对方的左侧前方,整个身体半转向对方(左肩略前,右肩稍后),与之保持两三步的距离。遇有楼梯台阶或进门时,应伸出左手示意,并提醒客人"有台阶,请走好""这边请""您先请"等。与人告别时,扭头便走是一种很失礼的行为,要先看着对方后退两三步,再转头,以此来表现谦恭之心。上下楼梯时,要坚持"右下右上"的原则,身体放松自如,多人同时上下楼梯时,不要交谈或打闹占位,更不能排成一排,而应单线行走。在较窄处与人相遇时,要放慢脚步侧身前进,面向对方。进出电梯、教室、公共汽车、地铁时,不要喧哗、推搡,应做到先出后进,先进者往里走,不要堵在门口。

2. 不得体的走姿

在行走的过程中,不应该出现的走姿包括如下几种。

(1) 方向不定,忽左忽右,变化多端,好像心神不定。

(2) 左顾右盼,眼神游移或反复回头注视身后。

(3) 走"外八字步"或"内八字步"(双脚脚尖向内侧伸是内八字,双脚脚尖向外侧伸则为外八字)。

(4) 身体不稳,摇头、晃肩、扭臀。

(5) 占道行走,多人并行,勾肩搭背。

(6) 双臂摆动过快,幅度太大,前后摆动的幅度超过45°。

(7) 弯曲膝盖、重心靠下、身体松垮,走路拖泥带水。

四、蹲姿

下蹲的姿势称为蹲姿,蹲姿往往是一种临时性姿态,它远不及站姿、坐姿、走姿那样使用频繁,容易让人忽视。在拿取、捡拾低处物品,帮助别人或照顾自己,还有照相的时候,我们往往需要采用蹲姿。此时,如果蹲无"蹲相",随心所欲,不注意方法,随便弯腰,臀部后撅,上身前倾,显得极不雅观,足以破坏个人形象,同时也令旁观者尴尬。蹲姿是很多女性最不喜欢的姿势,基本上是尽量设法避开(照集体照时难以整队形的原因就在这里)。其实,蹲姿并没有那么可怕,关键是要得法。与站姿、坐姿和走姿一样,蹲姿也有礼仪的要求和规范。

1. 蹲姿的要领

下蹲时,用双腿合力支撑身体;上体尽可能保持正直,屈膝下蹲而非弯腰。头、胸、膝保持在一定角度的蹲姿会很优美。女士在下蹲时,无论穿裤子还是穿裙子都要两腿紧靠;若是要用右手捡拾物品,可先走到物品左边,右腿后退半步再蹲下。脊背保持挺拔,臀部向下,一定要避免弯腰翘臀的姿势,否则容易露出后腰或内衣。

常用蹲姿一般有以下两种:高低式蹲姿和交叉式蹲姿。

(1) 高低式蹲姿是较常用的蹲姿。下蹲时左脚在前,右脚后退一小步,双腿紧靠下蹲。左脚全掌着地,小腿基本与地面垂直。右脚脚掌着地,后跟提起。右膝低于左膝,右膝紧靠左小腿,臀部朝下。

(2) 交叉式蹲姿优美典雅,多用于女士。下蹲后,左脚在前,右脚在后,左小腿垂直于地面,全脚掌着地,抬起右腿,并前脚掌着地,后跟提起。两腿前后紧靠,合力支撑身体。女士应臀部向下,上身略前倾。

2. 不得体的蹲姿

蹲姿使用频率相对较低,很容易出错。如果没完全掌握要领,极易触犯以下禁忌:面对他人或背对他人下蹲;弯腰撅臀,露出后腰或内衣;两腿叉开下蹲,又称"洗手间姿势",非常不雅,如果着裙装,极易露出底裤。

五、手势

手势是人际交往中不可缺少的动作,是最有表现力的一种"体态语言",它通过手指、手掌、手臂的动作来表情达意,是人体的"第二语言"。情意性手势可表达喜爱、欢迎、愤怒等情感;指示性手势可指明具体内容,如指物、指方向;象形性手势可用来摹形状物;象征性手势可表达抽象概念,如赞许、否定、讽刺、不要发声等。我们不能忽视"看似很小"、意义巨大的手势。

1. 生活中的五种规范手势

介绍的手势、指方向的手势、请的手势、鼓掌的手势、展示物品的手势等,都有其约定俗成的动作和要求,不能过于随意。

(1) 横摆式手势:适用于指示方向,手臂伸直,手指自然并拢,掌心向上,以肘关节为轴,手从腹前抬起向右摆动至身体右前方,不要将手臂摆至体侧或身后。同时,脚站成右丁字步,左手下垂,目视来宾,面带微笑。

(2) 直臂式手势:适用于指示物品所在,五指伸直并拢,屈肘由腹前抬起,手臂与肩同高,肘关节伸直。

(3) 曲臂式手势:适用于请人进门,弯曲手臂,右手五指伸直并拢,从身体的侧前方由下向上抬起,上臂抬至离开身体 $45°$ 的高度即胸以下,然后以肘关节为轴,手臂由体侧向体前左侧摆动。

(4) 斜摆式手势:适用于请人入座,用双手扶椅背将椅子拉出,然后一只手屈臂由前抬起,再以肘关节为轴,前臂由上向下摆动,使手臂向下成一斜线,表示请来宾入座。

(5) 双臂横摆式手势:两臂从身体两侧向前上方抬起,两肘微曲,向两侧摆出,适用于表示"请"或来宾较多时。

常言道:"心有所思,手有所指。"不同的手势表达不同的含义。

此外,规范的手势应当是手掌自然伸直,掌心向内向上,手指并拢,拇指自然稍稍分开,手腕伸直,使手与小臂成一直线,肘关节自然弯曲,大小臂的弯曲以130°～140°为宜。掌心向斜上方,手掌与地面成45°角。

2. 国际交往中的手势含义

同样的手势,不同年龄、不同文化背景的人会有不同的理解,在交往中势必容易产生误会。不同国家、不同民族、不同地区,因文化习俗不同,手势的含义会有很大差别。在国际交往、人际交流中,手势起着十分重要的沟通作用,稍有不慎就会无事生非,引起误会。我们有必要了解一些手势的含义。

(1) 跷大拇指手势。

伸出右手,跷起拇指,指尖向上,指腹面向对方,大多地区表示称赞、夸奖的意思,在某些特定的场合,也表示准备妥当。但在个别地区,跷大拇指却含它意,如:在美国、英国表示"搭车",在德国表示数字"1",在日本表示"老爷子",在澳大利亚和新西兰表示对他人的侮辱。

(2) "OK"手势。

"OK"手势以英文字母"O"与"K"联结而成,来源于美国,有"同意、顺利、了不起"之意,而在法国则表示"零",在日本、韩国、缅甸表示"钱",在巴西、希腊表示侮辱和咒骂,在泰国表示"没问题",在印尼表示"不成功、什么也干不了",在地中海国家暗指"同性恋"。

(3) "V"形手势。

"V"是英文单词"Victory"的首字母,目前全世界通用,表示"胜利、成功"的意思,但如果掌心向内,就是骂人的手势。

(4) 指点手势。

在交谈时习惯性伸出食指指指点点是很不礼貌的行为,尤其是抬高臂膀,将手指指向他人的行为更为失礼,表示严厉的指责和冒犯,不光中国人不喜欢这个手势,西方人更加忌讳。

(5) 捻指手势。

捻指就是用手的拇指与食指弹出"叭叭"的声响。其语意或表示高兴,或表示赞同,或是无聊之举,对异性"叭叭"打响指有轻浮之感,应尽量少用或不用这个手势。在不熟悉的人面前捻指会被看作没有教养,就算是见到熟人,也不要随便捻指。

(6) 抚摸头部。

许多国家的长辈、长者喜欢用手抚摸孩子的头部来表达爱抚和亲昵,往往被看作是一种友善的行为。但是在泰国、印度、柬埔寨等国家却非常忌讳这一点,他们认为头部是神灵所在的位置,绝对不允许别人触摸,否则会有厄运降临。

(7) 招手动作。

在中国,有部分人习惯将右手朝向自己身体方向弯曲勾动招呼别人过来,在美国、英国、菲律宾反复勾食指的手势,被认为是用来招呼狗的,用在人身上有侮辱之嫌。在美国呼唤服务员可把食指向上伸直;日本人招唤侍者时把手臂向上伸,手掌朝下,并摆动手指;在中东各国叫人时则轻轻拍手,对方即会意。在非洲一些国家的餐厅叫服务员通常是以敲打桌子为信号,否则服务员是不会理睬的。

3. 应避免的手势

(1) 掌心朝下使用手势,表示鄙视、不屑甚至是侮辱人,在欧美常为招呼动物的姿势。

(2) 用手指指点他人,这是不礼貌的行为,欧美视其为责骂人的动作。

(3) 拿东西时动作不自然,跷起无名指与小指,有作态之嫌。

(4) 当众搔头皮、掏耳朵、抠鼻子、手指在桌上乱写乱画,交谈时手舞足蹈、手势过多。

(5) 摆弄自己的手指,如活动关节、捻响指、攥拳头,给人一种无聊的感觉。

六、表情礼仪

表情礼仪是专指人的表情所包含的眼神、笑容、面容等各方面的礼仪要素。表情是人心理的外在表现,在人际交往中,表情因素占了相当大的分量(感情的表达=55%表情+38%声音+7%语言)。

1. 眼神

眼神是面部表情的核心,能最真实、自然地表达一个人的整个内心世界。"眼睛是心灵的窗户",不同的眼神可以起到不同的作用。

(1) 注视对方时间的长短是十分有讲究的。若他人跟你说话,你看都不看他一眼,这是绝对失礼的;反之,眨都不眨地长时间盯着对方看,也是很不礼貌的。

①表示友好,应不时地注视对方,注视对方的时间约占全部相处时间的1/3。

②表示重视,应常常把目光投向对方,注视对方的时间约占全部相处时间的2/3。

③表示轻视,目光游离,注视对方的时间不到全部相处时间的1/3。

④表示敌意,目光始终盯在对方身上,注视对方的时间占全部相处时间的2/3以上,被视为有敌意,或有寻衅滋事的嫌疑。

⑤表示感兴趣,目光始终盯在对方身上,偶尔离开一下,注视对方的时间占全部相处时间的2/3以上。

(2)注视的角度往往也能准确地表达出对他人是否尊重。

①平视即视线呈水平状态,适用于普通场合,与年龄、身份、地位平等的人交往时。

②侧视是一种平视的特殊情况,即位于交往对象的一侧,面向并平视对方。侧视的关键在于面向对方,若为斜视对方,即为失礼之举。

③仰视即主动居于低处,抬眼向上注视他人,用来表达敬仰或服从。

④俯视即向下注视他人,可表示对晚辈宽容、怜爱,也可表示对他人轻慢、歧视。因此与人交往时,不要站在高处自上而下地俯视他人,而面对长辈或上司时,站立或坐在较低之处仰视对方,往往会赢得对方的好感。

(3)注视对方的身体部位有严格要求,允许注视的部位一般是眼睛,不要注视对方的头顶、大腿、手部、脚部。对于异性,一般不看中部,不看下部,不上下打量。

往往注视不同的部位有不同的含义,具体如下。

①双眼:注视对方双眼,表示自己重视对方,但时间不要太久。

②额头:注视对方额头,表示严肃、认真、公事公办。

③眼部至唇部:注视这一区域,表示礼貌、尊重对方。

④眼部至胸部:注视这一区域,多用于关系密切的男女之间,表示亲近、友善。

⑤眼部至裆部:适用于注视相距较远的熟人,也表示亲近、友善,但不适用于关系一般的异性。

⑥任意部位:对他人身上的某一部位随意一瞥,多用于在公共场合注视陌生人,最好慎用。

(4)三种最具代表性的注视范围参考。

①公务凝视:眼睛应看着对方双眼或双眼与额头之间的区域。

②社交凝视:眼睛应看着对方双眼到唇心这个三角区域。

③亲密凝视:目光应注视对方双眼到胸部第二颗纽扣之间的区域。

趣味补充:千奇百怪的眼神礼仪

眨眼礼:安哥拉的基母崩杜人,当贵宾光临时,总要不断地眨着左眼,以示欢迎之礼。来宾则要眨着右眼,以表答礼。

注视礼:阿拉伯人在倾听尊长或宾朋谈话时,两眼总要直直地注视着对方,以示敬重。日本人相谈时,往往恭恭敬敬地注视着对方的颈部,以示礼貌。

挤眼礼:澳大利亚人路遇熟人时,除说"哈罗"以示礼遇之外,有时要行挤眼礼,即挤一下左眼,以示礼节性招呼。

眯目礼:是波兰的一种礼节风俗,指已婚女子同丈夫的兄长交谈时,女方始终眯着双眼,以示谦恭之礼。

远视礼:南美洲的一些印第安人,当同亲友或贵客谈话时,目光总要望着远方,似东张西望状。如果对三位以上的亲朋讲话,则要背向听众,看着远方,以示尊敬之礼。

2. 笑容

笑容,即人们在笑的时候的面部表情。利用笑容,可以消除彼此间的陌生感,打破交际障碍,为更好地沟通、交往创造有利的氛围。古希腊哲学家苏格拉底总结道:这个世界上,除了阳光、空气、水和笑容,我们还需要什么? 由此可见笑容是多么珍贵。

合乎礼仪的笑容大致可以分为以下几种。

①含笑:不出声,不露齿,只是面带笑意,表示接受对方,待人友善,适用范围较为广泛。

②微笑:唇部向上移动,略呈弧形,但牙齿不外露,表示自乐、充实、满意、友好,适用范围最广。

③轻笑:嘴巴微微张开,上齿显露在外,不发出声响,表示欣喜、愉快,多用于会见客户、向熟人打招呼等情况。

④浅笑:笑时抿嘴,下唇大多被含于牙齿之中,多见于年轻女性表示害羞之时,通常又称为抿嘴而笑。

⑤大笑:太过张扬,一般不宜在商务场合中使用。

严禁出现下述几种笑容。

①假笑,即笑得虚假,皮笑肉不笑。

②冷笑,即含有怒意、讽刺、不屑一顾等容易使人产生敌意的笑。

③怪笑,即笑得怪里怪气,令人心里发麻,多含有恐吓、嘲讥之意。

④媚笑,即有意讨好别人,并非发自内心,具有一定的功利性目的的笑。

⑤怯笑,即害羞、怯场,不敢与他人交流视线,甚至会面红耳赤的笑。

⑥窃笑,即偷偷地洋洋自得或幸灾乐祸的笑。

⑦狞笑,即面容凶恶的笑,多表示愤怒、惊恐、吓唬。

3. 面容

面部其他部分如眉毛、鼻子、嘴巴、下巴、耳朵所显示的表情,对眼神和笑容发挥辅助作用,它们浑然一体,组成了一个人的面容。人的眉毛、鼻子、嘴巴、下巴、耳朵都可以独立地显示各自的表情,分别代表不同的含义。

(1) 常见的眉形。

①皱眉:双眉紧皱,多表示困窘、不赞成、不愉快。

②耸眉:眉峰上耸,多表示恐惧、惊讶或欣喜。

③竖眉:眉角下拉,多表示气恼、愤怒。

④挑眉:单眉上挑,多表示询问。

⑤动眉:眉毛上下快动,一般用来表示愉快、同意或亲切。

(2) 常见的嘴形。

①张嘴:嘴巴大开,表示惊讶。

②抿嘴:含住嘴唇,表示努力或坚持。

③噘嘴:噘起嘴巴,表示生气或不满。

④撇嘴:嘴角一撇,表示鄙夷或轻视。

⑤拉嘴:拉着嘴角,上拉表示倾听,下拉表示不满。

(3) 常见的鼻形。

①挺鼻:表示倔强或自大。

②缩鼻:表示拒绝或放弃。

③皱鼻:表示好奇或吃惊。

④抬鼻:表示轻视或歧视。

礼仪故事:微笑的力量

西班牙内战时,国际纵队名叫哈诺·麦卡锡的军官不幸被俘,并被投进了阴冷的单人监狱。在临刑的前一夜,他搜遍全身,竟然发现了半截皱巴巴的香烟。此时,他很想吸上几口,以缓解临死前的恐惧,可是他发现自己身上没有火。于是,他爬向铁窗,向铁窗外的看守士兵再三恳求给他借个火。许久,铁窗外的那个士兵总算毫无表情地掏出火柴,划着了火,并且把火伸向铁窗内的军官。

当四目相对时,麦卡锡军官不由得向士兵送上了一丝微笑。令人惊讶的是,那士兵在几秒钟的发愣后,嘴角也不由自主地向上翘了,最后竟然不可思议地也露出了微笑。后来两个人开始交谈,谈到了各自的家乡,谈到了各自的妻子和孩子,甚至还相互传看了他们珍藏的与家人的合影照片。当次日的第一缕曙光照进监狱时,麦卡锡军官已经苦泪纵横,怎料到那位士兵竟然动了真感情,掏出钥匙打开了麦卡锡的牢门,悄悄地放走了他。微笑在这一刻沟通了两颗心灵,也挽救了一条生命。

第二节 仪容礼仪

仪容是指人的外观、外貌,它主要由发式、面容以及所有未被服饰遮掩、暴露在外的外观所构成。一个人的仪容主要受三方面的因素制约:遗传、修饰、内在。对应的形容词有"天生丽质""三分长相,七分打扮""秀外慧中"。

在社会交往中大多数人往往"喜欢以貌取人",所以无论一个人的先天容貌完美与否,后天修饰与维护自己的容貌至关重要。古今中外,修饰仪容的历史较为悠久,早在茹毛饮血的时代我们的祖先就会用天然的颜料(从植物的茎叶中萃取的颜料)来护肤、护发、美甲,比如:用桑叶洗发护发的习俗在民间至今仍广为流传;春秋战国时期美女西施就知道以水代镜来梳妆打扮。古埃及人无论是在日常生活中还是在宗教仪式上,最早有意识地使用化妆品来修饰个人,甚至在葬礼上也为逝者化妆,埃及艳后的金丝美容法由此而来。爱美是人的天性,注重仪容美是社交的基础。当然,仪容美并非全指天生丽质,符合礼仪规范的仪容就是美的仪容。

仪容礼仪的首要要求就是对自己的容貌(头发、面部及未被服饰遮掩的肢体部分)进行修饰。

一、头发的修饰

头是人体的"制高点",一般看人时大家习惯于从头到脚来打量,因此修饰容貌也应"从头开始"。

1. 头发的清洁

清洁头发首先要选择合适的洗发水,油性头发应选择功能性的控油、去屑洗发水;中性、干性头发要使用柔和的、碱性不要过强或未含较强的表面活性剂成分的洗发水,以免损伤头皮和头发。洗头不要过勤,一般中性、干性发质最多一周洗1～2次,油性头发每周洗2～3次,如果频率过高,会损伤头皮、头发,长此以往会导致头皮松弛,脸上产生皱纹。洗头的水温不宜过高,使用40℃左右的温水为最佳,太高的水温会伤害到我们的头皮、头发。

2. 头发的养护

洗发水洗完后的头发毛鳞片打开,如果不护理,会出现干枯、分叉等现象,所以洗发后要用护发素、发膜、精油来修复、滋润、养护头发,梳头、洗头时尽量动作轻缓些,洗后的头发尽量自然晾干或用毛巾吸干,避免频繁烫发、染发、卷发棒卷发、电吹风吹发,不用毛巾使劲揉搓头发,这些行为不利于头发的健康,建议避免!有光泽、有弹性、不分叉的健康头发才有美感。此外,熬夜、湿发睡觉都不利于养发,会引起脱发。

3. 慎选发型

很多人喜欢选择流行的发型,或者让发型师推荐发型,其实这么做非常不正确,一定要明白:流行的发型未必适合你;如果你征求发型师的意见,发型师不一定从专业的角度来帮你选,而是喜欢推荐他拿手的发型——但不一定适合你,所以发型要自己选。首先观察自己的脸型才能决定自己适合什么发型,只有恰当的发型才可提升自己的颜值,选对发型堪比整容。一般来讲,选择发型是有规律可循的。

人们的脸型大致可以分为鹅蛋脸、圆脸、方脸、长脸、瓜子脸、菱形脸、梨形脸。

不同的脸型所适合的发型不同。

(1) 鹅蛋脸是一种比较标准的脸型,最受欢迎,基本上任何发型都适合。

(2) 圆脸的特征是脸颊丰满,颧骨区偏宽,下巴较短。圆脸女性适合直发,在视觉上可减弱圆脸的宽度,也可以通过增加颅顶的高度从视觉上拉长头部线条。圆脸不适合卷发、齐刘海,因为卷发会增加脸两侧的量感,脸型会显得更大,齐刘海会使脸型看起来更短。圆脸男生适合留蓬松的短发,避免厚重的刘海、长鬓角。

(3) 方脸的特点是整个脸型呈四方形,方脸被时尚界认为是高级脸,大多数超模为此种脸型。方脸女性适合卷发,卷发可修饰刚硬的方形脸,使脸部看起来窄而柔和,发型最好选择能遮住部分额头和脸颊的。对方脸男性来讲,最好不要理板寸头,否则看起来会像张扑克牌。

(4) 长脸的特征是横向距离小,选择有弧度的刘海可以将额头遮住,使脸型看起来变短,达到美化的效果。长脸女性最好不要留长直发,烫发发型可以制造出蓬松圆润感。

(5) 瓜子脸就是一般人常说的 V 形脸、网红脸,瓜子脸最上镜。瓜子脸的特点是额头稍宽,下巴较尖。瓜子脸女性适合选择波浪卷发,因为直发会显得下巴更尖。斜长的刘海可以很好地将对下巴的注意力转移到眼睛和颧骨上。

(6) 菱形脸的特点是颧骨和脸颊骨骼比较突出,适合选择可以缓和脸部线条的发型。菱形脸女性可用带点卷度的头发将颧骨掩盖起来,饱满的刘海是较好的选择,波浪卷发也很显女人味。菱形脸应避免中分发型,因中分线会使脸显得更长、更硬朗。

(7) 梨形脸就是正三角形脸,最好剪成齐眉的一字刘海或者三七分的偏分发型,用来修饰过窄的额头。宜选择齐肩中长蓬松或内扣发型来修饰过宽的两腮,避免将头发中分,也不宜留长直发。

案例解析:选对发型堪比整容

生活中经常听人说道:选对发型堪比整容。我们总是不经意地笑笑,不往心里去,更领会不了这句话的分量,直到偶然翻到多年前王小丫在《开心辞典》节目中的造型,我才深刻地领悟出:选对发型真的可以大大提升颜值,堪比整容。王小丫长着一张圆脸,配上蓬松高颅顶的利落短发,真是知性优雅、美丽时尚,今天再翻出来看,依然感到美丽动人。可以这样说,当年《开心辞典》火遍全国,造型师有一半的功劳,因为主持人王小丫的造型太棒了,根本就舍不得换台离开。虽然该节目本身也很不错,但造型一定起到了锦上添花的极佳效果。

选择发型除了要考虑脸型因素,还要考虑体型等因素。既然合适的发型可以调整面部五官比例的不足,来修饰容貌,那么我们不妨也挑选合适的发型来弥补体型的不足,使整个人看起来更协调。从审美学的角度来说,身体长度与头部长度的最佳比例是7.5∶1,然而现实并不尽如人意,很多人达不到这个标准,因此应以不同的发饰、不同的发型来改变比例,修饰身材的不足。

矮小型身材给人以小巧玲珑的印象,从整体比例上,应注重拉长身高。适合短发、盘发、中短发、层次感发型,通过利落的短发、中短发、盘发来达到视觉增高效果,看起来显高、精神。不宜留长发、太蓬松的发型,这样容易过分强调上半身的量感,影响整体身高。

矮胖型身材的人要尽量弥补自身的缺点,肥胖、矮的人一般颈部比较短,不宜留大波浪、披肩长直发,否则会让人感觉压抑。最好选用两鬓服帖的短发、超短发、马尾、前额翻翘式发型,露出脖子。男士一般可选择寸头,如果太胖,则可将头发微烫,打理蓬松。

瘦长型身材是比较理想的身材,但缺乏丰盈感。身材瘦长的人,一般脸型瘦长,脖子也长,因此在选择发型时,应采用两侧蓬松、横向发展的发型来弥补这些不足。适合留长波浪卷的发型,不适合盘发髻,也不适合将头发剪得太短。

高大型身材一般体量比较大,应选择大方、健康、洒脱、简单的发型。高大身材的女性,可以留简单的短发,直长发、大波浪、束发、盘发、中短发式也可酌情考虑,切忌发型复杂。男士留中分发型或者三七分的"老板头"就很不错。头大脸大的人需要拉长头部的比例,脸大最好留长发或卷度由耳下开始的中长发,在视觉上平衡偏大的脸部。头型较大的人不适合烫发,不适合做高颅顶的发型,最好剪成中长或长的直发。

梨形身材的特点是臀宽、大腿粗,显得身型不佳。倘若留一头直发,很容易让人将视觉焦点集中在宽阔的下半身,避免这种状况出现的最好办法是打造空气感十足的蓬松卷发,从视觉上感觉整个人身型比例较为均衡。

苹果型身材的特点为上半身肥胖、四肢纤细、腰腹过于浑圆。适合选择偏分的刘海,将发根吹蓬松,营造出高颅顶。目的是让视觉焦点往上,来转移对腰腹圆润的关注。微卷的中长发也可以拉长身材的比例,使上半身看起来更加纤瘦。

肩宽的人适合选择齐锁骨的发型、及肩的中长发,发尾适当卷曲,把肩部位置适当遮盖,或利用烫发增加面积感,可以在视觉上弱化宽肩。肩窄的人最好选择肩上短发和内扣式中长直发,避免蓬松的长卷发,长卷发会完全盖住肩膀,让肩膀显得更窄。

颈长的人适合稍长的大波浪,颈短的人要留颈部暴露出来、使颈显长的发型。

当然,发型还应与自己的职业、身份、年龄、工作性质相匹配。如:中年以后的女性就不宜留长披肩直发,一些要求较高的职业女性在工作场合就不能留长披肩发(只能束发、留短发或盘发,不披头散发);男性头发则不宜过长或过短,更不能剃光头,最好以5～7 cm为宜,尽可能做到前发不覆额、侧发不掩耳、后发不及领。

二、面部的修饰

记得有这样一句话:当你同别人打交道时,他注意你的面部很正常,可他要过多打量你身体的其他部位,就不正常了。由此可见,面部是社交中他人关注的重点。

1. 修饰面容首先要清洁面容、勤于洗脸

清洁面容不仅仅是洗脸,它还包括眼睛、鼻子、嘴巴、耳朵、颈部等部位的清洁。清洗眼睛时可以用清水冲洗,也可以用生理盐水清洗,或用氯霉素眼药水冲洗,保持眼部干净,注意用眼卫生,及时清除眼角的分泌物。鼻子是面部油脂分泌最旺盛的部位,除了选用控油洗面奶清洁外,还可用些去黑头的产品;鼻腔的清洁也要关注,我们可以借助清水、棉签、润湿的纸巾等对鼻腔进行清洁;保持口气清新的最好方式是刷牙和用漱口水、嘴角擦洗干净、牙缝无食物残渣;耳内耳外耳后都要逐一清洁到位;颈脖不要疏于擦洗。无论男女每天只是早晚各清洁一次是不够的,应养成在有必要的时候就洗,比如:午休后,用餐后,出汗后,劳动后,外出归来后,都应洗脸,做到时时刻刻保持面部干净清爽、无油污等。

男士除了保持面部清洁外,还应注意胡子是否刮干净,并且随时修剪看起来不雅观的体毛(如鼻毛等),但不宜用手去拔,更不能当着别人的面拔,最好在洗手间进行处理,否则有失体面和庄重。而女士修饰自己的面容可操作的范围就大多了:修面、化妆、纹眉、整形……在这里顺便提醒:修面和化妆可取,纹眉、整形等对健康不利并且有风险性的行为则不主张。从社交礼仪的角度来看,女士以一张不加修饰的面孔参加社交活动会被认为是一种失礼的表现。女士化妆不仅是为了美化自己,同时也是尊重别人的一种表现,所以女性在各种场合化妆与否,不能依个人心情喜好而定,要遵守一定的规范。

2. 化妆要掌握的基本原则

(1) 美化原则。

化妆的目的是扬长避短,使自己的容貌更加美丽迷人,所以化妆前要了解自己的脸部特征,熟悉化妆的手法,恰当地运用各类化妆品所产生的光与影的效果,使自己的三庭五眼让人感觉更协调,而不是仅仅将各种色彩涂抹在脸上即可。

(2) 自然原则。

自然是化妆的生命,化妆后应使脸看起来真实生动而不是呆板和假,力求做到"妆成有却无"、上妆若无妆,近些年流行的裸妆就属于此种类型。化妆并不是要让人感受到你的浓墨重彩,化妆的最高境界是你比以前更美丽,却没有人工修饰的痕迹,显得自然靓丽。正如林清玄在《生命的化妆》中所言:"化妆的最高境界就是自然,让人看起来好像没有化过妆一样;次一级的化妆是把人突显出来,引人注意;拙劣的化妆是一站出来就被发现化了很浓的妆,为了掩盖其缺点或年龄……"

（3）协调原则。

化妆追求的是整体效果。整个面部的五官妆容要协调，面部妆容要与发型、服饰、职业、场合相协调，各方面都达到协调才可体现出自己的不俗与品位。

3. 化妆的基本礼规

（1）符合礼仪的妆容要遵循三"w"原则。

三"w"原则即 when（时间）、where（场合）、what（事件），要分场合把握妆容的浓淡程度。正式的社交场合，女性素面朝天会被认为是不礼貌的表现，而浓妆艳抹则会被认为是对礼仪无知的表现，亮丽、浓艳的妆容只有在晚宴等社会场合才可以被人接受。工作妆应简约、清丽、素雅，要清淡而又传神。外出旅游或参加运动时的室外妆，最好薄透些。

（2）不要出现残缺不全的妆。

妆面一旦出现残缺，不仅仅会有损自身的形象，还会在他人眼里留下为人懒惰、邋里邋遢、不善自理的不好印象。社交场合妆面残缺不全也是对他人不尊重的表现，一定要努力维护妆面的完整性，做到用餐、饮水、休息、出汗之后及时补妆。

（3）不要当众化妆或补妆。

常常可以见到一些女士，不论什么场合，一有空闲就掏出化妆盒替自己补妆。当众化妆，有卖弄之嫌，而且显得失礼、轻浮、不庄重，在工作岗位上这样还会显得对待工作不认真。无论化妆还是补妆都要到休息室或洗手间去进行。

（4）不要借用他人的化妆品。

化妆品是很私人的物品，它直接和皮肤、唇部接触，多人共用非常容易造成疾病交叉感染，不要随便借用，否则会给人留下不礼貌的印象。所以化妆品应随身携带。

（5）不要非议他人的妆容。

由于每个人审美观不同，再加上文化、肤色的差异，自然对妆容的把握也会不同，所以对他人的妆容不应做评价。在社交场合，当面或背后评价、议论他人的妆容是很不礼貌的行为。

（6）不要过量使用味重的化妆品。

任何化妆品都不要过量使用，要含蓄一些，才有魅力。过量使用香水，尤其在空气流通不畅的地方，如写字间、会议室、会客室、电梯里会引起他人的反感或不快。

除了头发及面容的修饰，还要注意对其他未被服饰遮掩的肢体部分如颈部、手部、足部进行必要的修饰。整体的容貌外观都修饰好了，才会让人感到赏心悦目。

4. 化妆的步骤

只有用对了化妆步骤,才可以收获效果明显的精致妆容,化妆的正确步骤如下。

(1) 洁面。

使用适合自己肤质的洁面产品,彻底清洁面部,去除油脂和污垢。干净的皮肤才有利于各种水、乳、面霜的吸收,让底妆更贴合肌肤。

(2) 保湿。

完美的妆容离不开前期的基础打底,皮肤要有水分才不会掉妆。清洁完肌肤之后,接着用爽肤水、肌底液、精华、乳液进行保湿,最后采用面霜、眼霜进行特别护理。

(3) 底妆。

在有必要的情况下,妆前先涂抹防晒霜、隔离霜,然后选择适合自己肤色、肤质的粉底,顺着肌肤纹理均匀涂抹于面部。要想呈现好的化妆效果,应使用几种颜色的粉底,有明有暗,面部才能呈现出立体效果。如果面部有黑眼圈、痘印等瑕疵,此时应使用遮瑕膏进行局部遮盖,使肌肤看起来更加完美。

(4) 彩妆。

彩妆环节包括描眉、画眼、涂腮红、修容、涂口红等内容。眉毛乃五官之首,对于脸部的妆容至关重要,眉形决定脸部妆容风格。描眉是个技术活,新手应该多学多练,既会选择适合自己的眉形,又要有熟练的画眉技巧,起码要做到手不抖。画眼包括眼影、眼线、睫毛、卧蚕等多项内容,眼妆是整个面部妆容的一大亮点,画得好可以使你的眼睛明艳动人、顾盼生辉、充满灵气。眼影可选自己喜欢的颜色搭配,一般较白的皮肤可用大地色、酒红色,皮肤较暗则不宜用亮色;眼线多用黑色和棕色,眼线笔不要太粗,以免画时掌握不好,导致画粗晕染;涂睫毛膏前要用睫毛夹从睫毛的根部往上夹,夹翘后用睫毛膏沿睫毛的根部往上刷,一定要刷得根根分明才能收获干净的妆容。根据自己的皮肤选择适合自己的腮红色号,掌握好力度从脸颊往耳后方轻刷以确保上色均匀;腮红一般扫在笑肌上,可增加面部的立体感。腮红有粉饼状的、气垫型的,粉饼状的比较容易掌握上色的深浅,气垫型的生手难以把握,容易造成上色不均。嘴唇如果干燥,容易起皮,可用唇膏或者唇釉打底,然后选择个人喜欢的并且与面部整体妆容协调的颜色的口红涂上即可。

(5) 修容和高光。

修容的目的是使面部整体看起来更加立体、有轮廓,通常用暗色修饰脸部凹陷的位置,如鼻梁两侧、额头两边、额骨下方。而高光则是采用亮色对面部凸出的地方进行提亮,如鼻梁、额骨、眉骨、额头等。简言之,修容和高光就是发挥光与影的作用,使人看起来更美。

(6) 定妆。

在完成所有妆容后,使用定妆喷雾或定妆粉进行定妆,定妆这一步很重要,能够有效增加妆容的持久度,减小脱妆的可能性,也能让皮肤看起来更完美。

(7) 卸妆。

凡事有利就有弊,化妆虽然能够提升颜值,但也会对皮肤造成负担。因此,每天回家、睡前要认真卸妆和清洁皮肤。最好选用专门的卸妆产品彻底清除面部彩妆,再用洁面产品彻底清洁皮肤,保持皮肤健康。

长期遵循化妆的步骤,一定会得到干净、湿润、紧绷的肌肤以及清透、健康、好看的妆容。

5. 化妆实训

化妆的终极目的就是要使你看起来更美!化妆的实质就是通过修饰的手法,从视觉上来"矫正"不那么完美的面部、五官,以达到整体的和谐。

(1) 面部黄金比例。

面部黄金比例通常是指面部各部位组合的最和谐比例,即医学美容专家、化妆师们常常说到的"三庭五眼""四高三低"。这是世界上公认的美人脸比例。

"三庭五眼"是描述人脸美学比例的术语,是人的脸长、脸宽的一般标准比例,符合这个比例就是理想的脸型,离这个比例越远,脸型效果就越差。三庭:指脸长比例,把脸的长度分为三等份,从发际线至眉骨为上庭,从眉骨至鼻底称中庭,从鼻底至下颏为下庭,上庭、中庭、下庭各占脸长的1/3为最标准的三庭。五眼:指脸宽比例,从左侧发际至右侧发际,以眼长把脸的宽度分成五等份,具体是:两只眼睛间距为一只眼睛的长度,两眼外侧至侧发际各为一只眼睛的长度,各占1/5。"四高三低"是"三庭五眼"之外的又一人脸审美标准。"四高"指的是额头、鼻尖、唇珠和下巴尖四个部位的突出,其中,鼻尖是面部最高点。"三低"指的是两眼之间的鼻额交界处是凹陷的,唇珠上方人中是凹陷的,下唇到下巴尖之间还有一个小小的凹陷,共三个凹陷。"三庭五眼""四高三低"是我们面部审美的公认准则,只不过"三庭五眼"指的是正脸,"四高三低"指的是侧脸。

在现实生活中,也许很多人天生不那么完美,但我们可以通过化妆来修饰面容,利用光与影的效果,使面容在视觉上达到或接近"三庭五眼""四高三低"的审美标准。

(2) 各种脸型的化妆修饰技巧。

不同脸型的比例各具特点,对化妆的要求自然不同。首先了解自己的脸型特点,然后再根据"扬长避短"原则进行化妆修饰,进而打造出和谐、完美妆容。

椭圆形脸俗称"鹅蛋脸",是传统审美中的标准脸型,世界各国也公认瓜子脸、鹅蛋脸是最美的脸型。椭圆形脸的特点为额头与颧骨基本等宽,下颌略窄于额头和颧骨,腮骨不方,下颌线条弧度柔美,脸型的长宽比接近4∶3,下颌骨和颧骨不明显,给人舒服的感觉。该脸型本身就很标致,不需要过多的修饰矫正,只需根据自己的肤色和整体造型来化妆即可,是很显气质的一类脸型。

圆形脸又称"娃娃脸",是非常减龄、颇有幼态感的可爱脸型。此脸型的特点是缺乏立体感:面颊圆润,面部骨骼结构不明显,无棱角,下巴圆润饱满,脸的长度与宽度的比例小于4∶3。圆形脸化妆修饰的重点是:在外轮廓打上阴影来削弱脸的宽度,由颧骨向内斜下方打腮红以增强面部立体感。圆脸五官较平,可在额骨、眉骨、鼻骨、颧骨上缘和下颏等部位打高光提亮,以增强面部立体感。眉头压低,画出眉峰,上挑的眉形能拉长脸型,看起来更生动。高光从额骨打到鼻尖,鼻影从眉头打到鼻尖两侧,可增强鼻子的立体感。涂口红要强调唇峰棱角,下唇底部平直,避免画成圆形。眼线适当延长。

方形脸的额角与下颌呈方形,面部线条感强烈,棱角分明,极具现代感,被时尚界称作高级脸型,也是我们传统说法中的"国字脸"。这种脸型对男士来说是最理想的脸型,给人以正直、刚毅的印象;对于女性来说,会显得缺乏柔和感。方形脸的特点是立体感强,脸的宽度与长度接近,整体四四方方,骨骼感明显,下巴较短。方形脸化妆修饰的重点是:柔和面部线条,在额角、下颌角打上阴影,在额中部、颧骨上方、鼻骨及下巴打高光提亮,使面部看起来圆润柔和。侧脸纵向打腮红,能瘦脸和拉长脸型。修掉眉峰棱角,使眉毛线条柔和圆润,适合弯月眉。眼线圆润并在眼尾微微上挑,增强灵动感。唇部不适合有唇峰,要强调唇部的圆润感。

菱形脸又称"钻石脸",是一款富有立体感的脸型。菱形脸的特点是额头较窄,颧骨突出,下巴窄而尖,脸部棱角明显。菱形脸化妆修饰的重点是:在脸部最宽处的颧骨、尖下巴处打上阴影,以削弱颧骨的高度、下巴的凌厉,在额角、太阳穴和下颌两侧打高光,使脸型显得圆润。加宽鼻梁处高光色,使鼻梁挺阔。修掉眉峰棱角,适合画拱形眉,眼线适当拉长并在眼尾上挑。

瓜子脸又称"倒三角形脸""V形脸",整体脸型是上宽下窄,看上去像桃心一样,是一款比较柔美的脸型,符合现代审美。瓜子脸的特点是重心在上半张脸,下颌窄,下巴处有尖尖的弧度。瓜子脸化妆修饰的重点是:瓜子脸脸型完美,不需要过多的修容,一般在额头最宽两侧打上阴影,在下颌两侧刷上高光即可。眉形应圆润微挑,不宜有棱角,眼线不宜拉长。用淡色腮红横向晕染,增强脸部丰润感,唇部最好画得圆润饱满些。

长形脸是在方形脸的基础上增加了长度,有的是额部长,有的是中庭长,有的是下巴长,显得比较成熟、理智。长形脸的特点是三庭过长,脸颊消瘦,脸的长度远超过宽度,线条不够柔和。长形脸化妆修饰的重点是:在两腮和下巴部位加上深色阴影,从视觉上来缩短脸型。修掉眉峰,适合画稍宽、略长的一字眉,达到拉宽、缩短脸型的目的。打高光把鼻梁加宽、收敛鼻子长度,不适合加鼻影。腮红横刷在颧骨最高点为佳,唇形最好圆润饱满。

正三角形脸又称"梨形脸",是一种比较富态稳重的脸型。额头、颧骨看起来偏窄,下颌较宽,整张脸缺少柔美感。正三角形脸的特点是:"上轻下重",太阳穴凹陷,腮帮较大。正三角形脸化妆修饰的重点是:从视觉上增加额头的宽度,开左右两侧发际,使额头变宽,打高光提亮额头、太阳穴、鼻梁等处,使脸的上半部明亮、突出、有立体感。从两边嘴角下方至耳朵都用阴影修饰,以此来缩小脸的下半部分。腮红从鬓角至鼻翼方向斜扫,达到进一步修容的目的。适合画平缓拉长的粗眉毛;宜选用淡雅自然的唇色,目的是从视觉上忽略脸的下半部分。

在现实生活中,大多数人不属于绝对标准的某一种脸型,会存在多种混合型脸。每个人的脸型都各具特色,妆容及手法也要相应进行调整。只有弄清自己的脸型、琢磨化妆修饰的技巧,才能真正为自己的颜值加分。

第三节 仪表礼仪

仪表礼仪是指一个人的仪表与他的年龄、职业和所处的场合相吻合、协调,才能给人以美感,增进互相的好感。庄子曰:"各美其美。"虽然着装打扮是自己的事,各人可以按照自己的喜好来装扮自己,但是毕竟我们每个人身处社会中,需要适当考虑社会的评价,过于前卫、夸张、薄透露短的衣服会引人侧目。在人际交往中,"先看罗衣后看人"是一种常态。与你打交道的人,往往会自觉或不自觉地根据你的衣着、按照社会的标准来判断你的基本情况,比如教养、品位、喜好及经济状况等。所以,掌握一定的着装规范和配饰礼仪是非常有必要的。

一、着装规范

在着装规范中必须弄清楚最重要的两点:着装原则与色彩处理。

1. 着装原则

TPO原则是国际上一条通用的着装原则。TPO是英文"time、place、object"三个单词的缩写,T代表时间、季节、时代,P代表地点、场合、职位,O代表目的、对象。这条原则,充分阐释了一个理念:协调。一个人的穿着打扮要与他的年龄、体型、职业和所处的场合等相协调、相吻合。

(1) 着装要与年龄相协调。

俗话说:"爱美之心,人皆有之。"无论男女老少,每个人都有权利装扮自己。在一定程度上,我们可以"穿衣戴帽,各凭所好",但不同的年龄有不同的审美观和不同的着装要求。年轻人着装应显示出朝气、自然,讲究分寸,过分的服饰反而会破坏原有的青春之美;年长者则应雅致、端庄,展示出成熟之美,穿超短裙就缺乏稳重大方之态。总之,服装要与年龄相协调,并凸显出各年龄段应有的魅力。

(2)着装要与体型相协调。

人们的体型往往不是完美无缺的,而服装的意义之一就在于美化不完美的体型。一般来讲,合适的着装一定是与自己的体型相协调,能扬长避短的。如身型矮胖、颈粗脸圆,宜穿低"V"字形领、大"U"形领衣服;身材瘦长、颈细脸长,宜穿高领或圆领服装,忌穿紧身衣裤。方脸则宜穿双翻领或小圆领服装。此外,较高者,上衣可适当加长;反之,较矮者上衣应稍短;体型圆润的,衣服合身即可,不宜紧身或过于肥大。务必记住这个扬长避短的穿衣公式:脖长适合高领、脖短适合V领、肩宽适合收肩袖子上衣、肩窄适合蓬松袖子上衣、胸大适合松紧适度的带袖上衣、胸小适合露肩紧身上衣、短腰适合内短外长的上衣搭配、长腰适合外短内长的上衣搭配、臀宽适合上衣盖过臀部。

(3)着装要与职业相协调。

不同的职业有不同的着装要求。例如:教师穿着应庄重一些,忌短、露、透,更不能打扮妖艳、怪异。医生穿着则要力求稳重和保守,一般不宜过于时髦,给人以轻浮之感,容易使人质疑其专业技能。而演艺人员则可穿着时尚、前卫一些。

(4)着装要与场合、环境相协调。

从总体上讲,人们面临的场合大致有公务、社交和休闲三大类。公务场合,着装要求庄重保守,不宜过于浮华。社交场合,着装可时尚个性。休闲场合着装则宜舒适自然,西装革履则不可取。

(5)着装要与鞋袜相协调。

常言道:"鞋袜半身衣。"鞋袜的重要性不言而喻。穿着打扮时,服装一定要与鞋袜相协调,穿什么衣服配什么鞋,鞋袜没选对,服装再美也白搭。一般要根据下装的量感来搭配鞋子。

①短裙、修身裙、面料轻盈的小量感裙装搭配量感大的鞋子。反之,量感大的裙子则要选量感偏小的鞋子。

②大鞋头、厚底、设计复杂的大量感鞋搭配元素复杂的长裤、深色硬挺紧身裤或宽松廓型长裤,基础小白鞋、帆布鞋适合搭配九分裤、直筒裤或短裤,过踝长裤适合穿尖头或高跟鞋。还有一点要注意,下装的露肤面积与鞋子的露肤面积成反比。下装越短,鞋子露肤越少;下装越长,鞋子露肤越多。

补充知识:鞋子、袜子、下装的搭配

掌握一些单品的时尚点,我们的穿搭才能更加出彩。

(1)帆布鞋+袜子。

帆布鞋是非常受欢迎的鞋子,无论从性价比还是从舒适度上来讲,它都是不错的,而且与任意衣服搭配都不违和。帆布鞋鞋型简洁,一旦与袜子搭配到位,就

很容易出彩,较为理想的搭配方法有如下几种:黑色帆布鞋配黑白袜子、涂鸦帆布鞋配彩色袜子、白色帆布鞋配黑色袜子、黄色帆布鞋配白色袜子、红色帆布鞋配白色袜子、红白拼接帆布鞋配图案袜子、图案帆布鞋配船袜、深蓝帆布鞋配黑色长袜。

(2) 老爹鞋+裤子。

近些年老爹鞋颇为流行,它底厚、量大、存在感强,视觉笨重的老爹鞋想穿出感觉来,时髦点不在袜子,却在裤子,搭配好裤子最为关键。彩色老爹鞋配白色直筒裤、浅色老爹鞋配牛仔裤、老爹鞋配束口裤、老爹鞋配中筒袜,都是很好的组合。

(3) 乐福鞋+袜子。

乐福鞋中性帅气、舒适百搭,它的时髦点不在裤子而在袜子。厚底乐福鞋配黑色长袜为最佳搭配,乐福鞋配堆堆袜、乐福鞋配同色袜子、白色乐福鞋配隐形袜、漆皮乐福鞋配打底袜都可以,乐福鞋还可配网眼丝袜。

(4) 马丁靴+裤子。

马丁靴与裤子是最佳搭档,与裙子搭配也很好。马丁靴配牛仔小脚裤比较经典,马丁靴配皮裤也不错,马丁靴配工装裤、迷彩裤浑然天成,煞是好看。

(5) 短靴+裤子。

短靴配不同的裤子会有不同的穿着效果。短靴配九分直筒裤、短靴配八分阔腿裤、短靴配束脚裤、短靴配微喇裤,都是比较时髦的搭配方法。

2. 色彩处理

要想得体地装扮自己,就要掌握色彩处理的奥妙。

在服装的三大要素(面料、色彩、款式)中,色彩被称作"服装之第一可视物",在服饰审美中有着举足轻重的作用,是着装成功与否的重要因素。服装配色是衣着美的重要一环,服装色彩搭配得当,可显得端庄优雅;搭配不当,则会显得不伦不类。色彩搭配是着装中最先应该掌握的——然而大多数人在生活中会直接用眼睛去观察搭或不搭,难免会出现偏差。只有掌握一些服装色彩搭配技巧,我们才有可能成为搭配高手。

(1) 了解色彩。

色彩可分为无彩色和有彩色两大类。前者如黑、白、灰,后者如红、橙、黄、绿、青、蓝、紫七彩色。色彩包括如下三种属性。①色相——表示色的特质,是区别色彩的关键属性,例如红、橙、黄、绿、青、蓝、紫等。色相和色彩的强弱及明暗没有关系,只是纯粹表示色彩相貌的差异。②明度——表示色彩的强度,也即色光的明暗度。不同的颜色,反射的光量强弱不一,因而会产生不同程度的明暗效果。③彩度——表示色的纯度,亦即色的饱和度。具体来说,彩度是表明一种颜色中是否含有白或黑的成分。假如某色不含有白或黑的成分,彩度最高;含有白或黑的成分,彩度则会下降。色彩的三要素对华丽感及质朴感都有影响,其中纯度影响最大。明度高、纯度高的色彩,也即丰富、强对比的色彩,给人华丽、辉煌的感觉。明度低、纯度低的色彩,也即单纯、弱对比的色彩,给人质朴、古雅的感觉。但无论何种色彩,如果带上光泽,都能获得华丽的效果。色彩分冷暖色。暖色即产生温暖、热烈、危险等感觉的颜色,暖色包括黄色、黄橙色、橙色、红橙色、红色,以及其他与太阳、火焰、热血等联系在一起的颜色。冷色即能让人产生寒冷、理智、平静等感觉的颜色,冷色包括绿色、青蓝色、蓝色、蓝紫色、紫色,以及其他与太空、冰雪、海洋等寒冷的事物联系在一起的颜色。

(2)主色、辅助色、点缀色的用法。

主色是占全身色彩面积最大的颜色,占60%左右。

辅助色是与主色搭配的颜色,占40%左右。

点缀色是起点缀、画龙点睛作用的颜色,只占5%~15%。

(3)服装色彩搭配的几种方法。

①统一法。

统一法即用同一色系中各种不同明度的色彩,按照深浅的不同程度搭配,给人以和谐、自然的感觉。如深蓝与浅蓝、深灰与浅灰搭配等,此方法多用于庄重的场合。

②对比法。

对比法即运用冷暖、深浅、明暗等特征相反的色彩进行搭配(红与绿、黄与紫、蓝与橙、白与黑都是对比色),使着装在色彩上形成反差,产生强烈的审美效果,突出个性。

③相邻色法。

用色系相近的颜色搭配也是一种常用的方法,比如黄色和棕色就是邻近色,它们有60%的地方是一致的,但实际上为两种颜色。这样搭配能够显示出渐变的效果,是非常流行的渐变色搭配。

④基础色法。

所谓基础色就是三种常见的颜色,即黑色、白色和灰色,它们也是最简单的一种搭配,用这三种颜色互相搭配可以很随意,比如黑色配白色、白色配灰色、灰色配黑色等等,但尽量不要所有衣服都是一种颜色。

总之,色彩的搭配要讲原则:有主色调,全身着装颜色不要超过三个色系;有方法,用同色系搭配出端庄、稳重、高雅的感觉,用相似色搭配出柔和、协调的感觉,用对比色搭配出个性;有取舍,根据个人的肤色、年龄、体型来选择颜色,而不只是选择自己喜欢的颜色。选对色彩、穿对衣是着装的基本礼仪。

补充知识:色彩搭配规则

红色适合配黑色、白色、米色、灰色、蓝灰色。

粉色适合配灰色、白色、米色、褐色、紫红色、墨绿色。

橘色适合配白色、黑色、蓝色。

黄色适合配紫色、蓝色、白色、咖色、黑色。

咖色适合配米色、黑色、鹅黄色、砖红色、蓝绿色。

绿色适合配灰褐色、灰棕色、米色、黑色、暗紫色、白色。

墨绿色适合配粉红色、浅紫色、杏黄色、暗紫红、蓝绿色。

蓝色适合配白色、金色、银色、橄榄绿、橙色。

浅蓝色适合配白色、酱红色、浅灰色、浅紫色、灰蓝色、粉色。

紫色适合配银灰色、灰蓝色、白色、紫红色、浅粉色。

二、配饰礼仪

配饰对服装起着烘托、陪衬、美化、辅助的作用,同时可以暗示佩戴者的地位、身份、财富、教养、审美和婚恋状态,使用时一定要小心谨慎,遵守配饰礼仪。

1. 首饰的佩戴原则

(1) 以少为佳。

在必要时,首饰可以一件都不戴;有时如果想同时戴几种首饰,建议最多不超过三种,避免过多的重叠和混搭,要保持整体的协调性;同类首饰不能超过一件(像手镯、耳环等成双成对的除外);戴手表时不能戴手镯。首饰戴得过多,会使人看起来像棵"圣诞树"。

(2) 同质同色。

如果同时佩戴两件或两件以上首饰,要力求使其质地、颜色相同,从总体上让人感觉协调一致,如想戴珍珠饰品,耳环、项链、戒指等都应是珍珠的。试想一下:如果一个人脖子上戴的是珍珠项链,耳朵上戴的是黄金耳环,手上戴的是宝石戒指,你肯定会觉得她像个"杂货铺",杂乱无章。

(3) 符合习俗。

戴首饰要遵守习俗。如戒指应该戴左手;脚链不能成对戴,只能戴一条;戴翡翠时有"男戴观音女戴佛"之讲究。

(4) 了解寓意。

不同饰品的象征意义不同,如项链代表平安和富有,戒指表示婚恋状况,手镯或手链的佩戴可以表示婚姻或自由状态。

(5) 注意协调。

所选配的首饰应该跟个人的身份、体型、服饰相协调。

(6) 男女有别。

女士可以选择多种首饰,而男士通常只戴结婚戒指。

(7) 脸型差异。

应根据脸型、体型选择合适的饰品,如胖脸型的女士不宜戴耳环,圆脸型的女士戴项链时应加挂件。

2. 各种饰品的佩戴方法

饰品顾名思义就是个人佩戴在身上的装饰性物品,主要起美化的作用,是一种刻意的行为。我们可以选择使用饰品,也可以不使用;一旦使用,就一定要小心谨慎。佩戴得体可以起到画龙点睛的作用,反之则会画蛇添足,甚至弄巧成拙,所以应了解各种饰品的佩戴方法。

(1) 常见首饰的佩戴方法。

①戒指。

戒指据说最早源自埃及,人们认为这个小小的环形既没有开始,也没有结束,可象征爱情的浪漫与永恒,于是就将它与婚恋状态联系在一起。现实中很多年轻人比较有个性,不喜欢拘泥于传统惯例,多以自己的喜好为出发点,任意选戴戒指。但是社交中人们习惯于通过戒指来了解一个人的婚姻方面的信息,所以最好不要随意乱戴。戒指的规范戴法是:大拇指一般不戴戒指,戒指戴在食指表示求爱,戴在中指上表示热恋或订婚,戴在无名指表示已婚,戴在小指表示离婚或独身。一只手上最多只能戴两枚戒指:订婚戒指和结婚戒指,它们可分别戴在中指和无名指上。

②项链。

项链是最早被人类用来作装饰的物品,它挂在人体最显眼的颈脖前,成为装饰的主题,起着"承上启下"的作用——对上修饰脸型和颈脖,对下则与上衣相呼应。生活中有人选配项链往往随心所欲,装饰效果并不理想。其实,佩戴项链也有章法可循,我们应根据自己的体型、脸型、脖子的长度以及衣服的颜色等来加以选择。例如,体型较胖、脖子较短的人就适宜选择较长的项链,这样可从视觉上形成一种拉伸感,起到修饰美化的作用;身材苗条修长、脖子细长的人则最好选择短一些的项链或项圈,可用以平衡单薄、纤弱的体型。总之,项链的粗细要和脖子的粗细成正比,其长短要与脖子的长短成反比。另外,项链的颜色最好与服装的颜色、肤色有较强的对比度,而不至于被埋没。

③耳饰。

耳饰就是戴在耳朵上的饰品,它分为耳环、耳钉和耳坠。在稍正式一些的场合,它仅限女性使用,并成对使用,大而夸张的耳饰不适合职场中的女性。选择耳饰时要考虑自己的脸型、头型、发式、服饰等,尽可能避免选择与自己的脸型相类似的耳饰。如:下颌较尖的人宜选用面积较大的扣式耳环,以使脸部显得圆润丰满些;而脸型较宽的方脸型人,宜选面积较小的耳环。

④手镯。

张爱玲说过:"女人一生中最该收藏的两样东西,一样是玉镯,另一样是旗袍。"手镯是女性特有的代表平安和吉祥的护身符,在古代一般大家闺秀稍稍长大时,长辈往往会送其一对玉镯,以勉励其行为有礼,举止有度。现如今在结婚时,家长有给新娘送手镯的习俗。手镯不仅可以起美化的作用,还伴有美好的寓意,在佩戴时最好遵守一些约定俗成的规矩,按照"左进右出"的规律,把银手镯戴在右手可以帮助排出体内浊气,把银手镯戴在左手可辟邪招财。民间有"左手戴金、右手戴银"的习俗,现实生活中左手戴手表、右手戴银手镯也是不错的选择。手镯可以戴一只,也可以戴两只、三只,甚至更多。戴一只时,应戴在左手;戴两只时,可左右手各戴一只,也可都戴在左手;戴三只时,就应都戴在左手上;戴三只以上的现象则比较少见。生活中有部分人认为,首饰是有灵性的。自己戴过的手镯,尤其是玉镯、银镯,千万不能随意送人,如果执意这么做触犯了别人的禁忌,会被认为非常不吉利且有失礼仪。

⑤腕表。

腕表,又叫手表,即佩戴在手腕上用以计时的工具。社交场合人们所戴的手表往往体现出一个人的地位、身份和财富状况,所以应该有所讲究。在正规的社交场合,手表往往会被视同首饰,对于平时只有戒指一种首饰可戴的男士来说,"手表不仅是首饰,而且是最重要的首饰"。严格来讲,成年人佩戴失效表、劣质表都是不符合礼仪规范的。

⑥脚链。

脚链多受年轻女性青睐,如果拥有纤纤细腿,再配上一条漂亮的脚链,简直是美不胜收。自古就有恋爱中的男生送女生脚链的说法,寓意为拴住对方、长长久久在一起,现如今,脚链依然是男生送给自己女神的最好礼物之一。脚链主要适合非正式场合,但其佩戴要领也要多加留意。首先,佩戴脚链,无疑会将人们的注意力吸引到佩戴者腿部和步态上,腿部缺点较多或走姿不雅的人,就尽量不要戴它。其次,民间有脚链"戴左脚防小人、戴右脚招财"的说法,根据自己意愿,脚链可戴左脚,也可戴右脚,但不能两只脚同时戴,否则就与脚镣相似了。如果戴脚链时穿丝袜,就要把脚链戴在袜子的外面,让脚链醒目。最后,选佩脚链还要考虑是否与自己的气质和着装风格相符。

(2) 其他饰物的佩戴方法。

①胸针。

胸针是别在胸前的饰物,多为女士所用。穿西装时,胸针应别在左侧衣领上;穿无领上衣时,胸针宜别在左侧胸前,其高度最好在自上往下第一粒与第二粒纽扣之间,具体细节可参考央视《新闻联播》播音员们的胸针佩戴方法。

②帽子。

在衣着装扮中,帽子也占举足轻重的地位。帽子的种类颇多,各具特色:棒球帽俏皮帅气、渔夫帽休闲随性、贝雷帽优雅复古、针织帽温柔保暖、画家帽文艺复古、平顶礼帽高贵优雅、钟形帽复古率性……你钟情于哪一款似乎不那么重要,适合你脸型的才是最佳。

a. 瓜子脸。瓜子脸可以驾驭很多款帽型,适合戴贝雷帽、报童帽、软呢帽、尖顶帽、窄边帽。窄窄的帽檐可遮挡稍宽的额头,如果选太宽的帽檐,则会显得头重脚轻,毕竟脸的下半部分太弱了。瓜子脸应避开钟形帽、渔夫帽。

b. 国字脸。国字脸的最大特征是"有棱有角",可选择温柔的针织帽来中和一下,呈现出一种温和的气质。国字脸宜戴针织帽、贝雷帽、报童帽、卷边帽、礼帽、软呢帽,应避开棒球帽。

c. 长脸。长脸的明显特征在于脸长,棒球帽长长的帽檐能遮住额头,缩短脸长。服帖的鸭舌帽、时尚的渔夫帽、优雅的钟形帽、大檐帽都适合长脸的人,而针织帽、高冠帽以及蓬松的帽型则明显不适合。

d. 圆形脸。圆形脸的特征在于脸短,选择恰当的帽子能从视觉上增加脸的长度。圆形脸适合戴中间凸起的高冠帽子,切忌戴平顶帽。蓬松的贝雷帽、休闲的渔夫帽都非常适合圆脸,报童帽、棒球帽、海军帽、骑士帽也可戴,需要注意避开钟形帽。

e. 菱形脸。菱形脸的问题在于颧弓外扩,适合戴针织帽、贝雷帽、渔夫帽、八角帽、钟形帽,需要注意避开棒球帽。

f. 鹅蛋脸。鹅蛋脸轮廓线条完美,只要不是太过夸张的帽子,基本都适合鹅蛋脸。鹅蛋脸的人对于帽子几乎可随意选取,就连比较小众的海军帽、巴拿马草帽、小檐盆帽、雷锋帽都可以戴。

总之,菱形脸最适合针织帽,长脸最适合棒球帽,圆脸最适合贝雷帽,瓜子脸最适合鸭舌帽,国字脸最适合渔夫帽,鹅蛋脸能驾驭多种帽子。戴帽子的方法也有很多,帽子正戴显得庄重、严肃,可使脸型显得更加丰满、端庄;歪戴则显得活泼、俏皮,还可修饰不那么完美的脸型;有些帽子前倾则显得时髦。

③围巾。

围巾一般在冬春季使用较多,它不仅能御寒,而且还能使服装增色。巧妙地选戴围巾,其效果不亚于常常穿新衣。围巾的配色原则是:深色衣服搭配鲜艳围巾,浅色衣服选配素色围巾;厚重的衣服可以搭配轻柔飘逸的围巾,轻薄的衣服不宜搭配厚重的围巾。

④丝巾。

丝巾是女性的最爱,爱美的女性往往都有多条丝巾,不同的颜色、图案、质地的丝巾搭配不同的服装,点缀出万种风情。丝巾有方巾和长巾两种基本样式。

小方巾适合用作装饰,或绑在手上、包包上;中号方巾可以做头巾或围脖;大号方巾可以做披肩。长巾适合系在脖颈处。要选择适合自己肤色的丝巾颜色,肤色白皙的人可选择淡蓝色、洋红色等纯净颜色;肤色偏黄的人可选择湖蓝色、橙色等提亮肤色的颜色;肤色偏黑的人则适合粉红、粉紫等明亮颜色。丝巾起点缀作用,它不仅可以系在脖子上,还可以绑在头上、系在包上、披在肩上、绑在手腕上。

⑤包包。

生活中一句"包治百病"的调侃,凸显出女士们对包包的喜爱。包包是许多女性最钟情的饰品,连鞋子、衣服、珠宝、化妆品等都无法与之匹敌。包包的款式众多,小型提包是女士日常出席正式场合时使用的重要饰物,它可以使女性在动态中显示出独特的魅力;挂肩型提包则为女士出席半正式或非正式社交场合时的装饰品;手包顾名思义就是拿在手上的包。手提包要用左手提,右臂自然放松,用左手的前臂挎起包包,手掌掌面朝上,手指放松,包包可以稍靠近身体,用身体来支撑包包的重量,这样拿会比直接用手拿更显优雅气质。手包使用时用左手直接从下方握住,也可以用左手从上方抓着手包,但一定要记得稍微贴近身体会更优雅得体。女性上班用包可以选择简洁大方、相对较大的款式并尽量与着装搭配;应聘或面试时,应将包放置于右脚旁,不宜将包放在桌子上;参加年会、晚宴等正式场合,应选用比较考究的手包。一般来讲,社交时,大包放在右侧的椅脚,小点的包可放在身体与椅背之间,只有手包才可以放在桌子上。

⑥丝袜。

丝袜在女性服饰搭配中起着极其重要的作用,国际上通常认为在正式场合,女性着裙装不穿丝袜,就如同不穿内衣一样不雅,穿丝袜时,袜口不得露出;尽量不要穿有破洞或钩丝的丝袜,"袜子一旦脱丝,就好比女人破了相",非常不美观。为了做到万无一失,有经验的女士往往会随身携带一双备用丝袜,以备不时之需。正式场合,尽量选择素色、不带图案的丝袜,慎穿黑色丝袜。

⑦香水。

香水分为淡香水和浓香水两种。淡香水适合日常使用,浓香水应谨慎使用。夏季适合清新、清爽的香水,冬季则适合较为浓郁的香水。香水一般喷洒于手腕、耳后、手臂肘关节处、膝盖内侧等体温相对较高的部位,不宜洒在腋下(容易产生怪味),还可喷洒在自己周围的空气中。香水一般在出门前15分钟喷洒,切不可临到出门的时候再喷洒,香水喷洒要适量,2~3下即可,避免过量。使用香水时有几个问题要注意:香水不能遇热,也容易挥发,应当盖紧后放在阴凉的地方;香水中含有化学成分,不要喷洒在衣物及金银饰品上;选购香水时,要喷在手腕或内肘上试而不是在瓶口闻,因为香水在每个人的皮肤上的味道会有所不同;香水可用很久,建议选择品质稍好的,闻起来会有高级香味。

在着装打扮上,庄子说过"各美其美",但从社交礼仪的角度看,只有遵守一定的礼仪规范,符合社会的评判标准才是真正的美。

三、女士着装礼仪

着装不能简单地理解成穿衣,它是一个人的阅历修养、审美情趣、身材特点、时尚品位的综合体现。"云想衣裳花想容",相对于偏单调的男士着装,女士的着装则亮丽丰富得多,这无疑对女士的审美能力是一个较大的挑战。

1. 女士基本着装礼仪

(1) 保持服装的干净和平整,没有褶皱和污渍,看起来大方得体,这是最基本的礼仪要求。

(2) 少穿过于性感的服装,如露背装、露脐装、超短裙、齐大腿高帮靴、极薄黑丝袜等,这在公共场合,尤其是电梯、地铁、教室、影院等封闭的空间极其不合适。

(3) 避免穿过于夸张或不恰当的服装,如中老年女性穿膝盖以上短裙就不太合适。有蝴蝶结的衣服,给人天真的感觉,选择穿着时也要注意年龄、场合。着装要考虑个人身份、体型、年龄等因素,衣不合身会给人留下滑稽的印象,要了解自己体型的优点和缺点。

(4) 避免穿薄、透、露的服装,过分暴露的服装绝不能出现在正式场合,尤其是在职场中。

(5) 着装应考虑当地的文化和传统因素,同时知道什么场合穿什么衣服,什么时间穿什么衣服,女士的着装要随时间而变换。

(6) 在服装的款式、色彩、版型方面,不能不伦不类,要考虑他人的感受。

2. 女性职场着装规范

在职场上,女性一般穿西服套装,不宜交叉搭配自己现有的西服上衣和套裙,应保持上下质地、纹路、款式、颜色一致。套装最佳颜色是黑色、藏青色、灰褐色、灰色和暗红色。女士正装最标准的搭配为西服上衣配套裙,套裙的长度应该在膝盖以上3~6厘米,不宜与膝盖齐平,也不要低于膝盖;但中老年女性则可低于膝盖。西服上衣里面需搭配浅色、挺括、简洁的衬衣,并扎进裙装或者裤装里。妆容宜精致淡雅,发型整洁,不宜披头散发。鞋子应选择合适的尖头、圆头的高跟或中跟皮鞋,不宜穿皮靴、平跟鞋、凉鞋或露脚趾的鞋,并以棕色或黑色牛皮鞋为最佳。国际上通常认为袜子是内衣的一部分,千万不可露出袜边,丝袜一般是长筒袜或连裤袜,不宜选择刚到脚踝的短袜,短丝袜是配长裤的。

3. 各类型女性服饰风格搭配规律

女性的穿衣风格应根据女性面部和身体特征来进行搭配,不应该随心所欲、盲目模仿。根据不同的面部和身体特征,可以将女性分为少女型、自然型、优雅型、浪漫型、古典型、少男型、前卫型、戏剧型等八种类型,不同类型的女性适合不同风格的着装。

(1) 少女型。少女型女性的面部特征是线条圆润、五官的量感偏小、比实际年龄年轻(显幼态)。如果穿上成熟服装,往往比较违和。带有蝴蝶结、小圆领、蕾丝边、小碎花的上衣,背带裤,背心裙,喇叭裙等都是不错的装扮,可突出她们的活泼可爱。宜柔和、淡雅、温馨的装扮,最忌讳浓妆艳抹。

(2) 自然型。自然型风格的女性不做作、洒脱,如邻家妹妹一般亲切自然。色彩柔和、朴素大方的衣服最适合她们,越简单朴素则越美,即使是休闲装,也可以穿得很潇洒,就算是简单的T恤衫、牛仔裤、格子裙、棒针毛衫、白衬衣都能被她们穿出别样风韵,运动感十足。此类型女性最忌讳穿华丽、性感的衣服。

(3) 优雅型。优雅型风格的女性面部五官圆润、温柔娴静、知性优雅,具有女人味,给人一种小家碧玉的感觉。柔软的丝质、羊绒面料和曲线裁剪的服装很适合她们,粉色、紫色、柔和的绿色跟她们很搭。此类型女性最忌讳穿露肤太多的服装,是最具东方美的一类女性。

(4) 浪漫型。浪漫型风格的女性身形凹凸有致、眼神迷人、婀娜妩媚,极具女人味,是最让男人着迷的女性。此类女性往往具有性感美,适合穿曲线感十足的华丽精美服装,最不适合穿休闲类服装。宜着粉色、紫色、金色、大花的服饰,不宜着浅色或暗色服装。

(5) 古典型。古典型风格的女性一般五官端庄、面容高贵、正统知性,最适合剪裁合体、做工精致的正统服装,不适合穿休闲类的服装,尤其忌讳穿着、妆容随意。服装的面料力求高档、精细,如丝、缎、羊绒、羊皮等,避免穿没有品质的粗布、棉麻、尼龙等衣服,否则会显得太过朴素。

(6) 少男型。少男型风格的女性轮廓及五官直线感强,脸型一般以方脸居多,帅气、洒脱。适合带有中性化风格特点的服装,如牛仔服、工装裤、皮夹克等,唯有少男型风格的女性才能将牛仔服穿得最有韵味和最具时尚感。少男型风格的女性最忌讳穿带有荷叶边、大花朵等女人味很浓的服装,太长、太宽松、太拖拉的服饰也不行。

(7) 前卫型。前卫型风格的女性大多五官立体、观念超前、时尚独特,非常适合一些造型有个性、面料偏硬朗、紧跟潮流的服装。最忌讳穿太普通、面料过于柔软的常规服装,拒绝"平庸"。

(8) 戏剧型。戏剧型风格的女性往往轮廓分明、五官立体、大气而摩登,充满了鲜明的个性,具有强烈的存在感。她们适合时髦、夸张、大气的服饰风格。无论款式还是色彩,都倾向对比强烈、有较强视觉冲击力。

四、男士着装礼仪

1. 西装穿着礼仪与技巧

西装是男士最重要的服装,要想穿得风度翩翩,学习并遵守一定的礼仪规范是关键。

(1) 选西装的规范。

生活中时常会出现这样的情形：某人需要出席重要场合，准备添置一套西装，通常最先考虑的是什么呢？大牌的、贵的？其实这是非常不正确的，再大牌的西装，如果与你所出入的场合不符，跟你的身份、体型不搭，那都是失礼的，更谈不上体面和风度了。选择西装有着诸多讲究。

①根据所要出入的场合选西装。

西装分单件西装、西服套装。单件西装（即休闲西装），仅有一件西装上衣，适用于非正式场合。西服套装，即上衣与裤子成套，其面料、色彩、款式一致，适用于正式场合。西服套装，分两件套和三件套，三件套比两件套多一件背心。西服的件数越多，对应的场合就越正式，但最多不过三件。

②根据体格来选择版型。

所谓版型，指的是西装的外观轮廓。西装有欧版、英版、美版、日版四大基本版型。

a. 欧版西装。欧版西装就是在欧洲流行的西装，它主要依据欧洲人的体型设计，呈倒梯形，即肩宽收腰，适合比较高大魁梧的男性。一般的人肩不够宽，要慎选！双排扣、收腰、肩宽是欧版西装的基本特点。

b. 英版西装。英版西装是由欧版西装"变异"而成的，其基本轮廓也呈倒梯形；单排扣、三个扣子居多；领子比较狭长；开有骑马衩和后开衩，这是考虑到英国人骑马的时候比较方便。

c. 美版西装。美版西装就是美国版的西装，其轮廓特点为呈O形，宽松肥大，强调舒适、随意；一般都是休闲风格，适合休闲场合；以单件居多。

d. 日版西装。其基本轮廓为H形，适合亚洲男性的身材，没有宽肩，也没有细腰，多为单排扣，衣后不开衩。

(2) 西装色彩与面料的选择。

①色彩。正式西装的色彩一般是单色的、深色的。一般以蓝色、灰色等深色系居多，有时候也有咖啡色、深橄榄色和黑色。黑色西装一般是当作礼服穿着的。由于东方人肤色偏黄，建议咖啡色的西装慎选。

②面料。西装的面料五花八门，但正式西装的面料应力求高档，首选纯毛面料，或者是含毛比例较高的混纺面料，因为它悬垂、挺括、透气，外观显得比较高档、典雅。

(3) 西装的尺寸大小选择。

选择西装时，一定要穿上身去试，合体的西装应该是肩线比实际肩宽长一厘米；袖长为袖口齐手腕；西装下摆盖住臀部的五分之四，少于或多余这个比例则不合适；裤长以接触鞋面为宜，过长会堆在鞋面上，显得拖泥带水，过短则成吊脚裤，显得不够大气;裤腰以穿上裤子拉上拉链并合扣后,在自然呼吸的情况下不松不紧地刚好可插入一手掌为好,如果伸不进去一个手掌,则说明裤腰细了,如果裤腰能伸进一个拳头,就说明裤腰粗了。一套合身的西装,以上五个关键点的尺寸必须是达到要求的。在西装的选择上我们一定谨记"穿贵不如选对"。

(4) 搭配西装。

"西装革履"很清楚地说明:西装配革履才能衬托出男士的绅士气质。同时也启发我们:西装的韵味不是单靠西装本身穿出来的,而是与其他的衣饰精心组合搭配出来的。在选择好合适的西装之后,还需要学会选择与之相配的衬衫、领带以及鞋袜等,以塑造最佳的整体效果。(以下涉及的内容仅为正式场合的西装搭配)

衬衫是与西装搭配的重点,选择衬衫时要注意色彩、衣领、腰身和长度等是否合适:与正式西装搭配的衬衫,色彩应为单色,无图案,首选白色;与正式西装搭配的衬衫,衣领一般是方领、长领或扣领,多为方领,衬衫的衣领要高出西装的衣领大约1厘米,以保护西装衣领并增加美感;衬衫的袖长露出西装的袖口约2厘米,可显出层次感,也可以使手臂显得更加修长,使西装穿得更加有型,"衬衫露出袖口"是极其重要的穿西装规则;正式场合中不可以将衬衫的下摆露出来,一定要放到裤子里面,因为衬衫原本就是内衣。

领带是西装的灵魂,起着画龙点睛的作用。领带的色彩和图案是根据西装的色彩以及进入的场合来定的:单色领带适用于公务活动和隆重的社交场合,并以深蓝色、灰色、黑色、棕色、白色、紫红色最受欢迎;用于正式场合的领带,图案应规则、传统、冷暖色相间,常见的如条纹、圆点、方格以及规则的碎花,当然各种图案多有一定的寓意。领带的面料以真丝为最优。领带的宽度和长度也是要考虑的要素:宽度最好与自己身体宽度成正比;领带的长度一般是系完领带后,底端正好触及皮带扣的中间处。

此外,西装与鞋袜、公文包、皮带、手表、钢笔等的搭配问题也要注意,这些细节如果处理不当,也会影响西装的穿着效果。西装只有跟以上各要素搭配得当,整体协调,才会衬托得好看。

(5) 穿着西装。

"西服七分在做,三分在穿",当我们选择好西装并搭配好时,还须知道该怎么穿,才能体现出自身的气质和风度。莎士比亚说过:"一个人的穿着打扮就是他教养、品位、地位的最真实的写照。"的确,同样一套西装,有的人可以穿得俗不可耐,有的人却可以穿得风度翩翩,拉开两者距离的就是教养和品位。

男士要想将西装穿出应有的风度和气质,就必须遵守穿着西装的常规"三个三"。

①第一个"三"即三色原则。穿正式西装时,全身上下的颜色最多不能多于三

种,西装、衬衣、领带、鞋子、袜子都包括在内。服饰的颜色超过三种就会显得杂乱无章。通常,判断一个男人的着装水准,只看他身上的装扮就可一目了然:全身上下三种颜色的一般是经过指导训练的,四种颜色的修炼还不够,五种颜色的基本是外行。

②第二个"三"即三一定律。三一定律是指男士穿着正式西装时,身上有三个要件应该是同一个颜色,即鞋子、腰带、公文包,并且首选黑色。所谓"内行看门道,外行看热闹"。有经验的人看男性的品位,要看鞋子、腰带、公文包、手表等饰品搭配得怎么样。讲究的男性在重要场合抛头露面时,他们的鞋子、腰带、公文包颜色都是浑然一体的,自然好看。

③第三个"三"即三大禁忌。三大禁忌是穿西装时有三个错误绝对不能犯。

a. 袖子上的商标没拆。买了西装之后,商标不拆就好像衣服没穿,拆了商标以示西装启封。

b. 正式场合穿夹克或短袖时打领带,在正式场合这样穿是不得体的。

c. 注意不要穿错袜子,在重要场合白色袜子与尼龙丝袜是不能够与西装搭配的,生活中最好也不要这么配。

(6)把握西装的穿着细节。

西装的确修饰身形,且适合多种场合,但其穿着规矩实在太多,一不留神便会贻笑大方。穿着西装需着重把握的细节大致有以下几个方面。

①纽扣的扣法。

双排扣的西装比较庄重,一般要把扣子扣好,不宜敞开。单排两粒扣的西装是传统规范的样式,扣法很有讲究:只扣上面一颗显得正式,两粒都扣感觉呆板,只扣下面一颗透出流气,敞开都不扣显得潇洒。穿三粒扣的西装时,如此解释真是太精辟了:中间的扣子是"must",最上面一颗是"sometime",最下面的一颗应是"never"。中间的扣子一定要扣,正式或较严肃的场合才扣最上面的扣子。切忌只扣最下一粒,也不宜只扣下面两粒。此外,如果西装里面穿着西装背心,应将上衣的三颗扣子全部解开,西装背心最底下的一颗纽扣不能扣上。据说不扣西装上衣的最下面一颗纽扣源自这样一个故事:伊丽莎白女王的儿子韦尔斯王子,他太贪吃,每顿饭后必须解开背心最下面的一颗纽扣,随从们也只好跟着解开最下面的一颗纽扣,之后,穿西装不扣最下面一颗纽扣,就演变成必须遵守的不成文规矩。最后,在坐下时,一定要将西服纽扣全部解开,因为所有的西装好像都是为站立时设计的,坐下时容易走形不太好看。所以,坐下时要记得解开纽扣,站起时不要忘记扣上纽扣。在很多正式场合,男士们起立时总会下意识地去扣扣子。

②西裤的裤线。

西裤在穿着前必须经过干洗和熨烫,并烫出笔挺的裤线。为了让西裤挺括有型,一般不建议在西裤内穿毛裤或秋裤。如果从健康的角度出发,实在要穿秋裤,建议选小一号的秋裤,并将秋裤的裤脚口塞进长袜里,尽量使之不要在坐着的时候露出来,同时也禁止将衬衣下摆塞进秋裤里。

③西装的口袋。

西装的口袋一定要慎用,它不是用来装物品的,只是起装饰作用,因此千万不要用钱包、手机、名片或其他杂物将口袋塞得鼓鼓囊囊,使西装走形,更不能将钢笔别进左胸前的外侧口袋里,那里只能放装饰性的口袋巾或参加宴会时的鲜花。如果实在要放,仅仅只有西装内侧口袋可放少量的名片或钢笔。

④皮带。

皮带也是穿西装时的一个必备要件,其宽度一般为 3 厘米左右,太窄会使男性显得缺乏阳刚之气,太宽又过于休闲;皮带的长度最好比裤腰长 5 厘米左右;要显示出男士的干练、简洁,切不可将手机、钥匙挂在皮带上;皮带不要过分醒目,首选黑色。英国前首相布莱尔因皮带上的金色饰扣太过醒目,曾被媒体指责其穿衣品位拙劣。此外,袜子的长度要达到不至于露出小腿,领带夹应别在衬衫的第四至第五颗纽扣之间。

⑤西装的穿着顺序。

往往我们习惯于穿戴整齐,再照照镜子,整理发型,信心满满地出门,可是,肩膀上有时会落下一层头皮屑还有头发丝。这就需要我们改变装扮的顺序,先整理好发型,最后出门前再穿西装外套。

学会选西装、用心搭配西装、掌握正确的西装穿着礼仪与技巧,你当然会风度翩翩!

2. 各类型男性服饰风格搭配规律

根据男性的面部和身材特征,可以将男性分为自然型、戏剧型、古典型、浪漫型、前卫型、硬朗型等六种类型,在弄清"型"的基础上再来找准属于自己的着装搭配风格,唯有如此,才能穿对衣服,塑造出自己的良好形象。正如苏格拉底所言:"了解自己是智慧的开始。"

(1)自然型。自然型男性的特征为面部线条相对柔和、神态轻松自然、体格适中、潇洒随意,给人亲切随和、成熟大方的印象。此类男性适合淳朴自然、潇洒随意的服装风格,宜着天然面料的牛仔服、休闲西装、运动装,忌穿华丽、夸张、个性化的服装。

(2)戏剧型。戏剧型男性的特征为面部轮廓线条分明、五官夸张而立体、浓眉大眼、存在感强、有男子气。此类型男性适合穿着夸张、气派、华丽、有舞台感、宽大衣领的服装。在此需要特别强调一下,可能会有人理解成戏剧型的衣服就是要花里胡哨,其实不是,戏剧型的衣服只需整体廓形看起来华丽气派,细节处有一两个地方夸张即可,不能全身都平淡无奇。戏剧型的人适合各种对比强烈的别人不敢尝试的图案,适合大背头、油头、辫子等时尚、夸张的发型。

（3）古典型。古典型男性的特征是轮廓呈直线形、五官端正、体格匀称适中，给人以端庄、高贵、精致的感觉。他们适合知性、正式的传统风格服饰，具有明显的绅士、英伦范。

（4）浪漫型。浪漫型男性的特征是轮廓呈曲线形、面部与五官线条柔和、眼神温和性感、身形饱满。他们适合浪漫、华丽、夸张的服饰风格，给人以风度翩翩的印象。

（5）前卫型。前卫型男性的特征是轮廓线条分明、五官个性立体、身材比例匀称、量感较小。此类男性适合前卫时尚、标新立异、酷感十足的服饰风格，常给人放荡不羁、英俊帅气、活力四射、与众不同的印象。

（6）硬朗型。硬朗型男性的特征是轮廓呈直线形、面部棱角分明、量感较大。此类男性适合硬朗气派、宽大霸气的服饰风格，给人以不可战胜的硬汉印象。

"身上无衣被人欺""言谈压君子，衣冠镇小人""先敬罗衣后敬人，先敬皮囊再敬魂"。得体的装扮、良好的形象，自古以来在社会交往中都至关重要，索菲亚·罗兰说过："你的衣着往往表明你是哪一类人，它代表你的个性，一个与你会面的人往往会不自觉地根据你的衣着来判断你的为人。"衣服本身不会说话，但你的衣着却告诉了别人很多，如年龄、财富、地位、品位、性格等。

课后思考题

1. 有气质的人具有什么特征？
2. 西装怎样穿着才有风度翩翩之感？
3. 评价"以貌取人"的社会现象。

西装的尺寸大小选择

西装的穿着顺序

第三章

交际交往的基本礼仪

俄国哲学家赫尔岑曾经说过：生活中最重要的是有礼貌，它比最高的智慧，比一切学识都重要。讲究礼仪、注重礼貌、遵守基本的礼仪规范是顺利进入社交圈的必要条件。如果这些基础性的礼仪礼貌细节没有引起足够的关注和重视，会妨碍我们的社会交往。

第一节 称呼礼仪

称呼是人们在人际交往中所采用的彼此之间的称谓语。在实践中，一个恰当得体的称呼，会令双方如沐春风，使后面的交往更加融洽、沟通更加顺畅、感情更加亲近；而不得体的称呼则会使双方陷入尴尬境地。

著名的传记作家叶永烈采访在监狱服刑的陈伯达时，一声亲切得体的"陈老"令84岁的陈伯达热泪盈眶，后面的采访出奇地顺利。由此可见，正确恰当的称呼真可谓是交际的"敲门砖"。我们与人打交道前应多了解称呼礼仪，交际中慎重选择各类称呼。

一、称呼的基本要求

1. 礼貌得体

选择称呼时，我们首先要做到的就是礼貌得体、尊重他人。不能用"喂""哎""穿红衣服的""送快递的""光头""胖子""老大""小鬼"等来称呼他人。初识了解不深者使用高格调的称呼。

2. 合乎常规和风俗习惯

姓"付"的局长天天被喊"副局长"（谐音）肯定心里不痛快，我们不妨直接喊"局长"；姓"朱"的医生被病人称"猪医生"（谐音）心里应该也不好受，直接喊"医生"似乎更合适。在过去，"小姐"用来称呼官宦大户人家的千金，以示身份的尊贵，而现代它还指服务行业的女性，这个称呼令女孩们格外忌讳，应当慎用。俗话说："十里不同风，百里不同俗。"山东人称朋友为"伙计"，而其他地方的人理解成雇员。东北人热情好客，喜欢以亲属称谓来称呼他人，如"大姐""老妹儿"，有些外地人第一反应往往是：我有那么老吗？很多女士喜欢称自己的丈夫为"老公"，殊不知，在以往"老公"是对太监的称呼。年长的男士习惯对外人称呼自己的妻子为"爱人"，然而"爱人"在日本、韩国是对情人的称呼。

所以，选择称呼要合乎常规，入乡随俗，并考虑对方的个人习惯，否则会引起误会、闹出笑话。

3. 考虑顺序

称呼时应遵循一定的礼仪次序，一般需同时与多人打招呼时，宜先上后下，先长后幼，先疏后亲，先女后男。生活中，应遵循"女士们、先生们""爷爷奶奶"等常规顺序，不要随意变动。

4. 区分亲疏

要视交际对象、双方关系等选择恰当的称呼。关系很好的人称呼对方不带姓氏，可显亲昵。

二、称呼的类别

在社交活动中，人们所使用的比较规范的称呼主要有以下几类。

1. 职务性称呼

职务性称呼一般用在比较正式的政务、商务、学术活动中，以示身份有别、敬意有加，秉着"就高不就低"原则。这是一种最常见的称呼，有如下三种情况。

①称职务：董事长、校长。

②在职务前加上姓氏：张书记、汪部长。

③在职务前加上姓名：张桂梅校长。

2. 职称性称呼

对于具有专业技术职称的人，尤其是具有较高职称的人，可以直接以其职称相称。

①只称职称：教授。

②在职称前加上姓氏：王编审。

③在职称前加上姓名：杨振宁教授。

3. 职业性称呼

在工作中可直接以所从事职业称呼对方。

①职业：律师、会计。

②在职业前加上姓氏：刘教练、张大夫。

③在职业前加上姓名：吴孟超医生。

4. 学衔性称呼

学衔性称呼可增加学术的权威性，也可营造学术氛围。

①学衔：博士、院士。

②在学衔前加上姓氏:曹院士。
③在学衔前加上姓名:刘岩博士、王选院士。

5. 性别性称呼

对于从事商业、服务性行业的人,约定俗成地称呼"女士""先生""小姐"。

6. 姓名性称呼

在工作岗位上称呼姓名,一般限于同事、熟人之间。有如下三种情况。
①直呼全名。
②只呼其姓,姓前加上"老、小"等。
③只呼其名,不带其姓。在亲友、同学、邻里之间,也可使用这种称呼。

7. 称呼资历深厚、德高望重的长者

称呼资历深厚、德高望重的长者时,一般在其姓氏后加"公"或"老",如"吴老""梁公"。

三、不合乎礼仪规范的称呼

①没有称呼。如"穿红衣服的""下一位""湖北的""喂"。
②过时的称呼。如"老爷""大人"。
③用绰号来称呼。如"麻杆儿""胖墩""太平公主""耙耳朵""小奶狗""笨猪"。
④错误的称呼。由于名字中含有生僻字,或姓氏是多音字,因而念错名字。如"郁浩"读成"询告";"查、单、仇"等姓氏读成"chá、dān、chóu"。或者没弄清状况称未婚的大龄女士为"夫人"。这样错误的称呼会让人尴尬或生气,也不礼貌。在遇到姓名中有不清楚的字时,一定要查字典或请教他人,切不可信口开河、妄加称呼。

看似不起眼的一个称谓也蕴含着很多讲究。

关于称呼的故事:家僮背磨

明初,江南名医庄伯和,性开朗,善谐谑。一日,他的友人、当地名士李庸遣家僮送来书信一封。家僮呈递书信时,不慎叫出了这位名医的名字,对这种失礼行为,当时的文人一向看得很重,庄氏也极度不满。但他并没有当面加以指斥,而是采取一种巧妙做法予以惩处。只见他一本正经地对李家僮仆说:"你们老爷要借我的药磨用一下,叫你把它背回去。"并随手书写一份回函,要他转交。家僮背着沉甸甸的药磨,气喘吁吁地回到家里。主人先是一怔,待看过了便函:"来人当面直呼姓名,实为无理,罚他驮运药磨两遭。"这才明白了缘由,被友人的风趣逗得哈哈大笑,遂立即命令家僮再把药磨背回去。

"大姐"惹的祸

黑娃是个外卖员,他每天接单量很大,又快又准时,被称为"金牌骑手"。这么一个勤恳、务实的外卖员有一天收到一个差评,内容大致是:眼神不好、嘴巴毒、影响用餐心情。了解事情的来龙去脉之后,黑娃直呼:不可思议,太冤了!究竟是怎么回事呢?原来,问题出在称呼上。他每次将外卖给人家送到后都会热心地说句:祝您用餐愉快!那天接餐的是位浓妆艳抹的女子,他就在这句话前面加了句"大姐",女子听人称她"大姐",心里不痛快,便给了黑娃一个差评。黑娃百思不得其解:一个称呼而已,犯得着这样上纲上线吗?"大姐"这个称呼是对家里排行最大的姐姐或中年女性的尊称,本来是一个礼貌用词,如今被一些女性看作不礼貌的称呼,当她们被这样称呼时心里会不痛快。

第二节 见面礼仪

人与人交往中的初次见面最为重要,第一印象往往对彼此进一步交往起着重要作用,第一印象形成后很难改变,心理学上将这种现象称为"首因效应"。如果一个人在初次见面时给人留下良好的印象,那么人们就愿意和他接近,彼此也能较快地相互了解甚至继续交往,由此就有"第一印象是黄金"的说法。

见面时讲究礼仪,是给人留下良好的第一印象的法宝,也能为以后的深层次交往提供前提条件。如:"初次见面,请多多关照"这样的客套话会给对方留下谦虚的第一印象;见面时带个见面礼会拉近彼此的距离;握手是社交中最常用的礼节,主要象征着友好和热情;介绍也是见面时互相认识的一个重要环节……

见面是情感交流的开始,见面礼仪是人际交往中最常用、最基本的礼仪,大家应该予以重视。

一、握手礼仪

常言道:"礼多人不怪。"与陌生人初次见面,或与熟人重逢,都少不了相互行见面礼。世界各国的见面礼五花八门,有鞠躬礼、合十礼、拱手礼、脱帽礼、握手礼、注目礼……不同国家的见面礼仪各不相同,欧美国家多为拥抱、亲吻,日本、韩国喜欢鞠躬,而中国最常见的是握手。握手礼也是当前世界各国通行的礼仪,其应用的范围远远超过了鞠躬礼、拥抱礼等。在国际国内各种交往中,掌握一定的握手礼节非常有必要。

1. 握手礼的由来及典故

在中国,握手最早起源于原始社会,那时人们以狩猎为生,手上经常带有捕猎的工具。如果遇到素不相识的人,为了表示友好,就赶紧扔掉手里的打猎工具,并且摊开手掌让对方看看,示意手里没有藏东西。随着时代的变迁,这个动作就逐渐演变成今天的握手礼。在国外,相传握手起源于中世纪的欧洲,当时骑士侠客盛行,头顶铜盔,身披铠甲,腰挂利剑,甚至一双手也罩上了铁套,杀气腾腾,让人敬而远之。与人走近时,他们会即刻脱去右手的铁套,伸出右手,表示没有武器,握手示好。后来,这种友好的表达方式流传开来,就成了握手礼。从中外关于握手礼的起源由来,我们不难看出,握手就是一种表示友好善意的外在形式,在社交场合常见。

2. 握手的场合

握手是一种最基本的会面礼仪,适合非常多的场合。

其一,与人初次见面,熟人久别重逢,告辞或送行,均以握手表示自己的善意。握手是最常见的一种见面礼、告别礼。

其二,被介绍给他人时,应与之握手,以示自己乐于结识对方,并为此深感荣幸。

其三,遇到久未谋面的同事、同学、朋友、邻居、长辈或上级时,应与之握手,以示久别重逢的高兴与问候。

其四,在作为东道主的交际场合,迎接或送别来访者时,应与对方握手,以示欢迎或欢送。

其五,在对方遭受不测或挫折时,应与之握手,以示慰问和鼓励。

其六,一些特殊场合,如向人表示祝贺、感谢或慰问时,双方交谈中出现了令人满意的共同点时,或双方化干戈为玉帛时,都以握手为礼……

在现实生活中,握手的机会和场合很多,如见面、道别、欢迎、感谢、慰问、鼓励、祝贺等场合都有必要与对方握手,否则就失礼了,但是当对方手部有伤,手里拿着东西,或正忙着别的事情时,就不必握手。

3. 握手的次序

在比较正式的场合,握手最为重要的礼仪问题,就是握手的双方由谁首先伸出手来"发起"握手。如果你不想面对"贸然伸出手而得不到对方回应的尴尬",就一定要弄清握手的次序。根据礼仪规范,握手时双方伸手的先后次序应遵循"尊者决定"等原则。所谓尊者,指年龄长者、身份地位高的人。如果尊者主动先伸手,位卑者就要与之握手;如果尊者没有伸手,位卑者最好采用其他的会面礼。参与社交活动时我们务必记住:该出手时才出手!

握手的具体顺序如下:

职位身份高者与低者握手,职位身份高者先伸手;

男士与女士握手,女士先伸手;

已婚者与未婚者握手,已婚者先伸手;

先到者与后来者握手,先到者先伸手;

主人与客人握手,迎接客人时主人先伸手,送客人时客人先伸手。

抢先伸手、见人就握是失礼的行为。

4. 握手的姿势

握手时上身略微前倾,头要微低并两足立正;双方伸出右手,彼此之间保持一步左右的距离(75～100厘米);双方握着对方的手掌,而不是指尖;上下晃动两到三下(握手的时间以3秒左右为宜),并且适当用力;双目注视对方,面带笑容,并略做寒暄。

握手虽是简单且普通的一个动作,却能传递出很多的信息。美国作家海伦·凯勒曾这样描述:"我接触过的手,虽然无声,却极有表现性。有的人握手能拒人千里之外……"所以与人握手时,有些细节要特别留意:神态要专注友好,切忌三心二意、敷衍了事、目中无人。双方距离要适中:过大显得一方有意冷落另一方,过小则又显得一方讨好另一方。时间应不长不短:稍触即分,像是走过场;过长也不合适,尤其是与异性握手,抓住对方的手不放会有好色之嫌。力度是稍用力最好:毫不用力,会使对方感到缺乏热情;用力过大,又有挑衅之嫌。

5. 握手的禁忌

在人际交往中,握手虽然司空见惯、较为寻常,但由于它可用来传递多种信息,因此应努力做到合乎规范,避免触犯他人的禁忌。

(1) 不可用左手与他人握手,尤其是与印度人和阿拉伯人打交道时应注意(在南亚、东南亚一些国家,以及一些阿拉伯国家,左手被认为是不洁之手,一般不与他人接触)。

(2) 避免交叉握手呈十字架状,基督教徒会认为很不吉利。

(3) 不可戴帽子、墨镜、手套与人握手,但女士在社交场合戴薄纱手套除外。

(4) 不可"乞讨式"握手,过于谦恭也不合适。

(5) 不可坐着握手,这会让人感觉你高高在上。

(6) 不可握手时将另一只手插在口袋里。

(7) 不要滥用"双握式"握手,避免令人尴尬。

(8) 不可握手时只递出冷冰冰的指尖,这种"死鱼式"的握手轻慢冷漠,国际公认是失礼的。

(9) 不可握手之后立即擦拭自己的手掌。

(10) 任何情况下都不要拒绝与别人握手。

握手贯穿工作、社交、生活的各个环节,因此我们不能忽视这方面的礼仪。

见面礼的小常识

①握手礼。这是常用的礼节,见面握手表示问候,离别握手表示送别。

②名片礼。初次见面要互呈名片,递接名片都要用双手,并且正面应该朝着对方。

③致意礼。致意礼是一种不出声的问候礼节,在社交场合,相识的人往往采

用招手致意、欠身致意、脱帽致意等形式来表达友善之意。

④鞠躬礼。鞠躬礼源于中国,一般表示对对方的尊敬,表达自己谦逊恭谨的态度。日本、韩国也用鞠躬礼,但各国鞠躬角度不同。

⑤拥抱礼。这是流行于欧洲的一种礼节,多用于官方或民间迎送宾客。在阿拉伯国家,禁止异性行拥抱礼。

⑥吻手礼。吻手礼是男士向女士致敬的一种极为有礼的方式——仅对特别敬重和爱戴的已婚女士,未婚女士不享有这种待遇。(吻手表示敬意,吻颊表示欢喜,吻唇表示恋爱,吻额表示关爱,吻眼表示幻想,吻掌表示热情。)

⑦拱手礼。一般以左手抱握在右拳上,双臂屈肘拱手至胸前,自上而下,或自内而外有节奏地晃动二三下。

⑧合十礼。合十礼又称"合掌礼",这种礼节发源于印度,流行于泰国、缅甸、尼泊尔等国家。一般行合十礼时,要双掌相合,举到胸前,身子略下躬,头微微下低。

二、介绍的礼仪

在社会交往中,无论是会见老朋友,还是结识新朋友,我们都要熟悉并遵循相关的介绍礼仪。做介绍时失礼,轻则让人见笑,重则破坏双方的关系。介绍分自我介绍、为他人做介绍、集体介绍三种情况。

1. 自我介绍

在社交中,自己希望认识某人、他人有意认识自己时,如果没有人引见,我们需要自我介绍。自我介绍是打开交往大门的钥匙,是扩大朋友圈、走向社会、成就事业的一门必修课。

(1)自我介绍的时机。

应聘求职时、参加竞选时、做讲座或报告时、工作中与他人交往联络时、应酬时,都是自我介绍的时机。自我介绍应该在对方有空闲,而且情绪较好,又有兴趣时进行,这样才不会打扰到对方。

(2)自我介绍的分寸。

①注意时间。自我介绍要言简意赅,以半分钟左右为佳,不宜超过一分钟,说多了对方未必会记住。为了节省时间,还可利用微信、介绍信加以辅助。

②讲究态度。自我介绍时一定要自然、友善、亲切、随和、镇定自信、落落大方、彬彬有礼,表达出自己渴望认识对方的真诚情感。

(3)自我介绍的方式。

自我介绍的方式主要有以下几种。

①应酬式自我介绍。

应酬式自我介绍最为简洁,通常只包括姓名一项,适用于某些公共场合和一般性的社交场合,如旅行途中、宴会厅里、舞场之上、通电话时等。如:"您好,我叫吴阳。""我是刘珂。"

②工作式自我介绍。

工作式自我介绍适用于工作场合,内容包括本人姓名、供职单位及部门、担负的职务或从事的具体工作等。如:"您好,我叫周冲,是群光广场的客服经理。"

③交流式自我介绍。

交流式自我介绍适用于社交活动中,内容应包括介绍者的姓名、工作、籍贯、学历、兴趣以及与交往对象的某些熟人的关系等。如:"您好,我叫周冲,是群光广场的客服经理,跟你是老乡。"

④礼仪式自我介绍。

礼仪式自我介绍适用于讲座、报告、演出、庆典、仪式等一些正规而隆重的场合,内容包含姓名、单位、职务等,同时还应加入一些适宜的谦辞、敬语。如:"大家好,我是武汉大学的教师陈凯,今天向大家汇报一下我在心理学方面的研究进展,有不当的地方请大家指正。"

⑤问答式自我介绍。

问答式自我介绍适用于应试、应聘和公务交往场合,讲究问什么答什么,有问必答。如:"先生,您好!请问怎么称呼您?""您好,我叫韩磊!"

2. 为他人做介绍

为他人做介绍,又称第三方介绍,是经第三方为彼此不相识的双方引见、介绍的一种交际方式。社交场合互不相识的人,介绍常常是通过第三方进行的,而且这个第三方必须认识被介绍的双方。为他人做介绍,有时是双向介绍,有时是单向介绍(一方认识另一方)。在现实交往中,东道主、长者、家庭聚会的女主人、专职人员或正式活动中地位身份较高的人常常充当第三方介绍人的角色,当然每个人都有可能为他人做介绍。

(1) 为他人做介绍的原则。

首先,在向他人介绍时,要了解对方是否有结识的意愿,再决定要不要做介绍,切勿信口开河,让被介绍者措手不及。最好不要向一位有身份的人介绍他不愿认识的人。如:"那边走过来的是我同事,我跟他打个招呼。"随行的人如果愿意结识他,就会面带笑容地留在你身边,并望向你同事来的方向;如果无意认识,则会借机避开。

其次,注意介绍的次序。为他人做介绍时,先介绍谁,后介绍谁,是一个比较敏感的礼仪问题,一般应遵守尊者优先了解情况或尊者居后的原则。

①在年龄方面权衡,先将年轻者介绍给年长者,以此来表示对年长者的尊重,年长者拥有优先知情权。比如:"外婆,这是我的女朋友小蕊。"如果双方年龄差不多,就不必讲究先后,简单介绍就好。

②从职场方面考虑,先将身份职位低的介绍给身份职位高的。在职场上应该突出职位高的人的地位,职位高的人享有优先摸清状况的权利,应优先知道来者的身份。职位低的人即使是女性、年长者,也应该是先被介绍的一方。比如,"蔡校长,您好,这是衡水中学的高级教师蒋琳。"

③从时间角度来看,应先把晚到者介绍给早到者。如:聚会时,将后到的朋友介绍给已在座的人认识。

④从性别上来区分,宜先把男士介绍给女士。如:相亲时,先将男士介绍给女孩认识,然后再介绍女孩的基本情况。

⑤从婚姻状况角度,应先将未婚者介绍给已婚者。如:街上偶然遇到,将你的小伙伴向长辈介绍。

⑥从亲疏关系上讲,应先介绍与自己关系比较亲密的一方。

⑦从人的数量上来讲,应先将一个人介绍给众多人。如:将单位新来的员工介绍给大家认识。

⑧从本单位与外单位来讲,应先把本单位的人介绍给外单位的人。如:对方单位有人来访,你先将自己单位的领导介绍给客人认识:"小王,这是我们李经理。"

⑨从客人和主人角度,应先将主人介绍给宾客。如:过年带女朋友回家,应先向女朋友介绍:"坐着的是我外婆。"

为他人做介绍有一个比较好记的口诀,为"先幼后长,先男后女,先下后上,先亲后疏,先主后宾,先晚后早"。

最后,为他人做介绍时手势和表情也须注意。介绍人无论介绍哪一方,都应注意手势礼仪,掌心向上,四指并拢伸直,拇指微张,指向被介绍人。介绍人上体略前倾,手臂与躯干成$50°\sim60°$,并向另一方点头微笑。介绍时语言简洁明了、语速和语调适中;对介绍的内容字斟句酌,避免词不达意,切切不可敷衍了事,更不能胡乱吹捧,友好自信地展示出你对被介绍人的重视和尊重。介绍他人时最好加上尊称或者职务,如王博士、宋经理等。

(2) 被介绍人的应对。

被介绍时,要礼貌地接受并回应。眼睛应正视对方,被介绍双方最好站起来微笑点头致意或握手致意,同时应说"您好,认识您很高兴""真荣幸能认识您"等礼貌语,让对方被介绍人感受到你的尊重和友好,并尽量记住他的信息,以方便以后沟通。

(3) 为他人做介绍的方式。

①标准式:以介绍双方的姓名、单位、职务等为主,适用于正式场合。如:"请允许我来为两位引见一下。这位是雅秀公司营销部主任李小姐,这位是新河集团副总江嫣小姐。"

②简单式:适用于一般的社交场合,只介绍双方姓名一项,甚至只提到双方姓

氏。如:"我来为大家介绍一下,这位是谢总,这位是徐董。希望大家合作愉快。"

③强调式:用于强调其中一位被介绍者与介绍者之间的关系,以期引起另一位被介绍者的重视。如:"大家好!这位是新月公司的业务主管张先生,这是小儿刘放,请各位多多关照。"

④引见式:介绍者所要做的是将被介绍的双方引到一起即可,适用于普通场合。如:"OK,两位认识一下吧。大家其实都曾经在一个公司共事,只是不是一个部门。接下来的,请自己说吧。"

⑤推荐式:介绍者经过精心准备再将某人举荐给某人,介绍时通常会对前者的优点加以重点介绍,适用于比较正规的场合。如:"这位是张峰先生,这位是海天公司的赵海天董事长。张先生是经济学博士、管理学专家。赵总,我想您一定有兴趣和他聊聊吧。"

⑥礼仪式:适用于正式场合,是一种最正规的为他人做介绍。其在语气、表达、称呼上都更为规范和谦恭。如:"孙小姐,您好!请允许我把北京远方公司的执行总裁李放先生介绍给您。李先生,这位就是广东润发集团的人力资源经理孙晓小姐。"

礼仪提示:经介绍与他人相识时,不要有意拿腔拿调,或是心不在焉;也不要低三下四、阿谀奉承地去讨好对方。

3. 集体介绍

集体介绍,实际上是介绍他人的一种特殊情况,它是指被介绍的一方或者双方不止一人的情况。常见的有两种情况:一种是为一人和多人做介绍;另一种是为多人和多人做介绍。

(1)集体介绍的时机。

规模较大的社交聚会,有多方参加,各方均可能有多人。

大型的公务活动,参加者不止一方,且各方不止一人。

涉外交往活动,参加活动的宾主双方皆不止一人。

正式的大型宴会,主持人一方人员与来宾均不止一人。

演讲、报告、比赛,参加者不止一人。

会见、会谈,各方参加者不止一人。

婚礼、生日晚会,当事人与来宾双方均不止一人。

举行会议,应邀前来的与会者往往不止一人。

接待参观者、访问者,来宾不止一人。

(2)集体介绍的顺序。

集体介绍的顺序可参照为他人做介绍的顺序,也可酌情处理。但要注意越是正式、大型的交际活动,越要注意介绍的顺序。

①"少数服从多数"。当被介绍者双方地位、身份大致相似时,应先介绍人数

较少的一方。

②强调地位、身份。若被介绍者双方地位、身份存在差异,地位、身份高的被介绍者虽人数较少或只有一人,也应将其放在尊贵的位置,最后加以介绍。

③单向介绍。在演讲、报告、比赛、会议、会见等场合,往往只需要将主角介绍给广大参加者。

④一方人数多时的介绍。若一方人数较多,可采取笼统的方式进行介绍。如:"这是我的家人""这是我的同学"。

⑤各方人数均较多时的介绍。若被介绍的不止两方,需要对被介绍的各方进行位次排列。排列的方法如下:

a. 以其负责人身份为准;

b. 以其单位规模为准;

c. 以单位名称的英文字母顺序为准;

d. 以抵达时间的先后顺序为准;

e. 以座次顺序为准;

f. 以距介绍者的远近为准。

(3) 集体介绍注意事项。

①不要使用易生歧义的简称,在首次介绍时要准确地使用全称。

②不要开玩笑,要很正规。介绍时要庄重、亲切,切勿开玩笑。

第三节　空间礼仪

人与人之间有着看不见但实际存在的界限,这就是个人领域意识,经常听人说"请给我一点空间",这个空间既包括心理上的,也包括物理上的。空间礼仪产生于人类对领域的占有欲和安全感,当一个人与另外一个人交往时,会在无形中感到彼此间应该有一种距离才能心定神安,即每个人在心理上都存在一个"适宜的空间距离"才有安全感,一旦这个安全距离被侵犯,就会感到不舒服、不安全,甚至恼怒。"一山不容二虎"其实也是因为老虎的自我空间被侵犯而没有安全感。

交往空间是一种特殊的无声语言,根据空间距离,我们可以推断出人们之间的交往关系。错的交往距离会导致混乱的人际关系——容易引起误会。

与人相处时有些人从未想过"距离"这个词,社交时自然就不懂得拿捏分寸尺度,因此赶走了亲情,吓跑了友情,葬送了爱情……为了保持和谐、自然的人际交往,我们需多多留意人际交往的空间距离,遵守空间礼仪。

1. 人际距离

美国社会学家爱德华·霍尔博士将人际距离划分为亲密距离、私人距离、社交距离、公众距离等四种距离,每种距离分别与双方的关系相对应。

(1) 亲密距离。

亲密距离为 0~45 厘米,是人际交往中的最小距离或几无间隔,即"亲密无间"。此距离分近位和远位两种。近位亲密距离在 0~15 厘米内,彼此可能肌肤相触,耳鬓厮磨,能直接感受到对方的体温、气味和气息,如拥抱、接吻等。远位亲密距离在 15~45 厘米之间,可执手谈心,一般异性之间绝不进入这一空间。特殊情况下因拥挤而被迫进入这一空间,应尽量避免身体触及对方。这一距离是夫妻、恋人、父母子女以及至爱亲朋的交往距离,属于很敏感的领域,交往时要特别注意,不要轻易地采用此距离,否则容易引起冲突和误会。是什么关系保持什么距离,近的关系保持近的距离最恰当,近的关系保持远的距离则不合适。例如:一小伙爱上了一位漂亮姑娘,于是向其求婚,却被姑娘拒绝了,小伙子感到很不解,究其原因,姑娘恼怒地说:"你怎么在离我 8 丈远的地方来谈这事呢?"显然 8 丈远的社交距离并不是恋人间相处的最佳距离。

(2) 私人距离。

私人距离一般在 45~120 厘米之间,表现为伸手可以握到对方的手,但不易接触到对方的身体。这是一个具有"分寸感"的交往空间,亲密朋友和熟人可进入这一区域。此距离可分为近位和远位两种。近位私人距离在 45~75 厘米之间,稍一伸手就可触及对方,双方可以亲切握手。远位私人距离在 75~120 厘米之间,这一距离稍伸手触不到对方,因有一臂之隔,双方有一定分寸感,一般的朋友、熟人交谈时多采用这一距离。

(3) 社交距离。

社交距离在 120~360 厘米之间,人们在这一距离下可以打招呼,是正式社交场合所采用的距离。这一距离超出了亲密或熟悉的人际关系,表现出交往的正式性和庄重性,一般适用于工作环境和社交聚会上的交往。如较高身份和地位的人与下属交谈时隔着一张特大办公桌。政治、商业谈判,学生论文答辩都采用此距离。

(4) 公众距离。

公众距离指大于 360 厘米的空间距离,是人际接触中界域观念的最大距离,是一切人都可自由出入的空间,是一个"视而不见"的距离。公众距离一般适用于演讲者与听众、彼此极为生硬的交谈及非正式的场合。处于这一距离的双方只需要点头致意即可,直接沟通极少,更不宜喊话。

2. 影响实际交往距离的主要因素

(1) 不同文化背景或民族。

北欧国家的人交往时离得较远,美国人离三四步远,英国人也离得较远,而法国人、日本人相对较近,在阿拉伯两位男士之间的距离可能会近到我们的"亲密距离"范围内,甚至还手拉手。在西方,拥抱、亲吻是普通的社交礼仪,在中国,普通人之间社交都刻意避开此类亲密行为。

(2) 性别差异。

女性相聚比男性相会站得近。女性往往站在她喜欢的人旁边,而男性则选择在他喜欢的人对面坐着。

(3) 不同社会地位。

地位尊贵的人较之地位低的人需要更大的个体空间,与人相处时保持一定的距离。

(4) 不同性格。

性格开朗的人更乐意接近别人,和别人靠近,而性格孤僻的人常常拒人于千里之外,对靠近的人十分敏感,会产生不舒服感和焦虑感。

(5) 情绪状态。

人在心情愉快时,个体空间就会缩小,允许别人靠得很近;生气时,个体空间就会扩张,拒人于千里之外。这就是为什么生气时会说:"离我远点!"

掌握以上的空间分寸,在社交中保持令对方感到舒服的距离,你的人际关系会融洽、协调很多。记住:没有距离,就没有朋友。也别忘了老祖宗的那句:君子之交淡如水。

第四节　通联礼仪

人际交往中,有时我们不是面对面地交往交流,而是通过电话、微信、QQ来进行联络,用电话、微信、QQ联络时的礼仪也应引起重视。

一、电话使用礼仪

在生活中你可能遇到过这样的情形:深更半夜睡得正香,突然一个电话打来让你心惊肉跳、睡意全无;或者你有紧急事情找某人而对方却长时间占线,让你心急如焚;再或者你正在听音乐会,旁边的电话响起……我们在享受电话科技给我们带来的便捷的同时,也在承受着这样一些烦恼。其实我们只要稍加留意,遵守电话礼仪,类似的困扰就会迎刃而解。

1. 打电话的礼仪

打电话的时间选择很重要。有的人习惯在自己方便的时候打电话,完全不考虑通话对象,这是失礼的。

有礼仪意识的人在晚上10点之后、早上8点之前是绝对不会给人打电话的,因为大多数人晚10点后是洗了睡的时间,早8点之前基本处于手忙脚乱的状态。

万一有急事打电话,最好先说声"对不起,事关紧急,打搅你了";如果是工作电话,在吃饭的时间、节假日或者午休时间也尽量不要打电话;如果有重要的事情需要打听,也尽量不要选择在上班后的30分钟和下班前的30分钟。

打电话要有时间观念,遵守"打电话的3分钟原则",一次通话时间最好不要超过3分钟,切忌没话找话、东拉西扯,更不要在电话里跟别人说"猜猜我是谁""你想知道我在干什么吗""不想问一问还有谁跟我在一起"等,避免长时间占线。如果不是纯粹闲聊,通话时最好先讲重要的事情,后讲次要的事情,简明扼要,说清楚即可,没必要东拉西扯,让人摸不着头绪。

打电话时态度要亲切友好,面带微笑,控制好自己的语气、语调且音量适中,咬字要清楚,吐字比平时略慢,让对方容易听明白,必要时复述重要内容。如果拨错电话,应表示歉意,切不可无礼直接就挂电话。最好不要在飞机、加油站、会场、影院、剧场、音乐厅、图书馆、展览馆等场所打电话,驾驶汽车时打电话、站在斑马线上打电话等都是失礼的行为。

2. 接电话的礼仪

接电话时遵守"铃声不过三声"原则,电话铃声响到三声时,拿起话筒比较合适。铃声响到六声再接有怠慢之嫌,应向对方说"抱歉,让您久等了"。当然铃声响一声就接也不合适。

接电话时尽量使用礼貌语,如"您好""请""谢谢""麻烦您"。拿起听筒应先问好,打电话的人应马上回说:"您好。"如果是在工作单位接听电话,在问好之后还可以介绍单位名称,如"您好,阳光科技,请问找哪位?"打电话的对方没有跟你面对面,所以他对你的印象取决于你说话的内容和声调。因此,打电话时要保持态度端正、面带微笑、语调亲切柔和,这种美好的、明朗的形象会通过声音呈现给对方。即使对方打错电话也应亲切应对。打电话时不装腔作势,娇声嗲气,更不要嘴里吃着东西讲话。挂机的顺序也有讲究:从礼仪上讲,通话完毕应该让尊者先挂或主叫方先挂。接听电话时,要认真听对方说话,应积极回应"是,是""好,好吧",要专心致志,不要心不在焉,电话结束时,要主动说"再见",做到客气有礼貌,如遇重要内容,要认真做好记录。如中途中断,要立刻给对方回过去,第一表示尊重,第二则是让对方觉得你没有出任何事情。总之,遵守接打电话的礼仪规范,才能使电话成为人际沟通最高效的桥梁。

二、微信使用礼仪

微信已成为我们工作、学习、生活、交往中不可或缺的部分,是我们沟通、交流的重要工具。我们有必要了解微信使用的一些礼仪礼规,遵循一定的微信使用礼仪。

1. 生活中的微信使用礼仪

微信在不知不觉中改变了我们的生活,没有微信几乎是寸步难行,上至老人、下至孩童,几乎都在使用微信。使用微信时遵守一些礼仪规范,不仅可以满足我们的交际需要,还可避免很多误会。

(1) 找对方时,不要问"在吗",而是直接有事说事,这样可以提高沟通的效率。

(2) 发出信息前,检查并确认没有错、漏的情况后再发出。这么做可以避免很多麻烦。如:有同学本来是给他的室友发信息"快回,老师找你",没有仔细核对检查,发成"快回,老子找你",室友收到信息,怒气冲冲地跑回寝室,揪住对方衣领,说:"欠揍吧,你是谁的老子?"一场误会就这么产生了。

(3) 不要一句话一条信息、一件事分多条信息发。一件事的所有内容应编辑成一条信息发,实在太长的内容选择打电话说。这么做不仅可以节省对方的时间,还可避免出错。曾经,笔者遇到这么一位学生,他没法进入网课学习,笔者让他将个人的基本信息发过来,再转发给平台。他分别发来 5 条信息,分别是"姓名""学号""学院""年级""专业""课程"。试想一下,平台每天要处理那么多问题,这样零散的信息会不会导致张冠李戴?一条信息就可以高效解决的事情却弄得那么复杂。

(4) 发微信的时间应该多多注意,不能想发就发。生活中的信息尽量不在上班、上课时间发,否则不利于接收双方的工作、学习。也不宜过早、过晚发,否则会打扰对方的生活。每个人的作息时间有很大差异,也许你的夜生活才刚刚开始,对方早已进入梦乡。

(5) 发语音在某种程度上"方便了自己,麻烦了别人"。无论是对谁,尽量少发语音。发语音前一定要考虑对方是否方便接听语音。文字才是最简单直接高效的一种沟通方式。曾经,家里年长的亲戚接连给我发来多条长语音,忙得焦头烂额的我很纠结:一条条听完,手头太忙!等忙完了再听,又担心老人有突发状况,等着救命。最终,放下手上的事情,一条条听完,发现纯属"闲聊"。

(6) 不随意拉人入群,也不要随意推送他人的名片。拉人入群、推送名片前要先征求他人意见,否则可能会给别人造成困扰。

(7) 不宜频繁发朋友圈,也不宜每天向好友群发消息。过多的信息对对方来讲是一种打扰。

(8) 当对方说"我去吃饭了""我去洗澡了",或者连续发两个表情包等时,往往是在准备不失礼貌地结束这次聊天。

(9) 忌随意向他人发送添加微信请求,如果对方连续几次都没有接受,最好立即停止,不要频繁打扰,尊重他人的交往意愿。

(10) 不要轻易拉黑他人,拉黑意味着双方关系的终结,是一种暴力的单方终止双方关系的行为,极其不礼貌、不理性。

2. 职场中的微信使用礼仪

微信因其简洁、高效、即时的交流模式而深受职场人士喜欢,不少单位、部门都建立了"微信工作群",发布消息、沟通联络、讨论表态、会议等都在"微信工作群"里进行,微信在职场的普遍使用,大大提高了工作的效率,降低了沟通的成本。职场不同于生活,使用微信时应该更严谨、更规范,遵循相应的礼仪要求。

(1)"微信工作群"的建群原则。

"微信工作群"的建群原则是"一群一主题",讨论结束后解散群,避免出现"滥用微信工作群"的现象。

①共同的工作小组建一个微信群,只允许相关人员进入,有什么需要沟通、商讨的,都在此群进行。

②如果临时拉非本团队的同事或领导进群,一定要跟已在群里的同事做个说明。

③共同的工作结束,解散该群。解散该群之前,事先下载、保存好相关文件及数据。

④微信发不了太大的文件,微信工作群的建立只是为了方便即时交流沟通,所以最终的工作结果应以邮件的形式正式通知该组成员。

⑤与该群无关的事情不宜出现在该工作群,进群马上修改群昵称,收到群通知一定要回复。

(2)"微信工作群"的使用礼仪。

"微信工作群"的使用礼仪跟专业、准确、高效、方便相关。

①一条完整的信息要一次性发送,不要想一句发一句,应该减少微信往来次数。需要传递的信息很长时,宜分要点阐述并发送。高效、有效的信息传递才显得你在职场上训练有素,同时也可节省双方的时间。

②重要的信息、数据,核对、检查好了再发出。"谨言慎行",想好了再说,核对好了才发,少用撤回功能,否则会大大降低沟通效率。

③能发文字就不要发语音,语音保密性差、接收慢、效果不佳,且无法转发、复制且难保存。

④发文件或图片后最好附上简单的文字说明,以避免张冠李戴。不要图自己省事,长长的数字、文字只发个截屏,否则会给对方造成麻烦。

⑤非紧急的工作消息尽量不要在休息时间发,尽量避开用餐时间和度假时间,早9点至晚10点之间为最佳沟通时间。

⑥涉密及重要文件禁止在微信工作群里发,应以文件形式传给领导或同事。

(3)其他一般职场礼规。

①按照礼仪惯例,尊者有优先知情权和信息交换权,倘若是领导、长者、客户、女士提出互加微信,正确的做法是主动扫对方的二维码并申请通过,对方看到你的添加请求及备注信息,先了解你的情况,再决定是否通过。

②使用微信交流可大大提高工作效率,但前提是要及时、明确回复对方的消息。有些消息发出后,很多人习惯看看知道就行了,但对方不确定消息接收者有

没有收到消息,所以微信沟通最理想的效果为事事有回应、件件有落实。有些人喜欢用"嗯""OK""哦""好"这些过于随意的回复,这样的回复显得有种轻慢之感,职场中最正确的回复应该是"收到""收到,明白""收到信息,一定准时参加""收到,马上提交"等。

③一般的事情用微信发信息即可,急事就不要发微信,以防对方没有及时看到。

④尊重他人的隐私,不要随便就将他人与自己的微信截图发在朋友圈或者分享给其他人。

常言道:"细微之处见风范,毫厘之优定乾坤。"微信使用礼仪也是我们在人际往来中不能忽视的重要因素。

第五节 公共礼仪

人有很大一部分活动是在公共空间进行的,置身公共场所中,一言一行都会对他人产生影响,因此,全体公民都要遵守公共场所的礼仪规范,即公共礼仪。公共场合有很多,休闲娱乐的有电影院、商场、酒店等;通勤出行的有马路、地铁、火车、飞机等。不同的公共空间有不同礼仪要求,但基本原则不外乎三条:讲究公德、勿碍他人、以右为尊。在此基础上我们再来具体场所具体对待。

一、电梯礼仪

电梯是日常生活和工作中经常乘坐的工具,乘坐时要注意相关的电梯礼仪。

1. 等候和进入电梯

等候电梯时,不要堵在电梯门口正前方,妨碍电梯内的人出来。电梯门开时,要等电梯内的人出来后再进入,即使有急事,也不应争先恐后。进入电梯后,正面朝向电梯口而站,可避免造成面对面的尴尬,如果电梯内乘客多且特别拥挤,尽可能站成"凹"形以节省空间,与他人保持少许距离。如果在无意中碰撞到别人,应立即向对方道歉。最靠近电梯控制键的人要为有需要的人按楼层按键,即使互不认识;看见有人赶电梯要帮忙长按开门按钮;如果已经满员,要向对方说明;当电梯超载而发出警报时,最后进的人应自觉退出,等候下一趟。

2. 乘坐电梯的一般礼仪

在电梯内要注意卫生,不要乱扔垃圾或破坏电梯设施。电梯关门时,不要扒门或强行挤入,以免发生危险。让电梯长时间停在某层而不考虑他人是失礼的行为,但对于即将到达电梯门口的人,应做适当停留,电梯关门时不要强行挤入。不要在电梯内吸烟、打电话、打闹、交谈,以免影响他人。带有鱼虾等气味重的物品时,一定要密封,最好放在电梯角落,以免蹭在他人身上,污染电梯空气。

遇到孕妇、小孩、老人或其他行动不便者,我们应该让他们先进先出,并帮忙按住电梯开门按钮以确保他们缓慢、安全进出。乘坐电梯时,应遵循先出后入原则,自觉排队,避免拥挤,先进电梯的人要尽量往里站。如恰好站在电梯门口处,应注意及时调换位置或避让,不要妨碍他人进出。携带宠物进入电梯时要注意看管好,不要影响他人。电梯是非常狭小的空间,咳嗽、打喷嚏都要用手或纸巾掩住口鼻,也不适合在里面聊天。

需要指出的是,乘自动扶梯时自觉站在右侧,给有急事的人留出一条通道。

3. 与贵宾、长者、上司或客户等尊者同乘电梯时

伴随他们来到电梯厅门前,先按电梯呼梯按钮。电梯门打开时,如果电梯有电梯控制人员,应请尊者先进入;如无电梯控制人员,自己应先进入操控电梯,一手按开门按钮,另一手按住电梯侧门,礼貌地说"请进",让尊者后进电梯以确保安全。进入电梯后,按下尊者要去的楼层按钮,若电梯行进间有其他人员进入,可主动询问要去几楼,帮忙按下。电梯内可视状况决定是否寒暄,例如:没有其他人员时可略做寒暄,有外人或其他同事在时,可斟酌是否有必要寒暄。到达目的楼层后,自己一手按住开门按钮,另一手做出请出的动作,可说:"到了,您先请!"尊者走出电梯后,自己方能步出电梯并引导行进方向。电梯里也有上座和下座之分。所谓上座,就是最舒适、视野最好、最尊贵的位置。越靠里面的位置,越尊贵。上座是电梯操作板之后最靠后的位置,下座就是最靠近操作板的位置,因为站在这里的人要按楼层的按钮。

以上这些电梯礼仪旨在维持电梯乘坐秩序,体现对他人的尊重和关心。

二、其他公共礼仪

1. 出行礼仪

人走人行道,车走车行道,一般人自觉不走专用道,遵守"来左去右"的通行规则;在无人行道时,按惯例尽量走在道路右边,如果三五成群、勾肩搭背、并行于道路上,完全无视他人是否方便,则很失礼。上下楼梯时,无论是上还是下,都要靠右侧,不宜并排,将左侧预留出来以方便他人。打车时尽量不在马路对面打车,更不要站在马路中间拦车;任何职业都受人尊重,用脚踢车真的很无礼;无论骄阳似火还是雨雪天气,"捷足先登"他人拦下的车是过分的行为;在出租车上抽烟、吃东西,甚至向车窗外乱扔杂物,这种不文明的行为既不安全也不卫生。

2. 乘公交、地铁礼仪

应排队依次上下,不堵在门口。经常看见这样的画面:某人怒气冲冲地喊道:"你推我干嘛?""你碰到我啦!""先上的、暂时不下的,你堵在门口纹丝不动,别人不推不碰你没法下去。"遵守先下后上原则,不乱挤一气;注意坐姿、站姿,尤其不能叉开腿伸出；不随意侵占他人空间，不打电话干扰邻座；在公交、地铁上吃东西也是不符合规定的，应服从管理。还有：不轻易坐老弱病残孕专座，必要时要给此类人群让座。

3. 乘飞机礼仪

候机礼仪：必须提前去机场，国内航班应提前一小时到达，国际航班最好提前两小时；行李尽可能不超重，国际航班上规定为32～64千克（不同航线有不同的规定）；乘坐飞机前要领取登机牌，如果航班延误，需要听从工作人员的指挥，不能制造混乱；乘飞机不要拒绝安全检查，应配合安检人员的工作，将有效证件（身份证、护照等）、机票、登机牌交给安检人员查验，将电话、钥匙、小刀等金属物品放入指定位置。

乘机礼仪：按秩序入舱，登机牌主动交给空乘人员，便于引位。行李放到对应的行李架上，入座后，扣好安全带，并将手机和笔记本关机，忌随意接打电话、大声喧哗。飞行途中坐累了，可以躺下休息，但要事先向后座的乘客打声招呼。在飞机上用餐，要将座椅复原，吃东西时要轻。下飞机时有序进行，互相礼让，不推搡。

4. 休闲娱乐礼仪

看电影、听音乐会、看舞蹈演出时很多人喜欢掐点进场，这是很没有礼貌的，会影响到别人，应该提前十分钟入场，严禁手机铃声干扰，应当调成静音，也不宜拿起来接听。任何响动都有可能影响其他人。如果你的座位在中间，从别人旁边走时要礼貌性地说声"谢谢"，千万别蛮横地冲撞，拿臀部对着别人通过，这是非常不好的行为，对别人很不尊重。不要吃瓜子类声音很大的零食，讲话剧透都会影响到别人。演出接近尾声时不要抢先站起离开，应该在完全结束后再退场，这是对工作人员的尊敬，结束时需要排队出去。

5. 图书馆礼仪

在图书馆里的礼仪简单概述就是三个字：静；净；敬。

（1）静。

常见"静"字贴在图书馆的显眼位置，这是在图书馆应遵守的最重要礼仪。要保持图书馆内的安静，那么进入图书馆走路就要轻，入座起身、翻看书刊、做事情、说话都要轻。当然在图书馆要尽量少说话，遇到朋友点头微笑即可；如果确实需要讨论，应到室外。在安静的学习环境里，发出声音影响他人是很失礼的。

（2）净。

重视个人仪表整洁，头发梳理整齐，保持双手干净，没有油腻污渍，不要披衣散扣或穿汗衫和拖鞋入馆。保持馆内环境干净，不乱扔纸屑，不随地吐痰，不大声咳嗽，不吃零食或嚼口香糖，不随便脱鞋袜。雨雪天进图书馆时，雨具放在指定地点，把鞋底的泥水弄干净，以免溅到其他读者身上或把图书馆的地面弄脏。

离馆时，要把书刊放回原处，废弃的纸张应自觉扔到馆内的垃圾篓或带到馆外扔到垃圾箱内,自觉把桌椅复归到原位。

(3) 敬。

进入图书馆,应自觉排队,借还图书时,应双手将书递到工作人员手中,并注意使用"您好""请""帮""谢谢"等礼貌用语。不得将公共图书据为己有,或将书中有精美的插图、精彩的段落的书页撕下来,这样太失读书人的体面。查阅目录卡片时,不可把卡片翻乱或撕坏,或用笔在卡片上涂抹画线。在图书阅览室,自己找个座位就行,不应为别人占座位。图书馆作为公共场所,有空位,人皆可坐,但欲坐在别人旁边的空位时,应有礼貌地询问旁边是否有人。如果与别人同时看中同一本图书,不要争夺,二人应相互谦让,急需者先借。

课后思考题

1. 握手的顺序是怎样的?
2. 简述人际交往的四种距离。
3. 说说你对"君子之交淡如水"的理解。

第四章

沟通往来礼仪

在人际交往中,少不了沟通交流、礼尚往来。为了使双方的感情更进一步,人际关系更为融洽,需要了解一些沟通往来的礼仪。

第一节 交谈礼仪

交谈是人际交往的重要方式,是两个及两个以上的人为了沟通信息、交流感情所进行的对话。善于交谈者,往往在社交时游刃有余;若交谈不得法,则极有可能导致社交失败。

历史故事:乾隆的趣事

苏州园林狮子林里有个真趣亭,是当年乾隆皇帝亲笔题写的。乾隆特别喜欢狮子林的假山,一次他玩到兴头上时不假思索写下了"真有趣"三个字,写完后问别人怎么样,随从都知道这三个字有失水准,但说不好那可是要掉脑袋的。这时旁边的一个状元计从中来,他直夸皇上字写得好,并且求圣上将"有"字赐给他。乾隆皇帝也不傻,觉出了意思,遂高高兴兴地把中间的"有"字赏赐出去。这样一来,留下"真趣"两字,结果皆大欢喜。

不会说话的故事

一王姓朋友请甲、乙、丙、丁到家里吃饭,左等右等唯独丙没到,王某嘀咕了声:"该来的还不来。"甲听了,心想:这不是说我们不该来吗?莫非他真心请的是丙?心里不是滋味就找借口走了。王某见状,脱口而出:"不该走的怎么就走了呢?"站在旁边的乙听到这句话,琢磨着:这是在暗示我该走却赖着不走。于是夺门而出。见状,王某着急了:"这两人真多心,我说的又不是他们。"客人丁听了涨得脸通红:这没别人,那肯定说的是我啰,于是拂袖而去。

无独有偶,春秋时期的息夫人也是一个不会说话的人。息夫人以美貌著称,被称为"桃花夫人"。据《左传》记载,息夫人归宁探亲时,借道蔡国,遭姐夫蔡侯调戏,回家后将此事直言不讳地告诉了自己的夫君息侯,息侯大怒从而引发了战争。结果是息国被灭,息侯被擒,息夫人则被强掳为楚国夫人。无数的历史故事告诉我们"祸从口出""一言可以兴邦,一言也能丧国"。

我们要想在社交中如鱼得水,左右逢源,必须掌握一些交谈艺术,遵守交谈礼仪规范。交谈其实是一个双向交流的过程,包括说和听两个方面。

一、注意交谈的态度

态度决定了谈话的氛围及走向,从某种程度上讲,交谈的态度有时甚至比交谈的内容更为重要。交谈时所表现出的态度往往是其内心世界的真实反映,与人交谈时,态度要亲切和气、真诚自然,才能赢得对方感情上的接近,从而获得对方的尊重和信任。

1. 尊重

美国心理学家威廉·詹姆斯说:"人性中最强烈的欲望便是希望得到他人的敬慕。"被尊重是人的本质需要。

(1) 交谈是双方思想、感情的交流,是双向活动,要把对方当作平等的交流对象,在心理上、用词上、语调上,体现出对对方的尊重,恰当地运用敬语、谦辞、礼貌语和客套话。

(2) 德鲁克说:"人无法只靠一句话来沟通,总是得靠整个人来沟通。"交谈时的面部表情、肢体语言也要表达出对对方的尊重,在交谈时可适当运用眉毛、嘴、眼睛的变化,来表达自己聆听时的专注、兴趣。

2. 真诚

交谈时真诚的态度是交谈成功的基础,发自肺腑的语言才能触动别人的心弦,坦诚相见、直抒胸臆,明明白白地表达各自的观点和看法。

3. 赞美

美国心理学家威廉·詹姆斯曾说:"渴望被人赏识是人最基本的天性。"在交谈时不吝啬对对方的赞美,必将使你受益良多。

赞美的技巧如下。

(1) 赞美要具体,只有赞美中出现了细节,出现了具体事情,被赞美的人才能真正感受到关注和重视,才觉得赞美发自肺腑且可信。

(2) 赞美要及时,赞美是有有效期的,否则,过期作废。某人比赛得了冠军,你及时送上一句:你太厉害了!会让那人心花怒放。

(3) 赞美必须真诚,恰如其分,点到为止的赞美才是真正的赞美。

(4) 赞美要不落俗套,善于发掘对方的独特闪光点。

4. 微笑

微笑是一种非语言沟通方式,它能够传递出友好、善意、理解和尊重等积极信息。真诚、温暖的微笑,是打开别人心灵的钥匙,释放出暖暖的善意,缓解紧张气氛,让人感受到轻松和愉悦。

二、注意交谈的语言

语言是交谈的载体,语言恰当与否直接影响着交谈效果,"一句话可让人跳,一句话也可让人笑"。在人际交往中,哪些话该说,哪些话不该说,话应怎样去说,这都是交谈中应注意的礼仪。说什么固然重要,怎么说也不能含糊。

(1) 留意交谈的语速、音量、音调,力求清晰表达。

①保持能让对方清晰听见而不引起反感的语速和音量,声音柔美,有韵律感,不提倡粗声大气,也不建议瓮声瓮气。

②说话时发音吐字一定要标准清晰,使用普通话。交谈的最基本点是让对方能听明白你说的话,否则根本谈不上交谈。忌用别人听不懂的方言或土语。

③交谈语言力求通俗易懂,满口的"之乎者也"、书面语言、专业术语或咬文嚼字会让人听得云里雾里、心生厌恶。

(2) 注意措辞简单明确、言简意赅、语言委婉、掌握分寸,要避开模棱两可、容易产生歧义的词语。

交谈时最基本的一点就是要让对方准确无误地领会自己的意思,以免造成误会。有案例为证:"你是小王吧(小王八)?"可能会说得人跳起来,如改为"你是小王吗?"更合适;"你的发型好丑"换作"你的发型很有个性"更让人容易接受。掌握分寸,不随便开过分的玩笑,尤其是对女性、长辈和领导。曾经新任局长宴请退居二线的老局长,席间端上一盘油炸田鸡,老局长用筷子点点说:"喂,老弟,青蛙是益虫,不能吃。"新局长脱口而出:"不要紧,都是些老田鸡,已退居二线,不当事了。"老局长闻听此言,顿时脸色大变,连问:"你说什么?你刚才说什么?"新局长本想开个玩笑,不料说漏了嘴,触犯了老局长的自尊,席上气氛极其尴尬。说话掌握分寸,把握好度,玩笑不随便乱开,"嘴上有尺,脚下有路"这个传承了上百年的道理我们务必牢记心间。

(3) 交谈时多用礼貌语、谦辞、敬语,这些表达尊敬的词语用与不用,效果大相径庭。

看过《西游记》的人应该有印象:猪八戒向两个女妖问路,张口就称"妖精……"路没问成,还挨了一顿好打。郁闷之中,向孙悟空求教,孙悟空告诉它,不能喊妖精,要有礼貌,猪八戒照做,果然奏效。礼貌语、谦辞、敬语是社交中的润滑剂、黏合剂,在交谈过程中,要善于使用一些约定俗成的礼貌用语,如"您""谢谢""请""对不起""谢谢您,再见""承蒙关照""很荣幸认识您"等。借助谦辞、敬语来表达出尊敬、礼貌、问候等。

(4) 交谈时少说黑话、浑话、秽语。

男不爱哕声,女不爱脏话,有些人说话不讲究,甚至带有比较脏的口头禅。这些不规范的语言显得交谈者的格调不高。

（5）出气话、过激的话、影射的话不宜说。

"良言一句三冬暖,恶语伤人六月寒。"虽然,针尖不大,可是扎人最疼;舌头无骨,却伤人最深。往往,导致人际关系恶化的就是看似简单的几句话。

（6）尽量少用祈使句,生硬的命令的语气让人感觉少了些尊重,没人喜欢。

语言这门艺术拥有无穷的力量,"一人之辩重于九鼎之宝,三寸之舌强于百万之师"。

三、慎选交谈的话题

所谓话题,是指人们在交谈中所涉及的谈资内容。常言道:"话不投机半句多。"交谈时话题若不合适,容易出现冷场,甚至陷入尴尬,好的话题则会令交谈氛围和谐、双方相谈甚欢。交谈内容对交谈成败起着决定性作用,话题的选择非常关键,应当遵循一定的原则。

总体来讲,交谈时,可选择的话题大致有以下六类。

①既定的话题,即双方已经约定好的话题,如研究工作、交流信息、征求意见等这类交谈话题都是事先确定的,可以直奔主题,也不至于冷场。

②擅长的话题,即交谈双方,尤其是交谈对象有研究、有兴趣、熟悉喜欢的话题。选择自己擅长的话题,会让你驾轻就熟、游刃有余,显得你博学多才、谈吐不俗;选择对方擅长的话题,可以调动其交谈的积极性,有利于深入交流。如:跟女士聊化妆、与炒股者谈股票、和旅游爱好者谈各地风土人情,总之谈对方熟悉喜欢的话题容易打开对方的话匣子。

③高雅的话题,即内容文明脱俗、格调高雅的话题,如文史哲、艺术建筑等话题,让双方在交流中既愉悦了心情,又开阔了视野,无疑是受欢迎的。法国大作家福楼拜说:"语言就是一架展延机,永远拉长感情。"愉快的交谈容易产生心灵上的共鸣,会使双方的感情更加深厚。

④轻松的话题,即容易让人感到愉悦和放松的话题,各方可以各抒己见,不会引起争论。如旅游观光、休闲娱乐等就不错。

⑤对方的优点和长处,即对方身上的闪光点被你发现,可引起他的交谈热情。

⑥热点话题,如果你对以上话题都不感兴趣,或经过尝试也无法激起对方的交谈兴趣,不妨讨论新近的热点话题,多尝试几个,以找到其兴趣点。

不宜选择的话题归纳起来有四大类。

①隐私类的话题,除非对方主动提起,交谈时尽量不碰,否则容易触到"雷区",导致交际失败。有关年龄、收入、婚恋、宗教信仰、住址、个人经历等都不宜谈。

②令人反感的话题,如挫折、疾病、死亡、灾难、黄色、恐怖等会引起对方不适的话题尽量不谈,如果交谈中不慎碰到,应马上转移话题。

③带有错误倾向的话题,违背伦理、捉弄对方、乱开玩笑的话题都不大合适,每个人都要谨言慎行,为自己说过的话负责。毕竟,覆水难收。

④非议政府或个人的话题尽量不要涉及,行业秘密也不要去打听。

此外,每个人都有各自忌讳的话题,在交谈时应尽可能回避,以免引起误会。

四、交谈的忌讳

在交谈的过程中,有些交谈方式是不合乎礼仪的,应该避免。

1. 忌居高临下

"人之患在好为人师",以"高高在上"的姿态与人交谈会使双方关系变得微妙。

2. 忌言不由衷

交谈时不要一味附和、迎合别人而言不由衷。其结果是让人觉得你不真诚、有所企图。

3. 忌故弄玄虚

交谈时欲言又止,故意卖"关子",令人反感。

4. 忌短话长谈

"无端地空耗别人的时间无异于谋财害命",谈话时不能啰哩啰唆、喋喋不休、东扯西拉。有事说事,适可而止,不要无故浪费他人的时间。

5. 忌随意插嘴

在和别人交谈时不要急于发言,在还没有完全听完对方的表述时,迫不及待地打断对方,既不礼貌,也不利于交谈。

五、学会倾听

既然交谈包括说和听两方面,那么就不要口若悬河地"垄断"整个谈话,而剥夺他人说话的权利,要学会倾听对方讲话,不要轻易打断对方的谈话,给对方发表意见的机会,以示尊重对方。"善言,能赢得听众;善听,才会赢得朋友。"只有你闭上嘴巴,认真地倾听别人的讲话,才是真正地尊重和重视对方。上帝给我们两只耳朵、一张嘴巴,目的就是让我们少说多听。

交谈时,说者和听者互相配合,才能使话题进行下去。如果只是说者一方唱"独角戏",而听者不及时回应,只会使谈话陷入尴尬的境地。会"听"是一种能力,而这种能力在交谈中被很多人忽视,因此,现实中很多人只知道练口才,却很少人练倾听。"大人物独揽聆听,小人物垄断讲话。"这就是区别。

第二节 馈赠礼仪

馈赠,是一种人们在交往中,通过赠送对方礼物以表示祝贺、感谢、敬佩、友好、慰问、哀悼、尊重等不同情感的交际行为。馈赠源自古时候的"纳贡"文化,礼尚往来是我国的传统美德,也是国际交往中的一种习惯做法,馈赠行为常常出现在我们的私人交往、商务场合、国际交往中。馈赠以物的形式出现,以物表情,礼载于物,达到寄情言意的目的,恰当的馈赠行为可使双方的感情更进一步,犹如锦上添花。

"千里送鹅毛,礼轻情意重"的由来

唐朝贞观年间,西域回纥向大唐进贡,在这批贡品中,有一只罕见的白天鹅是众多珍宝中最为珍贵的贡品。因此,回纥使臣缅伯高非常小心,一路上都要亲力亲为给白天鹅喂水喂食,不敢有丝毫怠慢。

使者队伍行驶到了沔阳河边,只见白天鹅伸长脖子,张着嘴巴,极其向往去河里嬉耍,缅伯高心有不忍,便打开笼子打算让天鹅喝点水。哪知白天鹅喝足了水,展开翅膀往上飞!慌乱中,缅伯高向前一扑,只抓住了几根羽毛,白天鹅却挣脱了,缅伯高眼睁睁看着白天鹅飞得无影无踪。缅伯高捧着几根雪白的鹅毛,直愣愣地发呆:"怎么跟回纥国王交代呀!拿什么去见唐太宗呢?"思前想后,缅伯高决定向唐朝诚实以报,于是他拿出一块洁白的绸子,小心翼翼地将鹅毛包好,然后提笔在绸子上写道:"天鹅贡唐朝,山重路更遥。沔阳河失宝,回纥情难抛。上奉唐天子,请罪缅伯高。物轻人意重,千里送鹅毛!"唐太宗了解事情的来龙去脉后,不仅没有怪罪缅伯高,反而觉得他不辱使命,还重重地给予赏赐。

馈赠并不是仅仅把礼物送出去就行了,什么时候送,送什么,送的时候怎么说大有讲究,馈赠礼仪的重要性不言而喻。

一、送礼的时机

为了让受礼者感到自然、不突兀,乐于接受,送礼的时机十分重要。一般来说,节假日、纪念日、好事道喜、道谢、祝贺、慰问、拜访等都是送礼的好时机,可以自然地赠送礼品。送礼的时机贵在及时,送在"节骨眼上",比如:见面时赠送礼品,能在疏离尴尬间迅速地将两者的距离拉近;在告别时赠礼,能够表达自己的恋恋不舍;在获奖时送上鲜花;在生日时送上蛋糕……在特定时候得到的礼品才最珍贵、最难忘。我们常说的"雪中送炭"的可贵之处也在及时,时过境迁、"雨后送伞"就没多大意义了,甚至还有可能引发一些不愉快。据史书记载,春秋时期,楚

国因向周天子送一车茅草(作为礼品)不及时而引发了中原各国联盟大举伐楚的战争。

二、礼品的选择

在现实生活中,很多人认为"花钱了""把礼物送出去"就行了。其实,礼物是传情达意的载体,要能把馈赠者的情意准确无误地传达出去才行。因此选择礼品时要三思而行。

1. 礼品准备送给谁

被赠者的兴趣爱好、性格特征、身份地位、民族习惯、身体状况、性别、年龄等至关重要的因素要加以考虑,馈赠对象不同,礼品的选择就不一样:送给老人的,最好实用;送给小孩的,益智为佳;送给文化人兰花。所谓"宝剑赠侠士,红粉送佳人",送礼就是要适合对方,让对方喜欢,投其所好是赠送礼品的最基本原则。常言道,"物以稀为贵",受礼者稀罕的、感兴趣的礼物才最珍贵。如果不看对象,盲目送礼,即便是珍贵的礼物,也有可能不被珍惜。

2. 赠送双方的关系要考虑清楚

对于同一份礼品,不同的受礼者会有不同的反应。新朋还是故交、同性还是异性、中国人还是外国人、亲戚还是同事、上司还是下级……选择礼品时一定应有所区分,具体情况具体对待。如:女性将领带送给男朋友就很好,送给男同事就容易引起误会。

3. 因什么缘由而送

对方是高就荣升还是乔迁新居、是结婚生子还是演出成功……要区分清楚再选择相应的礼品。如:送一个大蛋糕庆祝对方生日就很正宗,祝贺对方结婚就不大合适;他人乔迁送盆栽比较合适,探视病人就不恰当。

4. 选什么礼品来送

俗话说"千里送鹅毛,礼轻情意重。"礼品一般以轻巧为宜,不宜过于贵重。馈赠礼品重点不在于礼品的贵贱厚薄,而在于体现双方之间的情谊,因此赠送礼品不是临时凑合,而需要用心准备。由于人们生活经历不同、文化程度不同、兴趣爱好不同,对于礼品的要求也有所不同,所以应视受礼者的物质生活水平,有针对性地选择一些具有独特性、时尚性、适用性或精美性的礼品,尽量把礼品送到受礼人心坎儿上。如:朋友从巴西旅游回来送给笔者的"人字拖"很独特,很让人喜欢;给年轻的宝妈送些新采摘的蔬菜瓜果绝对受欢迎。

5. 不宜赠送的物品

①刀子。避免赠送刀子,有一刀两断之嫌。仅有瑞士军刀、阿拉伯弯刀两种可作为礼品赠送,很受各国男士喜欢。

②钟。钟与"送终"联系在一起,也代表浪费时间,不宜作为礼品送人。

③药品。药品与疾病、不健康等相关,很多人忌讳,但保健品却乐于接受。

④种子。种子尤其不能送给外国人。

6. 注意相关禁忌

选择礼品时不光要考虑礼品的质,更要考虑礼品的量(数量)。中国有"好事成双"的说法,凡是大贺大喜之事,所送礼品,均好双忌单,但忌讳"4"。欧美人则忌讳"13",给美国人送礼要送单数。数字的诸多禁忌马虎不得:曾经有位女性在网络上发帖称,自己结婚,很好的闺蜜用微信红包发来13.14元,且不论金钱的多少,单看这意思,让人觉得怪怪的。有人这样留言:如果她祝你一生一世应是1314元,"13.14"应该是一生,一死吧。我想,这位新娘看到这样的解读,三生三世都要与那位闺蜜绝交吧!给人送寿礼,一定不要选钟,有"送终"之嫌;给新婚夫妻送礼不送梨、送伞,有离散之嫌;生意人开张不宜送茉莉,"茉莉"与"没利"同音;颜色忌黑白,一般视黑色为不吉利,白色为悲伤。以上细节不注意,会让人产生不快。此外,一般的异性朋友、同事之间不送贴身衣物、戒指、项链、皮带等,这类东西一般是夫妻、恋人、情人之间相赠的礼物。选择礼品,一定要将宗教禁忌、民族禁忌、个人禁忌、风俗习惯、政策法规等因素考虑进去。公务活动中忌送现金、奢侈品、有价证券、各类充值卡;一件礼品在中国受欢迎,在其他国家可能就很忌讳;每年的3月17日是爱尔兰的"绿帽子节",爱尔兰人喜欢戴绿帽子,越南人也喜欢戴,如果送你一顶,你肯定避之不及。礼品选择不当是馈赠的最大禁忌。

三、礼品的包装

送礼前的最后一道必要的工序是对礼品进行包装。许多人送礼只"重内容,不重形式",即使价格昂贵的礼品,也只随便一装就送出去了,在我国,这种情形多见。在德国,散装或简装的礼品是不能送人的,德国人认为礼品包装越精美越好;日本人送礼一般都选择美观实用的方形布料精心包装。包装礼品的好处其实有很多。

(1) 可以体现出馈赠者的精心准备与诚意。礼品不包装就送人,对方会产生被轻视的感觉,尤其是送给国际友人的礼品更要注意这一点。

(2) 可以提高礼品档次。精美的包装使礼品更美观,更具艺术性,还能起到"萝卜变人参"的效果。

(3) 可以使礼品保持一种神秘感。包装可满足受礼人的好奇心,从而使双方愉悦。

切记:包装礼品前,价签一定要去掉;包装材料的颜色、图案最好挑受礼者喜欢的,不能犯忌讳;包装完毕,应贴上写有祝词并签名的卡片,以表达自己的情感和诚意。

不论礼品本身有无盒装,都要用彩色纸包好,用缎带捆扎。一般的购物广场、商场总服务台提供此项收费服务。在包装时务必注意以下两点：①包装所用的材料尽可能精致美观些。②包装纸及缎带的颜色、图案、形状、结法等都不要触犯禁忌。

四、送礼时的礼节

礼品可以当面赠送，也可托人代为转送，还能发快递送。当面赠送礼品时，要起身站立，面带笑容，目视对方，双手把礼品递送过去，并说些赠言或寒暄。切不可说"是临时为您买的""这是我家里用不完的""没花几个钱"之类的自以为是的"谦虚话"，这么说有时容易被对方当真，产生被轻视之感，尤其是赠送外国朋友时更应注意这一点。可以这么说："刚从欧洲旅游回来，带了一袋椰枣给您尝尝！""看到你结婚成家，真开心！""我老家送来的新鲜有机蔬菜，分些给你们吃。"……如果是托人代送或邮寄礼品，可以写上几句赠言，如：教师节给退休的老教师送上的鲜花、礼品中写上"祝您教师节愉快"就很一般，再加上一句"师恩难忘"或"春蚕丝常在，红烛汗未干"就很不错。

五、受礼时的礼仪

他人不违法、违规且颇有诚意赠送的礼品，最好欣然接受。

（1）在接受别人赠送的礼物时，不管在忙什么事，都要停下来，双手接过礼物，不管礼物的轻与重，都要给对方充分的尊重。一般是接受前适度谦让，然后再边口头道谢边双手接受。接受礼品时态度要大大方方，恭敬有礼，一再推辞拒绝会让赠送者难堪。

（2）中国人比较含蓄内敛，往往不好意思当面打开礼品。其实，不妨当着对方的面将礼品包装轻轻地仔细拆封，要表示出对礼品的喜欢、欣赏，并把礼物放在显著的位置，并再次表示感谢。

（3）中国人自古就讲究"礼尚往来"，大多数人都明白"来而不往非礼也"。所以，在客人告辞时，受礼人可适当地回赠礼品，也可另择时机回赠，回赠礼品的价值最好不超过所受礼品的价值。

六、永不过时的鲜花礼

馈赠时，除了赠送物品，还可以选择赠送鲜花。鲜花一直深受人们喜爱，但是，鲜花作为礼品时，有自己的特殊性，所以，赠送鲜花也有着特别的礼仪。

物有物意，花有花语。送花首先要懂花语，才能更好地传递感情，千万不要送错。中西方花的种类各有不同，有着丰富的花语世界，就算是相同的花，也有着不同的花语。如荷花在中国表示高洁，在日本却代表不吉利。牡丹在中国表示雍容华贵，但在西方则代表拘谨和害羞。

在选择鲜花作馈赠礼品时,尤其要重视花语,在此郑重提醒大家:并非任何品种的鲜花都可以拿来送给任何人,应谨慎!

1. 送花的类别

花因不同的包装和组合,构成花束、花篮、花环、花圈、盆栽等,不同组合的花用于不同的场合。比如花环适合表演、迎送贵宾;花圈适合祭奠、追悼;盆栽适合于居家、乔迁。如果弄错,不仅仅会贻笑大方,甚至还会引发不快。

2. 送花的方式

花可以亲自赠送、托人代送,也可委托花店代送。

3. 了解花语

不同的花有不同的寓意,花的寓意就是我们所说的花语,我们应该严格遵守。

(1) 花的寓意。

玫瑰被视作爱情之花,除了自己钟情的异性,不能随意送与他人;剑兰、扶桑与见难、服丧谐音,白色的、蓝色的或黑色的花也不喜庆,病人对此都避之不及,绝对不能送;菊花很多时候跟丧葬相关,最好不轻易送人,以免惹人不快。爱恋用花,最好选用红色玫瑰、百合、扶郎花、郁金香、香雪兰、月季、红山茶、紫丁香。婚车上的花除用玫瑰、百合、扶郎花、郁金香、香雪兰外,还可用红掌、大丽、风信子、石斛兰、嘉兰、大花蕙兰等。祝寿最好用龟背竹、万年青、报春花、百合花。母亲节一般送康乃馨、百合花、木樨草、茉莉。父亲节可以选择石斛兰等代表坚毅、勇敢的花送给父亲。春节可送些新颖别致的小盆栽,如水仙、报春花、富贵菊、仙客来、荷包花、紫罗兰、报岁兰等。乔迁可送吊兰、绿萝、常春藤、仙人掌、发财树、摇钱树、富贵竹等。祭扫应以白花、黄花为主,墓前适合栽种塔柏、南洋杉、雪松等。开业开张适合送月季、紫薇等花期长的花,其花朵繁茂,寓意"兴旺发达,财源茂盛"。拜访德高望重的老者送兰花,因为兰花有"花中君子"的美称。亲友远行宜送芍药,表达难分难舍之情。

(2) 花的数量。

关于花的数量,不同国家、地区有不同的说法和讲究。在中国,喜庆活动中送花要送双数,意即"好事成双",在南方沿海地区,忌送4枝花给别人,因为"4"的发音和"死"谐音,有些人也忌讳"1314"。一般不送整盆的花给病人,会误会为"久病成根"。

在西方国家,送花则喜欢单数(但13除外),在俄罗斯等国家送花也宜送单数,双数被视为不吉祥。日本人送花也喜欢送奇数,如数字"3"等,对"4"和"9"相当反感。

(3) 花的色彩。

鲜花的色彩丰富多彩,不同的民族、不同的习俗,对于花的色彩也有不同的理解。中国人喜欢红色,认为结婚时送红色的鲜花才喜庆、吉利,白色的花多用于丧礼;而西方人偏好白色,白色象征着纯洁无瑕。在西方,黄色被认为有断交的意思,墨西哥人则认为白色可以避邪,黄色意味着死亡,红色很晦气。巴西人认为紫色是死亡的征兆,对紫色鲜花很忌讳。不清楚时,千万不要乱送。

总之,无论是送物还是送花,都要遵守相应的礼仪规则。送礼不当,不如不送。

趣味成语故事:君子之交淡如水

这个故事跟唐朝的薛仁贵和王茂生有关。

唐贞观年间,薛仁贵得志之前,住在一个破窑洞中,衣食无着落,全靠王茂生夫妇接济。后来,薛仁贵参军,跟随唐太宗李世民御驾东征,因平辽功劳特别大,被封为"平辽王"。一登龙门,前来宫殿送祝贺礼物的文武大臣络绎不绝,全都被薛仁贵谢绝了,唯一收下了普通老百姓王茂生送来的"美酒两坛"。酒罐一打开,负责启封的执事吓得面如土色,因为坛中装的不是美酒而是清水!

执事马上将此事一五一十地禀报上去,岂料薛仁贵听了,非但没生气,反而当众饮下王茂生送来的清水三大碗。文武百官不解其意,议论纷纷,薛仁贵说:"我过去落难时,全靠王兄弟夫妇经济支持,没有他们就没有我今天的荣华富贵。如今我美酒不沾,厚礼不收,只收下王兄弟送来的清水,因为我知道王兄弟贫寒,送清水也是王兄弟的一番美意,这就叫君子之交淡如水。"

从那以后,薛仁贵与王茂生关系甚密,"君子之交淡如水"的故事也流传开来。

课后思考题

1. 交谈时哪些话题不能涉及,应尽量避开?
2. 说出"礼轻情意重"的三个例子。
3. 谈谈你对礼品包装的看法。

礼品选择

第五章

饮食礼仪

　　我们的社交有很大一部分是在餐桌上进行的,请客、应酬、团聚甚至恋爱、面试都跟餐桌联系在一起。餐桌上的举止是对一个人的礼仪、修养的最好考验,观察一个人在餐桌上的行为,可以窥见其人品和性格。

　　一个人的事业可能会在餐桌上发展起来,也可能在餐桌上被毁掉,祝酒时的一句不得体的话、就座时的位次不对,都足以毁掉一个人的事业。恋爱时,如发现对方用餐喜欢挑挑拣拣、自私自利、胡吃海塞,看在眼里的那一方绝对会跑得飞快,恰如张小娴所言:"爱情从餐桌上开始,也从餐桌上消逝。"殊不知,你在餐桌前一心品味美食时,别人却在静静地品味你,品味你的家教、品味你的人品、品味你的出身……饮食礼仪是指在用餐时应遵循的一些礼节和规则,各个民族、国家都有自己的饮食习惯和规则,要注意遵守相应的饮食礼仪。

第一节　中餐礼仪

　　古人云:"民以食为天。"在我们这个非常重视吃的国度里,不仅有享誉世界的中华美食,还形成了一套独特的中餐礼仪。虽然我们天天吃中餐,但关于中餐的礼仪,很多人一知半解,完全有必要系统地学习中餐礼仪。

一、中餐概述

　　"夫礼之初,始诸饮食。"据典籍中记载,礼仪是从饮食活动中的行为规范起始的,早在西周以前,饮食礼仪已经逐渐形成。《诗经·小雅》中出现了详细具体的宴请、席位、饮酒等饮食礼俗的记载。中国自古就是礼仪之邦,非常重视饮食礼仪。

　　先人们很早就意识到:"饮食男女,人之大欲存焉。"饮食是每个人都避不开的话题。中国人逢节必吃,所有的节日习俗中都有其特定的吃食:过年吃年夜饭、饺子;元宵节吃汤圆;腊八节吃腊八粥;清明节吃青团;端午节吃粽子、咸鸭蛋,喝雄黄酒;中秋节吃月饼;重阳节饮菊花酒;小年吃灶糖。中国人逢事必吃,亲友外出归来要"接风洗尘",离开要"饯行";金榜题名有"谢师"宴;凯旋要办"庆功"宴;朋友小聚称"一起喝茶、喝咖啡"。中国人人生每个重要节点必吃,出生吃红鸡蛋、臊子面;满月有"满月酒";生日有"生日宴"、生日蛋糕、长寿面;结婚要喝"喜酒"、吃喜糖;祝寿吃"寿桃";去世会办"白酒"。饮食渗透到我们每个人生活的方方面面,对中餐礼仪的重视成为必然。

二、中餐礼规

1. 桌次的排列

桌次和位次的排列在正式宴请、大型宴请中尤为重要,丝毫不能马虎——因为它表面排的是座位,其实质排的是在宴请中的主次尊卑。在宴请中因桌次和位次排列不当而引发的矛盾、纠纷不少,所以这个问题要足够重视。

两桌或两桌以上的大型宴请才会考虑桌次的排列(如结婚时)。排桌次时应遵循以下原则:各桌横排时,桌次是以右为尊,以左为次。左和右是由面对正门的位置来确定的。各桌竖排时,桌次讲究以远为上,以近为下。远近是以距离正门的远近衡量的。一般依据"面门为上、以右为尊,以远为上、居中为尊"的规则确定主桌,然后根据距离主桌的远近来安排其他桌次。若宴会现场设有讲台,主桌则为靠讲台最近的那桌(如结婚时)。在桌次较多时,以上排列原则往往交叉使用,并摆上桌牌。

2. 席位的排列(位次排列)

在生活中我们经常看到这样的场面:吃宴席就座前,长辈们总喜欢谦让一番,这个行为被不懂礼仪的晚辈们嘲讽为"假客气",其实这是传统文化中的敬老尊贤在中餐礼仪上的极好体现。排席位是中国饮食礼仪中非常重要的一部分。它关系到来宾的身份和主人给予对方的礼遇。排席位时,一般遵循以下几条原则。

(1) 上座。

传统的上座讲究背北面南即坐北朝南,鉴于现代建筑的多样化,如今人们习惯将面对正门的座位定为上座。主人大都面对正门,并在主桌就座;主宾位于主人的右侧,副主宾位于主人左侧。

(2) 举行多桌宴请时,每桌都应有一位主人代表在座。

各桌席位的主次尊卑,应根据其距离该桌主人的远近而定。一般以近为上,以远为下。各桌上距离该桌主人相同的席位,讲究以右为尊,以左次之。每桌安排的人数应不超过10人,且最好是双数。

此外,在实际的操作中,会出现与主位相关的两种情况。一种情况:每桌一个主位,即每桌只有一名主人,只有一个谈话中心。另一种情况:每桌两个主位,即每桌有两个主人(大多为夫妇),以男主人为第一主人,女主人为第二主人;主宾和主宾夫人分别在男女主人右侧就座,每桌从客观上可以有两个谈话中心。

3. 点菜规则

中餐点菜应讲究色香味俱全、菜名吉祥、荤素干湿搭配合理、菜量适中、有冷有热、兼顾客人的喜好和禁忌等,看似随便的点菜环节实操起来一点都不简单。点菜时,一般可根据以下几个规则。

(1) "口味"搭配合理。

荤素、咸淡、干湿要进行搭配,避免口味单调或重复。一般,十道菜中有六道是荤菜,四道是素菜,如果全是荤菜,吃起来感觉太腻;全是素菜,会觉得口味太清淡。有大荤菜时一定要搭配纯素菜。也不能够全点太干的或者太湿的菜,吃起来会觉得乏味,每桌菜品都应配汤、有鱼(无鱼不成宴);凉菜应该有,数量是热菜的一半。

(2) 把握好"数量"。

点菜数量最好成双数,比如2、4、6等,以保持菜品的协调美观,如果是10,那就太好啦,寓意"十全十美"。避免点菜数量为单数,尤其不能是3,民间认为祭祀时常用三盘祭品,如果在日常生活中,宴请客人与祭祀活动混为一团,都是三个菜,不吉利。此外,一次点太多而吃不完会造成铺张浪费,点太少则客人吃得不尽兴。通用的点菜规则为人均一道菜,如果在座男士较多,可酌情再加1道或2道菜。

(3) 把握价格的高低。

不能都点高档菜,全点低档菜太寒酸,可以高、中、低三个档次的菜都点几个,按十个来搭配,高价位的菜点2到3道即可,余下的可以挑几个中等价位的菜,青菜也可适当搭配一两样,它一般价位不高而且有需要。

再具体到吃什么菜肴的问题上来,通常优先考虑三类菜肴。

① 本餐馆的特色菜。

各个餐馆都有自己的特色菜,点这个餐馆的特色菜说明主人事前用心考察过,足见其对被请者的重视。

② 当地的特色菜。

如哈尔滨的酱骨架、锅包肉;淮阳的红烧狮子头;武汉的清蒸武昌鱼、红菜薹炒腊肉、精武鸭脖、排骨藕汤;北京的涮羊肉、烤鸭、满汉全席;四川的麻婆豆腐、鱼香肉丝、重庆火锅;湖南的毛氏红烧肉等。宴请外来的客人,当地特色菜就是最好、最受欢迎的菜。

③ 时令季节性强的菜。

像五一前后的藕带、蚕豆、小龙虾,早春时节的香椿炒鸡蛋、韭菜炒鸡蛋,中秋前后的板栗烧仔鸡、小鸡炖蘑菇、清蒸大闸蟹,冬季的红萝卜炖羊肉等都是不错的选择。

宴请外国朋友时,最好选最具中餐特色的菜,如宫保鸡丁、佛跳墙、东坡肉、夫妻肺片等。

中餐的美味很多、菜品丰富,在点菜时不能忽视了来宾的饮食禁忌,尤其是对主宾的饮食禁忌要高度重视,最好事前就了解清楚。各地人们的饮食偏好往往有所不同,四川人喜麻辣,湖南人好辛辣,江浙人习惯甜味,我们应该兼顾他们的喜好来点菜。外国人不吃动物内脏、动物的头爪、无鳞无鳍的鱼,沿海的人不喜欢吃淡水鱼。这些我们都应用心避开。有些人因健康方面的因素,不能吃某些滋补的食物,点菜人就不要强推,如"三高"人员就不宜喝鸡汤,肠胃病人就不能吃高滋补的甲鱼,心脑血管出状况的人就不适合吃狗肉。此外还有些人因各种原因不能吃猪肉、牛肉、葱蒜、韭菜,以及饮酒等,点菜时都要考虑周全。

点菜过程中,有些细节点菜人还需要留意:不要铺张浪费,有些人为了讲排场,菜品过多、太奢华,难免有些暴殄天物。不能举棋不定,点菜时磨磨唧唧的,浪费客人时间。不能当众问价,会显得点菜人心意不诚、小家子气。倒是可以询问征求几句:"我点了这几道菜,不知道是否合几位的口味""要不要再来点其他的"等。

4. 上菜礼仪

中餐上菜的基本原则是:拼盘先上,鲜嫩清淡的菜先上,名贵的食品先上,本店名牌菜先上,易变形、易走味的菜先上,时令季节性强的菜先上。菜是一道一道分先后次序上,一般的顺序是:先上冷菜、饮料及酒,后上热炒和大菜(整只、整块、整条的高端菜肴,如乳猪、全羊、大虾等),然后上主食,最后上甜食、点心和水果。用餐前,服务员为每人送上的湿毛巾是擦手用的,最好不要用它去擦脸。在宴席上,上螃蟹、龙虾、水果时,一般会送上一只装水水盂,上面漂有柠檬片或花瓣,是洗指水,不能误饮。具体上菜的位置,避开老人、儿童,什么时候催促上菜,什么时候延缓上菜,都需要与服务员提前沟通好,把握好整个进餐节奏。

补充资料:美食纪念

(1)盘古是中国神话中最原初的神,是中国历史传说中开天辟地的祖先。他殚精竭虑,为千秋万代的后人所景仰。民间认为馄饨的外皮像一个小小的包裹,象征着盘古的身体,内中的馅料则代表天地间的万物。馄饨不仅代表了生命的起源,也象征着宇宙的诞生。民间因此以传统美食馄饨来纪念盘古。

(2)伍子胥是古代水战兵法的开创者,对苏州的水利建设也做出了巨大贡献。伍子胥曾担心城郭被围困,无法得到城外的粮食供应,于是用糯米粉制成"城砖"深埋于地下,解决了城内民众的饥荒问题。苏州人为了纪念伍子胥的爱国忧民精神,每到腊月就会制作形似"城砖"的年糕,表达对伍子胥的怀念。

(3)屈原是中国历史上一位伟大的爱国诗人,在楚国快要灭亡时,于农历五月初五这天投身汨罗江自杀,楚国人为了不让江里的鱼虾鳖蟹吃屈原的尸体,就往江里投些粽子引开它们。这样年复一年,每逢端午节人们便将粽子投入江中。端午节吃粽子就是为了纪念屈原。

（4）东方朔被尊称为占卜鼻祖，传说东方朔为帮助思亲心切的宫女元宵，设计卜卦，令汉武帝取消正月十五宵禁，允许百姓张灯结彩。最终，宫女元宵与家人顺利团聚，"正月十五吃元宵"的传统由此而来。

（5）张仲景被后人尊称为"医圣"，他为了帮助那些因为寒冷把耳朵都冻烂的穷苦百姓，研制出一个以羊肉和祛寒药物为主材的御寒食疗方子，叫"祛寒娇耳汤"，就是今天我们吃的饺子。民间每年冬至这天为了纪念张仲景，都要包一顿饺子吃，并且都说，冬至这天吃了饺子，耳朵就不会冻。

（6）诸葛亮是中国传统文化中"忠臣"与"智者"的代表人物。相传，三国时期，由于战事频繁，物资非常匮乏，普通士兵的饮食条件非常艰苦。为了改善士兵们的伙食，诸葛亮亲自研究面食制作方法，创造了馒头这一独特的面点。馒头不仅解决了士兵们的温饱问题，还提高了军队的士气，后人吃到馒头就想起了诸葛亮。

（7）苏轼即苏东坡，与韩愈、柳宗元、欧阳修、苏洵、苏辙、王安石、曾巩合称"唐宋八大家"。苏轼还堪称中国古代美食家，他不仅会吃，而且还会发明菜，后世流传的东坡肉、东坡饼、东坡肘子、东坡豆腐、东坡墨鱼等皆出自其手，东坡肉就是以他的名字命名的传统中华美食。

（8）岳飞是南宋时期的抗金名将，他治军赏罚分明，纪律严整，体恤部属，以身作则，率领的"岳家军"号称"冻死不拆屋，饿死不掳掠"。金军对其有"撼山易，撼岳家军难"的评价，岳飞被秦桧借"十二道金牌"陷害冤杀，临安百姓以吃"油炸桧"这个食品名头，来发泄岳飞遇害的悲愤心情，很快这道现在被人称作"油条"的小吃传遍全国。

（9）忽必烈是元朝的开国皇帝，据说在临战途中，他忽然想吃家乡的羊肉，厨师急中生智，把羊肉切成薄片，放进沸腾的水中，再加上一些简单的调料，忽必烈觉得不错，连吃了几大碗，浑身是劲，率军迎敌，结果大获全胜。在庆功宴上，忽必烈又点了战前吃的清煮羊肉片，并给这道菜赐名为"涮羊肉"。

这些著名人物在中国历史上都有着非凡的贡献，民间就以节庆和美食来纪念他们。

三、中餐餐具的使用礼仪

中餐的餐具主要有杯、盘、碗、碟、筷、匙六种，此外还有湿巾、水盂和牙签等。各种餐具在用途上有许多的讲究和门道。一般来讲，中餐的餐具分为主餐具和辅助餐具两类。主餐具包括筷子、汤匙、碗、盘，这些是必不可少的餐具，辅助餐具包括水杯、湿巾、牙签等。

1. 筷子

筷子是中餐中最重要的、使用最多的传统餐具，它既轻巧又灵活，在世界各国餐具中独树一帜,被西方人誉为"神奇的东方文明"。很多外国人对这两根神奇的棍状物能施展出夹、挑、撅等功能钦羡不已,并以自己能用它进食而感到自豪。我国使用筷子的历史可追溯到商代,在世世代代的繁衍生息中,筷子不仅被传承下来,而且还形成了一套筷子文化,有其独特的使用礼仪规范。用餐前筷子一定要整齐地、成双放在饭碗的右侧,用筷子夹取食物时,最好以右手执筷,用右手的大拇指、食指和中指共同发力而捏住筷子上端的三分之一处。筷子应成双使用,不能单根使用。在长期使用筷子的实践中,人们总结出一些不礼貌的使用筷子的行为用以告诫后人,并将其称为"使用筷子的忌讳"。

(1)"三长两短"。

"三长两短"指的是用餐前,将筷子长短不齐地放在桌子上。这种做法不吉利,代表死亡。因为在过去,人死以后是装进棺材的,在人装进去以后,还没有盖棺材盖的时候,棺材的组成部分是前后两块短木板,两旁加底部共三块长木板,五块木板合在一起做成的棺材正好是三长两短。筷子一定要整齐地放在一起,不能长长短短地乱放在桌上。

(2)"仙人指路"。

"仙人指路"说的是拿筷子的方法不对。这种拿筷子的方法是,用大拇指和中指、无名指、小指捏住筷子,而食指伸出。这在北京人眼里是"骂大街"的形象。因为在吃饭时食指伸出,总在不停地指别人,北京人一般伸出食指去指对方时,大都带有指责的意思。

(3)品箸留声。

品箸留声的做法是把筷子的一端含在嘴里,拿着筷子在嘴里嘬,然后又拿着嘬过的、带着口水的筷子去夹菜,其他人肯定会感到恶心。在吃饭时用嘴嘬筷子本身就是一种无礼的行为,再加上影响他人进餐,更是令人生厌,一般出现这种做法都会被认为是缺少家教。

(4)击盏敲盅。

击盏敲盅的做法是用餐时,一手拿一根筷子随意敲打,或用筷子敲打碗盏、茶杯。从前只有要饭的乞丐才用筷子击打要饭盆,吸引他人注意并给予施舍。这种做法被认为极其不雅,被他人所不齿。

(5)执箸巡城。

执箸巡城的做法是手里拿着筷子,做旁若无人状,用筷子来回在桌子上的菜盘上方寻找,拿不定主意吃哪个,不知从哪里下筷为好。此种行为是典型的缺乏修养的表现,极其令人反感。正确的做法是先确定好吃哪个菜,再直接夹到自己的碗中、碟中。

(6)迷箸刨坟。

迷箸刨坟是指手拿筷子在菜盘里来回翻动,扒拉自己喜欢吃的,就像盗墓刨坟一样,属于缺乏教养的做法,令人生厌。菜里面都沾上了你的口水,别人没法吃。

(7) 泪箸遗珠。

泪箸遗珠是指用筷子往自己的碗里夹菜时,将菜汤滴滴洒洒弄得到处都是,这种做法严重失礼。汤汤水水的菜最好用筷子夹起,用勺子配合接汤水,一起盛入自己的碗里再吃。

(8) 颠倒乾坤。

颠倒乾坤就是说用餐时将筷子颠倒使用,这种做法是非常被人看不起的,正所谓饥不择食,以至于都不顾脸面了,将筷子拿反,这是绝对不可以的。

(9) 定海神针。

定海神针是指在用餐时拿一根筷子去扎或者去挑盘子里的菜品,这也是失礼的行为,筷子不能分开使用。

(10) 当众上香。

帮别人盛饭时,有人为了方便省事,把一副筷子插在饭中递给对方,还有人中途短暂离开时,也喜欢将筷子插入自己的饭中。传统中为死人上香、祭祀才将筷子竖插。把筷子插入饭中,无疑会被视同于给死人上香,所以不被任何人接受。

虽说我们都用了多年的筷子,但是依旧有很多人不知道使用筷子时需要注意的礼仪。

2. 汤匙

汤匙也称汤勺,主要用于舀取菜肴和食品。其用法与筷子类似,讲究也颇多。比如:用筷子取食时,可用汤勺来辅助,不单独用汤勺取菜;单独用汤匙取食时,不可舀得过满,以免溢出,同时注意要在原处稍做停留,以免滴洒;暂且不用的汤勺,不可放在桌上或食物中,而应放在食碟上;若是汤匙舀取的食物太烫,不可舀来舀去,也不宜用嘴对着吹,而应把食物先舀到自己碗里等凉了再吃。还要注意不把汤匙塞到嘴里,也不可舔吮,进过嘴的汤匙不能在公用汤盆中舀汤,否则让人讨厌。

3. 饭碗

饭碗是用来盛饭供自己吃的餐具,吃饭时,右手持筷,左手端着碗吃,不要趴在桌上低着头吃,"埋头苦干"吃相难看不说,还不礼貌。正确的吃法是以碗就口,用餐具往口里送,不能用嘴吸。用嘴吸的动作既会发出很大声音,又容易呛到且不雅观;碗里的少量食物不能往嘴里倒,更不要用舌头舔。

4. 盘子

盘子用来盛放从公用盘中夹过来自己吃的食物,一般吃多少取多少,一次不要取过多菜肴堆放在一起,避免相互"串味"。

5. 水杯

水杯是用来盛放清水、汽水、果汁、茶水用的,不要用水杯盛酒或倒扣水杯。往水杯里倒食物、将喝进嘴里的东西吐回水杯,都是令人讨厌且不礼貌的行为。水杯放在菜盘的左方,酒杯放在右方。

6. 湿毛巾

用餐前,会为每位用餐者上一块湿毛巾,用于擦手,擦手后应将湿毛巾放回盘子里,不能用来擦脸、擦嘴。

7. 牙签

牙签是餐桌上的必备之物,既可用于扎取水果等食物,又可用于剔牙,需要注意的是不要当众剔牙,非剔不可时要用手遮着嘴巴或者背对着客人。

四、中餐用餐礼仪

无论是家常便饭、朋友小聚还是正式宴请,都要遵守一定的用餐礼仪。

(1) 入座讲究长幼尊卑。

等年长的、地位高的、主宾先就座,然后再按主人安排的座位就座,坐姿端正;用餐时肘部不要压在桌上,否则既不文雅,也会妨碍邻座就餐。

(2) 主不请,客不尝。

一道菜上桌,主宾、长辈动筷后方可取食,不要"抢先一步"、目无尊长,显得缺乏家教。夹菜要注意等菜肴转到自己面前时,再动筷子,不要抢在邻座前面,一次夹菜也不宜过多。遇到他人与你同时夹菜时,注意礼让。好的吃相是食物就口,不可埋头以口就食物。

(3) 按人头定量的菜,不可多取。

曾有人犯了这样的错误招致别人的嘲笑。不要只吃自己喜欢的菜,甚至碗里的菜没吃完就夹,没有风度地将喜欢的菜占为己有。应就近取菜,勿远夹;夹菜时注意不要掉了或滴洒,劝菜让菜要用公筷公勺。

(4) 吃菜喝汤尽量不要发出太大声响。

如喝汤时发出"咕噜咕噜"的声音,吃菜时嘴里"吧唧"作响,吃面时吸得"咴溜"作响,这些都是粗俗的表现。文雅用餐,餐盘和碗筷不宜发出敲击的声音。

嘴里塞满食物时,最好不要开口说话。进餐时简短交流即可,切不可夸夸其谈,老祖宗的"食不言,寝不语"不要丢在脑后,也不可哈哈大笑。避免在餐桌上打嗝、咳嗽、打喷嚏,万一不禁,应侧身并用手或纸巾捂住口、鼻进行,事后说声对不起。

(5) 勿酒后失态、失言。

控制好量,斟酒劝酒都要把握好分寸,敬酒时按身份高低或座次顺序,男士举杯应略低于女士,主人在讲祝词时要暂停进餐。

（6）个人汤勺不混用。

自己个人的汤勺不要去公用的汤碗里舀汤，更不能用筷子到汤碗里去打捞。即便不小心夹到不能吃的东西也不要放回去，比如把鸡屁股误以为是鸡块。

（7）适时转桌。

遇到有人正在夹菜，或准备夹菜，就不要转动桌子，这是对人最基本的尊重。

（8）传统习俗和寓意要讲究。

如吃鱼不要翻面，鱼头要对着主宾。

（9）不要在餐桌上整理服饰或头发、脱鞋袜，不要当众补妆或剔牙。

（10）一般不中途离席。

如有特殊情况需中途离开，千万别和在座的每个人一一告别，只悄悄地和身边的人打个招呼，离去即可。应该跟主人说明原因并致歉方可离开，切不可不告而别，也不可鼓动邀约左右一哄而散。

五、中餐的禁忌

（1）民间有个传统的风俗是"菜不摆三，筷不列五，席不成六"。

"菜不摆三"，祭祀时常用三盘贡品，因此在日常生活中用三盘菜招待客人，对客人是一种侮辱和伤害。为了避免与祭祀活动相冲突，待客避免使用三个菜。"筷不列五"，桌上如果摆五双筷子，长长短短的没放整齐，难免会让人联想到"三长两短"，寓意不吉利。"席不成六"，一张圆桌子的两侧分别坐两人，上下分别坐一人，俯瞰时形态像是一只王八，六个人的席容易坐成"王八席"，难免会让人产生联想。

（2）帮人盛饭忌言。

如果帮别人盛饭，你只能问"还要添点吗？"千万不要说"你要饭吗？"以免和乞丐讨饭弄混。

（3）忌当众上香。

将筷子竖插在米饭里面，跟祭拜时上香一样，这是中国餐饮礼仪最严重的一个忌讳。

（4）席间吃鱼时不能翻动鱼身的讲究。

如果一定要翻动，应该把鱼从鱼头开始转到另一边，称为"掉头""转舵"。中餐是共餐式，象征着和谐、热闹，更应遵守相应的礼仪。

第二节 西餐礼仪

现如今西餐逐渐进入大家的生活。当偶然与它"狭路相逢"时，难免会手足无措,还可能会出现"洗指水当茶喝"的尴尬。要想优雅得体地吃西餐,首先还是要学些西餐礼仪。

西餐趣事:谬"饮"洗指水

被称为"东方俾斯麦"的李鸿章,访问德国期间,受到"铁血宰相"俾斯麦的盛情款待。两人互相仰慕已久,一旦面对面,相谈甚欢,尽兴之余,俾斯麦摆下丰盛的西餐招待李鸿章。李鸿章是第一次吃西餐,完全不了解中西餐差异,更谈不上吃西餐的礼仪和规矩。宴会还没有正式开始,李鸿章手一伸就把餐桌上摆在自己面前的、本该用来洗手的水,当成饮料一口喝了下去。众人看了大吃一惊,都面面相觑。为了不使李鸿章尴尬,俾斯麦也毫不犹豫地将自己面前的洗指水一饮而尽,见此情形,其他人自然不敢怠慢,也纷纷喝下了自己面前的洗指水,尴尬的场面瞬间化解。

西餐有着与中餐迥然相异的饮食文化,区别非常大。

一、西餐概述

西餐,顾名思义就是西方国家的饮食菜肴。"西方"习惯上是指欧洲国家和地区,以及以这些国家和地区的人为主要移民的北美洲、南美洲和大洋洲的广大区域。西餐是一个笼统的称谓,是我国人民及部分东方国家人民所赋予的,西方人自己并没有明确的"西餐"概念。西餐的准确概念应为欧洲美食,或欧式餐饮,是指西方国家,主要是欧洲各国的饮食菜肴。它与中餐有很大不同,主要是用橄榄油、黄油、番茄酱、沙拉酱等西方调味料进行烹饪,搭配小番茄、西兰花等蔬菜,加各类不同的主食组合而成。西餐快捷、个性、多元,既沿袭了欧洲的传统饮食习俗,又体现了他们的价值观。

西餐的主要餐具是刀叉,餐桌为长形条桌,西餐是分餐制,非常注重饮食礼仪。西餐大致可分为法式、俄式、英式、意式、美式及其他类型等不同风格的菜肴。

1. 法国菜

最为正式的当属法式大餐。法国菜位居西餐之首,法式大餐世界闻名。法国菜的特点如下。

①加工精细,烹调考究。讲究色、香、味、形结合,是无与伦比的佳肴极品。哪些菜生吃,哪些菜五分熟、哪些菜六分熟都非常有讲究,常用烤、煎、烩、焗、铁扒、焖、蒸等手法进行烹饪。

②选料广泛。常选用稀有的蜗牛、青蛙、鹅肝、黑松露等名贵原料作为食材。

③什么菜配什么酒都有严格规定。法国盛产葡萄酒、香槟和白兰地,对酒在餐饮上的搭配非常讲究,饭前饮用开味酒,白肉配白酒或玫瑰酒,红肉配红酒,而饭后饮白兰地或甜酒,喜庆场合饮用香槟酒。法国名菜有法式焗蜗牛、马赛鱼羹、

法式煎鹅肝、牡蛎杯、巴黎龙虾、红酒山鸡、沙福罗鸡等。

2. 意大利菜

公元 1533 年,意大利公主凯瑟琳·狄·麦迪奇嫁给法国王储亨利二世,带着 30 位厨师将本国食材与烹饪技艺推介到法国,法国人则将两国烹饪上的优点加以融合,创造出当今最负盛名的西餐"法国菜",同时也奠定了意大利菜"西餐之母"的地位。

意大利菜的特点是高贵典雅、原汁原味、浓重朴实。烹调手法以炸、煎、熏、炒、烩等为主。意大利人喜爱面食,做法多样,光我们熟知的就有比萨饼、意大利面,其实还有意大利馄饨、意大利饺子。意大利的菜品非常丰富,海鲜和甜品也闻名遐迩。意大利的美食有海鲜焗饭、通心粉素菜汤、焗馄饨、奶酪焗通心粉、肉末通心粉、比萨饼等。

3. 英国菜

英国菜清淡简单,被称作"家庭美肴",非常注重餐桌礼仪。英国菜的特点是食材有限、口味清淡、原汁原味、烹调简单、注重营养。烹饪方法以蒸、煮、烧、熏、炸为主。英国的美食有惠灵顿牛肉、约克郡布丁、鸡丁沙拉、炸鱼薯条、明治牛排、哈吉斯。

4. 俄罗斯菜

俄罗斯的饮食和烹饪深受法国影响,再加上地处寒带、人体需要高热量等因素,逐渐形成了独具特色的俄罗斯饮食文化。俄罗斯菜的特点是选料广泛、口味较重、喜欢用油、制作简单、因料施技、味道多样。口味倾向酸、甜、辣、咸,以烤、熏、腌为特色。

俄罗斯菜是西餐的经典,北欧、中欧一些同处寒带的国家与俄罗斯类似,喜欢腌制的鱼肉、熏肉、香肠、火腿、酸白菜、酸黄瓜,我国的哈尔滨也喜欢这些,如秋林红肠。俄罗斯名菜有罗宋汤、鱼子酱、黄油鸡卷、什锦冷盘、俄罗斯烤肉、红烩牛肉等。

5. 美国菜

美国人对饮食要求不高,简单、清淡、营养、快捷即可。美国是一个移民国家,所以饮食文化是东西交汇、南北合流,美国人口味咸中带甜、不喜欢辣味。美国菜的特点是口味清淡、水果入菜、烹饪方式多样、快餐文化发达。美国盛产水果,不光在沙拉中用很多水果,在热菜中也常使用水果,如苹果烤火鸡、菠萝焗火腿。美国菜的烹饪多为煮、蒸、烤、铁扒等操作起来较简单的方式。美国的名菜有美国大龙虾、橘子烧野鸭、烤火鸡、美式牛排、苹果沙拉、布法罗辣鸡翅等。

二、西餐礼规

1．西餐位次排列

与中餐一样,正式的西餐宴请也讲究位次的排列,稍有不同的是西餐位次排列的规矩是突出尊重女性和社交。具体排列如下。

（1）女士优先。

非官方的西餐宴请,主位一般是女主人,而男主人则坐在第二主位。

（2）以右为尊。

排席位时中餐和西餐一样,都遵守以右为尊的原则,因此男主宾都安排坐在女主人左侧,女主宾安排在男主人右侧。

（3）距离定位。

一般来讲,距离主位的远近显示西餐宴请时的主次尊卑,离主位近的位置高于远的。

（4）面门为上。

从礼仪上讲,面对餐厅正门的位置高于背对正门的位置。

（5）交叉排列。

西餐用餐礼仪更强调社交,因此排位次时遵守交叉排列的原则。男女交叉排列（但配偶一般不坐在一起）,熟人与陌生人交叉排列,一名就餐者的对面和两侧往往是异性或不熟悉的人。

2．西餐的上菜顺序及食用礼仪

西餐的全套餐点上菜顺序分为七步,但是并没有必要全部都点,如果点太多吃不完,反而是失礼的行为。开胃菜、主菜加甜点是最恰当的组合。点菜并不是由开胃菜开始点,而是先选一样最想吃的主菜,再配上适合主菜的汤及其他。

（1）头盘。

西餐的第一道菜是头盘,也称为开胃菜。常见的有鱼子酱、鹅肝酱、奶油鸡酥盒、焗蜗牛等。开胃菜一般都具有特色风味,味道以咸和酸为主,虽然分量很少,却很精致,值得慢慢品尝。

（2）汤。

西餐的第二道菜就是汤,大致可分为清汤、奶油汤、蔬菜汤和冷汤等四类。

（3）副菜。

鱼类菜肴一般作为西餐的第三道菜,也称为副菜。品种包括各种淡、海水鱼类、贝类等。

（4）主菜。

肉、禽类菜肴是西餐的第四道菜,也称为主菜。肉类菜肴最有代表性的是牛肉或牛排。禽类菜肴有鸡肉、鸭肉、鹅肉等。

(5) 蔬菜类菜肴。

蔬菜类菜肴可以安排在肉类菜肴之后,也可以与肉类菜肴同时上桌,蔬菜类菜肴在西餐中称为沙拉。

(6) 甜品。

西餐的甜品在主菜后食用,可以算作是第六道菜,包括布丁、冰淇淋等。

(7) 热饮。

西餐的最后一道是热饮——咖啡或红茶,这是西餐的"压轴戏"。

3. 西餐餐具用法

(1) 刀叉。

对于用惯了筷子的人来说,使用刀叉会感到别扭,但学会使用刀叉是吃西餐最基本的礼仪。进餐时,应该从外向内依次取用刀叉;右手持刀,左手拿叉;拿法是轻握刀叉的尾端,食指按在柄上;切食物时用叉子将食物的左端按住固定,然后沿着叉子的侧边用刀切下小块食品(不要大块塞进嘴里),最后用叉子将食物送入口中。使用刀叉较为优雅的姿势为肩膀、手腕皆处于放松状态,两臂贴着身体,双肘下沉,但不要放在桌面上,刀叉与盘子间保持约15°为最佳。除了吃东西之外,刀叉还有一项功能:暗示"暂停进餐"或"结束用餐"。暂停进餐:刀叉摆成"八"字形,分别放在餐盘边上,刀口向内,叉齿朝下,这表示待会还要继续吃。结束用餐:吃完了或不想吃了,这时刀右叉左地并放在盘子上即可,注意叉齿朝上。任何时候,都不要将刀叉的一端放在盘子里,另一端放在桌上,这样做既不安全也不好看。

(2) 餐巾。

西餐中的餐巾不可用来擦脸或餐具,可用来擦嘴。在食物送上来的那一刻,将餐巾对折铺放在膝盖上,注意折痕朝向自己。用餐时餐巾应随时放在自己的膝盖上,除非起身暂时离开,才拿下放在椅背上,结束用餐时将餐巾放在桌上,餐巾不能塞在领口或围在脖子上,也不能不对折直接铺在膝盖上。

4. 西餐的用餐规范

西餐与中餐的用餐规范有很大的不同,就算是同一种食物,在中餐厅和西餐厅的吃法也大不一样。熟悉以下食品的另一种吃法,享用西餐时我们的举止会更加娴熟。

(1) 饮酒。

食用生蚝或其他贝类即白肉时,饮无甜味之白葡萄酒。吃鱼时,可配任何白葡萄酒,但以不过甜者为宜。

(2) 吃肉菜。

要吃一块,切一块,切勿一次全切好,不但不雅,而且肉汁会流失。切牛排应由外侧向内侧切,一次未切下,再切一次,不能以拉锯子的方式切,亦不要拉扯。猪排、羊肉都要熟透,吃法与吃牛排相同。食肉时,两唇合拢,不要出声。口中食物未吞下,不要再送入口中。

(3) 吃面包。

不可用口咬,也不可用刀子切割,要吃一块撕一块。先撕一小块,再涂牛油在小片上,然后送入口中。撕面包时,碎屑应用碟子接住,切勿弄脏餐桌。

(4) 吃水果。

洗指水用来洗手指尖,切勿将整个手伸进去。刚吃完水果的手,应先洗手指,再用纸巾擦干。颗粒状水果如葡萄、荔枝可以用手拿着一粒粒地吃。如要剥葡萄皮,则要用中指和食指将肉汁挤入口中,然后把剩在手中的葡萄皮放在盘里,如果想吐核,应吐于手掌中再放入碟里。切成块的西瓜一般用刀和叉来吃,吃进嘴里的西瓜子要及时清理,并吐在手掌中,然后放入自己的盘子。吃鲜菠萝片时,要始终用刀和叉。汁较少的水果如苹果、柿子,可将之切成四片,再削皮用刀叉取食。橘橙柑剥皮后,用手一片一片地撕着吃。吃香蕉要先剥皮,再用刀切成段,然后用叉子叉着吃。只有在非正式场合如野餐等,才可将香蕉先剥一半像猴子一样吃。可以用手拿着吃的食物有带芯的玉米、肋骨、带壳的蛤蚌和牡蛎、龙虾、小甜饼、熏肉、蛙腿、鸡翅等。

(5) 喝汤。

不能端起汤盘吸着喝,喝汤必须借助汤匙。先用汤匙由后往前将汤舀起,汤匙的底部放在下唇的位置成45°将汤送入口中。

(6) 吃鱼。

先用刀叉把鱼头和鱼尾割下,放在盘边,然后用刀尖顺着鱼骨把鱼从头到尾劈开,再将鱼骨划出或者揭去上面一片鱼肉,吃完后再去骨。

不同种类的食物,对应着不同的刀叉使用方法:

①吃面包时,用手撕开约一口的大小,涂上奶油食用,不可用叉子。

②吃意大利面时,一般直接用餐叉卷起一小撮送入口中,也可以用勺子辅助,如果意大利面太长不方便卷,可以先用餐刀把意大利面切断再用餐叉进食。注意不要把酱汁滴落在餐桌上或衣服上,不可吸食发出声音。

③吃米饭、玉米、青豆等小粒食物,用餐刀将其聚集在餐叉的凹陷处,舀着食用。

④食用带头、尾及骨头的全鱼时,可以先把头、尾、鳍切除,将切下的头、尾、鳍放在盘子一边,再吃鱼肉。吃完鱼的上一层,千万不要将鱼翻身,应用刀叉剥除鱼骨再吃下层的鱼肉。

⑤吃苹果、梨等体型较大的水果,不要直接用嘴咬,先用餐刀(或水果刀)切开,然后用餐叉(或水果叉)将切成块的水果送入口中。

参加西餐宴会,吃在其次,社交才是宴会的主题,所以有些礼仪要特别注意。衣着讲究,根据宴会的档次和规模来选择相应的衣着,绝不能随心所欲地乱穿,应高雅整洁。举止高雅,坐姿端庄,进食无声,吃相讲究。入座规范,从左侧进入,尽可能文雅端坐。尊重女性,女主人在第一主位,用餐照顾女性,概不用女侍者。友好交际,宾主之间、宾客之间气氛友好的交谈也是餐桌上的一道"大菜"。

5. 中餐和西餐的差异

由于地域特征、气候环境、风俗习惯等因素的影响,各地在食材选用、烹饪方法、口味和营养、饮食习惯、用餐礼仪上有不同程度的差异,从而造就了中餐、西餐的差异。

(1) 美食风格。

中餐注重色、香、味、形、器的协调,讲究菜品的色彩搭配和造型,追求视觉效果。西餐的色彩虽然单调,但造型精致,富有艺术感,注重浪漫氛围。

(2) 食材调料。

中餐食材广泛,天上飞的、地上走的、水里游的、土里长的,只要是允许吃的,都可以用作食材。西餐食材受限,有很多忌讳。中餐通常以大米、面、豆类、蔬菜、猪肉、鸡肉、鸭肉、鱼、豆腐等作食材,西餐多以面包、牛肉、羊肉、鸡肉、鱼、海鲜、奶制品作食材。中餐调料是酱油、醋、豆瓣酱、花椒、葱、姜、蒜、动植物油等,西餐调料为橄榄油、黄油、芝士、番茄酱、奶油和各种香草。

(3) 厨师不同。

中餐厨师看重刀工,会切非常细的丝、块、片。西餐厨师注重用不同种类的刀具制作不同的食材,做成块和卷。

(4) 烹饪技巧。

中餐常用炒、炸、煮、蒸、炖、烤等做成美食,西餐常用烤、煎、炸、煮等简洁方式烹饪。

(5) 用餐不同。

吃中餐人们习惯使用筷子、碗、汤匙等餐具,吃西餐则注重用刀、叉、勺等餐具。中餐的菜是一道一道地上,西餐则按照特定的顺序上。中餐是共餐式,强调热闹、和谐。西餐是分餐式,追求的是个性、氛围。中餐的餐桌大多是圆的,西餐餐桌都是方的。中餐饭后有水果或者茶,西餐饭后就是甜点。中餐的主食是米和面,西餐没有明确的主食,有时是面包,有时是面。

第三节 饮品礼仪

中华民族是个注重吃和喝的民族,吃什么、怎么吃,关于吃的礼仪我们了解不少,那么喝的礼仪呢,我们必定也想了解一些,以下从酒、茶、咖啡三个方面分别来做介绍。

一、茶礼仪

喝茶是大多数中国人的习惯,以茶待客已成为中华民族热情好客的礼俗。饮茶作为人际往来中出现频率比较高的活动,其中的礼仪不能含糊。

1. 茶的概述

中国是茶文化的发祥地、茶的故乡。中国的茶文化源远流长,陆羽的《茶经》中有记载:"茶之为饮,发乎神农氏,闻于鲁周公。"神农氏尝遍百草,偶然发现茶叶可以生津止渴、提神醒脑、解毒,于是将其推广为一种药用饮料。随后茶的栽培在全国逐渐普及,茶作为饮品在民间流行,在对外贸易的过程中,茶作为奢侈品流传到世界各地。日本的"茶道"、英国的"下午茶"都直接或间接与我国茶叶有千丝万缕的联系。

我国茶的历史悠久,茶的名目种类较多,根据不同的制作工艺,可将茶分为六大类:绿茶、红茶、白茶、乌龙茶、黄茶、黑茶。

(1)绿茶。

绿茶是中国第一大茶,属于不发酵茶叶,绿茶的特点是形美、色香、味醇,即叶片嫩绿,香气清幽,口感鲜爽,具有防衰老、杀菌消炎的功效。代表品种有西湖龙井、洞庭碧螺春、信阳毛尖、黄山毛峰等。

(2)红茶。

红茶属于全发酵茶,红茶的特点是叶红汤红、香高色艳、香甜味醇。红茶对应的英译为"black tea",是一种养胃茶,其茶多酚含量较少,对胃的刺激小,适合体寒人群饮用。尽管世界各地有很多红茶,但中国才是红茶的鼻祖。代表品种有滇红、祁红、小种红茶、红碎茶等。

(3)白茶。

白茶属于微发酵茶,满披白毫,是我国茶类中比较珍贵的品种。白茶的特点是新茶寒凉、茶汤黄绿;老茶性温、茶汤橙黄。白茶具有防癌抗癌、防暑、解毒、消炎等功效。代表品种有白毫银针、福鼎白茶、白牡丹茶等。

(4)乌龙茶。

乌龙茶又名青茶,属于半发酵茶,制作工艺最为复杂。乌龙茶的特点是青绿金黄、清香醇厚,既有红茶的醇,也有绿茶的香,被称作"茶中明珠",具有解热防暑、温胃清肺、消食等功效。代表品种有安溪铁观音、武夷岩茶、冻顶乌龙、大红袍等。

(5)黄茶。

黄茶属于轻发酵茶,是制作青绿茶过程中因干燥不足、不及时,叶色变黄而成。黄茶的特点是叶黄汤黄、甘香醇爽,具有提神解乏、消食化滞等功效。代表品种有平阳黄汤、君山银针、蒙顶黄芽、霍山黄芽等。

（6）黑茶。

黑茶属于后发酵茶，所谓后发酵就是茶叶杀青后发酵。黑茶的发酵与青茶、白茶、红茶的发酵有区别。黑茶的特点是叶片粗老呈暗褐色、香气沉稳、口感醇厚、性质温和、易于保存，具有减肥降脂、去油去腻等功效。代表品种有安化黑茶、云南普洱、四川边茶等。

除了以上六类茶之外，还有一些再加工茶，如花茶、药茶等。

2. 中国饮茶礼规

"客来敬茶"是我国传统的待客民俗，掌握一定的奉茶之道、饮茶礼仪是很有必要的。

（1）泡茶。

茶具应该是干净的，杯子里没有茶垢、杂质、指纹等附着。尽量事前用流水冲洗，在倒茶时再用热水冲洗一遍。倒茶人最好没涂指甲油，没洒香水，身上不带任何明显的气味，否则会让人觉得不卫生，也会与天然的茶香格格不入。酒文化中遵循"客随主便"，而茶文化强调"主随客便"，所以泡茶前一定要征求客人的意见"喝什么茶"，并提供几种可能的选择。不同的茶适合不同的人，不同的人有不同的喜好。不要用手直接抓取茶叶放入杯中，而应使用竹制或木制的茶匙取。

（2）奉茶。

俗话说"七分茶，三分情"，奉茶的时候，注意茶杯不能倒太满，以七分满为最佳。民间还有"酒满敬人，茶满欺人"的说法，茶是热的，斟满了容易烫到客人，甚至泼洒出来，有失礼仪。当然倒太浅也不合适，只遮过杯底就端给客人，会显得没有诚意。主人倒茶时，右手提壶柄，高冲低斟反复三次，意为鞠躬三次来欢迎客人，被称作"凤凰三点头"。倒完茶后，茶壶嘴不可对着客人，否则有驱赶客人之嫌。应自左到右顺时针倒茶，这样倒退着为宾客奉茶，壶口才不会冲向客人。

接待客人时，谁来奉茶也是有讲究的：在家里，通常由晚辈为客人奉茶。如果是重要的客人，往往由女主人或男主人亲自奉茶。在单位，一般是秘书上茶，重要客人，则由领导亲自奉茶。奉茶也要遵循长幼、尊卑有序的礼节，尽量事先安排长辈、尊者坐在泡茶人的左方。讲究先宾客后主人的原则，先给客人敬茶，然后给自家人敬茶，最后才是自己。

在喝茶的时候，中间有新的客人到来，应换上新的茶叶，以示对新客人的欢迎，否则会被认为"怠慢客人""待之不恭"，换了茶叶后，应先斟茶给新客人饮用。主人为客人斟茶、续水，意为："慢慢喝，慢慢叙。"但在中国以茶待客有"上茶不过三杯"之说。第一杯是敬客茶，第二杯为续水茶，第三杯则称送客茶，如果频繁续水，好似提醒客人"应该打道回府了"，有逐客之嫌。

(3) 饮茶。

茶是一种高雅的饮品,主人在以茶待客时以礼待人,那么作为客人在饮茶之时也应表示出谦恭与敬意。客人接受主人斟茶,应在座位上略欠身,并说"谢谢",也可行叩指礼表示感谢,叩指代表叩头。喝茶是长辈的,用食指在桌上轻叩两下表示感谢;平辈用食、中指在桌面轻叩两次表示感谢;晚辈则用五指并拢成空心拳,拳心向下叩击桌面,寓意为五体投地叩拜。

一般为解渴而喝茶不需要太多的礼节,但在正式场合品茶就要注意相应的礼仪。我们不妨回顾一下《红楼梦》中妙玉的品茶论:"一杯为品,二杯便是解渴的蠢物,三杯便是饮牛饮骡了。"饮茶的雅俗一语中的。当主人双手奉上茶时,客人则应当小口啜饮,不要大口吞咽,作"牛饮"状,否则有失礼仪与体面。喝茶的时候如果皱眉,被主人看到了会误以为茶不好,有些嫌弃,所以要尽量避免皱眉等表情。

茶可敬客,也可逐客,还会欺客,把握不当极有可能影响交际,所以饮茶的礼仪规则有必要知道一些。

趣味典故:"请坐,奉茶"

有一天,祝枝山去拜访唐伯虎,刚一进门,唐伯虎就迎上前来说:"祝兄来得正巧,我刚做了一则灯谜,你若猜对了,才能接待你。"祝枝山笑着说:"猜谜是我的拿手戏,你有什么好谜,领教。"唐伯虎说:"那你就听着:言说青山青又青,二人土上说原因,三人牵牛缺只角,草木之中有一人。每一句猜一字,四字是两句话。"祝枝山听完,推开唐伯虎走进堂中,在太师椅上一坐,然后说:"唐老弟,先送杯茶来如何?"唐伯虎一听,知道他已猜中了,就恭恭敬敬地捧上一杯香茶,笑说:"祝兄猜谜高手,果然名不虚传!"原来谜底的四个字就是"请坐,奉茶"。

二、咖啡礼仪

无论是在家里、办公室还是其他社交场所,我们都可发现咖啡的影子。咖啡和茶一样,逐步渗透到生活、工作、学习和社交中。我们应当学习一些咖啡礼仪,以便我们更优雅地喝咖啡。

1. 咖啡的概述

咖啡是用经过烘焙的咖啡豆制作出来的芳香植物饮料,茶、咖啡、可可被称为世界"三大饮料",深受人们喜爱。咖啡最早作为食物起源自埃塞俄比亚,而后成为冲泡饮料风靡全世界。咖啡是茜草科咖啡属多年生灌木或小乔木咖啡树的果核经烘焙和研磨后而制成的饮料,通常为热饮,目前市面上也可见一些冰咖啡。咖啡树主要栽种在南北回归线之间的热带、亚热带地区,咖啡主要生产国为非洲、亚洲、南美洲的一些发展中国家,如也门、埃塞俄比亚、肯尼亚、坦桑尼亚、墨西哥、危地马拉、哥斯达黎加、哥伦比亚、秘鲁、巴西、古巴、牙买加、越南、印度尼西亚等

60多个国家,我国的云南、台湾等地也有少量种植。咖啡豆的口味特点主要取决于咖啡树的种类,咖啡豆的三大原生种分别为阿拉比卡种(Arabica)、罗布斯塔种(Robusta)、利比里亚种(Liberica),分别是小粒种、中粒种、大粒种。阿拉比卡种产量居于首位,是精品咖啡的主力,占世界咖啡总量的70%～80%(有改良品种),罗布斯塔种占20%～30%,利比里亚种仅占5%。阿拉比卡种具丰富的香味和高级的酸味,不容易有苦涩味,风味优雅,是原生种中唯一能够直接饮用的咖啡,咖啡因含量适中。罗布斯塔种有独特的香味与强烈苦味,风味粗糙,不可单独饮用,一般被用于速溶、罐装、液体咖啡等工业生产咖啡中,咖啡因含量远高于阿拉比卡种。利比里亚种香气不佳,苦味强烈,咖啡因含量最低。咖啡可以分为纯咖啡和混合咖啡。纯咖啡是指使用单一品种的咖啡豆制作的咖啡,多以出产地命名,如蓝山咖啡、曼特宁咖啡、哥伦比亚咖啡、巴西咖啡等。混合咖啡是将不同品种、产地的咖啡豆按照一定比例混合而调制出的风味独特的咖啡。拼配咖啡的关键在于利用不同咖啡豆的特性,通过混合来平衡酸、苦、香、甘、醇,令不同咖啡豆互相取长补短。

2. 常见咖啡的种类

意式浓缩咖啡(Espresso)是最经典的咖啡之一,它以其浓郁的口感和浓烈的咖啡香气而闻名,咖啡因含量较高。

拿铁(Latte)是一种以牛奶为主要成分的咖啡,由浓缩咖啡和蒸汽牛奶混合而成。它具有浓郁的咖啡味道和丝滑的牛奶口感。

卡布奇诺(Cappuccino)是一种由浓缩咖啡、蒸汽牛奶和奶泡组成的咖啡饮品,奶泡多,味道甜。

美式咖啡(Americano)是一种由浓缩咖啡和热水混合而成的咖啡饮品,口感均衡。

手冲咖啡(Pour Over)是一种传统的制作咖啡的方法,通过手工将热水慢慢倒在咖啡粉上,使其慢慢浸泡和过滤。

冰咖啡(Iced Coffee)是一种在咖啡中加入冰块或冷水制成的咖啡饮品。

摩卡咖啡(Mocha),在浓缩咖啡中加入巧克力糖浆和牛奶,口感甜美。

焦糖玛奇朵(Caramel Macchiato),在香浓的热牛奶中加入浓缩咖啡、香草,最后淋上纯正焦糖。

白咖啡(Flat White)是一种清淡柔和的咖啡,比普通咖啡更纯正,甘醇芳香。

3. 喝咖啡的时间、地点和礼仪

(1) 喝咖啡的时间、地点。

喝咖啡最常见的地点主要有客厅、餐厅、书房、花园、咖啡厅等。喝咖啡的最佳时间是上午,注意睡前不能饮用,否则影响睡眠。空腹最好不喝咖啡,因咖啡会刺激胃黏膜,引起胃部不适。自己喝咖啡,需要时都可以,避开前述时间点就行。

在家中以咖啡待客,不要超过下午4点钟,因为有很多人在这个时间过后不习惯再喝咖啡;在咖啡厅会客,喝咖啡最佳时间是在午后或周末,一般不选择上午;正式的西式宴会,咖啡往往是"压轴戏",是正餐中最后的一道"菜点",通常是在晚上。

(2) 喝咖啡的礼仪。

喝咖啡时关于饮用数量、配料选择、饮用方法三个方面需要注意:咖啡具有提神醒脑的作用,容易使人兴奋,所以一次不能饮用太多,一般社交中饮用数量控制在1~3杯较好;正式场合,喝咖啡只是一种休闲或交际的陪衬、手段,所以最多不要超过三杯咖啡,入口要少,品尝啜饮;一饮而尽,或大口吞咽等粗鲁行为容易让人发笑,是失礼的。原汁咖啡口感略苦,可根据需要,自己动手往咖啡里加些牛奶、方糖、砂糖等配料,以改善口感。请客人喝咖啡时要注意,对是否加糖和奶有所讲究,主人不必代劳,最好让客人自便。

加糖时,不宜直接用手,可用咖啡匙舀起砂糖放入杯内,或者用糖夹将方糖夹进咖啡碟,再用咖啡匙把方糖加进杯里,以防咖啡溅出。加牛奶时,不要倒得满桌都是。咖啡匙是专门用来搅咖啡的,用后要放在碟子上,不要放在杯子里,用匙舀咖啡一口一口地喝,显得不雅。刚刚煮好的咖啡太热,试图用嘴去吹凉,是很不文雅的,可以用咖啡匙在杯中轻轻搅拌使之冷却或让其自然冷却。喝咖啡时,手中不要同时拿着甜点,左右开弓,大吃猛喝是不可取的,应在吃点心时放下咖啡杯,待吃完后,再继续饮用咖啡。双手握杯或用手托着杯底,甚至俯身就着杯子喝咖啡都是不文明的,最优雅的姿势是用右手食指和拇指捏住杯耳端起,最好手指不要从杯耳穿过去端杯,左手轻轻托着咖啡碟,轻缓地端起杯子,递至嘴边轻啜,避免发出响声。咖啡要趁热喝,就算大热天也应趁热喝,各种咖啡都有其最佳口感的温度。咖啡中的单宁酸在冷却过程中容易起变化,会影响咖啡的口感。咖啡的品尝步骤为闻香、观色、品尝,建议先喝一口白水,这样有利于品出咖啡的醇香。

总之,喝咖啡非常注重细节和仪式感,正是这份满满的仪式感,才使喝咖啡的氛围充满优雅和浪漫。正如他人所言,"如果你厌倦了生活中的仪式感,就是厌倦了生活。"

三、酒礼仪

古今中外,酒在人际交往中扮演着重要的角色,正所谓成也酒,败也酒,无论是朋友小酌还是正式宴请,饮酒都不能坏了规矩,应遵守饮酒礼仪。

1. 酒的概述

酒是比茶更早出现的饮料,中国是酒的故乡、酒文化的发源地。早在远古时代,先人们就发现了野果、谷物经自然界中酵母菌发酵而生成的"酒",随后学会了用谷物进行发酵酿酒。与此同时,欧洲和中东地区也开始用葡萄果实发酵来酿酒。

酒是一种能让人兴奋的饮料,人们在庆祝、纪念和社交的重要场合都热衷于饮酒。商朝时饮酒风气很盛,传说纣王整天沉湎于美酒和美色之中,商代因此留下"酒色文化"的烙印。周朝开始以饮酒来进行祭祀,并形成了"酒祭文化""酒仪文化"。春秋战国时期酒文化的功能逐渐扩大,人们开始将饮酒用于娱乐和社交,之后还向节日庆祝、以悲为怀、借酒抒怀等方向发展,酒文化一步一步渗透到人们日常生活的方方面面。酿酒的技术与工艺越来越先进,酒的种类也增加了许多,现如今,中国有白酒、黄酒、米酒(醪糟)、啤酒、果酒、葡萄酒、药酒,还出现了一批享誉世界的名酒,如茅台、五粮液、剑南春、泸州老窖、古井贡酒、汾酒、竹叶青、董酒、黄鹤楼酒、西凤酒、张裕葡萄酒、长城干红葡萄酒等。

全球酒类众多,常见的酒包括白酒、黄酒、啤酒、白兰地、金酒、伏特加、威士忌、龙舌兰酒、葡萄酒和朗姆酒等,它们各具特色。

(1) 白酒。

白酒是以粮谷为原料蒸馏而成的蒸馏酒,因酒无色透明而称白酒,白酒主要由中国生产,工艺不同,香型不同,在香味、口感上会存在差异,分酱香、清香、浓香、米香、凤香、兼香等几种香型。

(2) 黄酒。

黄酒是以稻米、黍米、黑米、玉米、小麦等为原料酿造而成的发酵酒,是世界上最古老的酒类之一。黄酒是中国特有的酿制酒,因为颜色是黄色,所以得此称谓。黄酒、葡萄酒和啤酒属于世界三大酿造酒。

(3) 啤酒。

啤酒是以小麦芽、大麦芽、水、酒花等为原料酿造而成的发酵酒,啤酒酒精度一般为3%Vol~5%Vol,风味多样,泡沫丰富,在全世界都非常受欢迎。啤酒起源于埃及、伊拉克,二十世纪初传入中国,属外来酒种。啤酒类型包括黑啤、白啤、淡啤,一般黑啤可搭配牛肉、烤肉。

(4) 葡萄酒。

葡萄酒是以新鲜葡萄或100%的葡萄汁,经完全或部分酒精发酵后得到的饮料,其酒精度不低于8.5%Vol。葡萄酒起源于公元前6000年的波斯(伊朗),现在流传于世界许多地方。世界各地因气候、土壤、葡萄品种不同,会赋予各地葡萄酒以独特的风味和特色,如法国的波尔多、意大利的托斯卡纳等各具特色。葡萄酒可分红葡萄酒、白葡萄酒。红葡萄酒是由红葡萄品种带皮(紫黑色皮)发酵酿制而成的,酿出的酒颜色一般为紫红、宝石红、石榴红。白葡萄酒主要是由白葡萄品种(绿色)酿造而成的,酿造出来的酒液颜色一般为柠檬黄或者金黄色。

(5) 白兰地。

白兰地意为"烧制过的酒",是以水果或果汁为原料蒸馏而成的蒸馏酒,它的酒精度在 40％Vol～43％Vol 之间,属于烈性酒。白兰地口感柔和、香味纯正。代表品牌有人头马、轩尼诗、马爹利、拿破仑等。

(6) 金酒。

金酒又称"琴酒"或"杜松子酒",原产于荷兰,后由英国大量生产后闻名于世。金酒是以大麦、玉米为原料制成蒸馏酒,再加入杜松子浸泡而成的。它是鸡尾酒中使用最多的一种酒,有"鸡尾酒心脏"之美誉。

(7) 伏特加。

伏特加是俄罗斯的传统蒸馏酒,以谷物或马铃薯为原料制作而成,属于高酒精度的烈性酒,常被用于调制鸡尾酒。

(8) 威士忌。

威士忌是以谷物为原料酿制,在橡木桶中陈酿,然后调配成 43％Vol 左右的蒸馏酒,带有橡木桶的天然香气,呈琥珀色,属于烈性酒。威士忌存放越久,价值越高,被英国人称作"生命之水",代表品牌有芝华士、拉加维林、麦卡伦等。

(9) 龙舌兰酒。

龙舌兰酒是墨西哥的传统酒,以龙舌兰为原料蒸馏而成,被誉为墨西哥的灵魂。它的口感是苦、甜、辣味混合在一起,常被当作基酒用来调制各种鸡尾酒。

(10) 朗姆酒。

朗姆酒是以甘蔗糖蜜为原料蒸馏而成的蒸馏酒,它的口感甜润,芬芳馥郁,原产地为古巴,酒精含量为 38％Vol～50％Vol,常见颜色为琥珀色、棕色或无色。很多人是通过《加勒比海盗》而知道这种酒的,这种酒被称为"海盗之酒"。

(11) 鸡尾酒。

鸡尾酒是一种混合饮料,由两种或两种以上的酒或果汁、汽水混合摇晃而成。金酒(Gin)、伏特加(Vodka)、朗姆酒(Rum)、龙舌兰(Tequila)、威士忌(Whisky)和白兰地(Brandy)等烈酒或葡萄酒都可以作鸡尾酒的基酒,是当下年轻人最喜欢的饮料,比较经典的有 Martini、Margarita、Bloody Mary、Manhattan、Mojito、Mint Julep、Pina Colada、Sazerac 等。

(12) 清酒。

清酒分为日本清酒、中国清酒、韩国清酒。日本清酒是借鉴中国黄酒的酿造法而发展起来的日本国酒,是以磨皮大米与天然矿泉水为原料,酿造出酒醪后在浊酒中加入石炭使其清澈而成清酒,酒精度介于 14％Vol～19％Vol 之间。

中国清酒以小米(粟)、酒曲、泉水为原料,低温发酵酿造而成。其色泽清亮透明,芳香宜人,酒精度在 12％Vol～16％Vol 之间,尤其适合女士饮用。

韩国清酒一般可分为"纯米"和"本酿造"两大类,由大米、水和酒曲等配料经过发酵酿制而成,酒精度皆介于 15‰Vol～17‰Vol 之间。韩国清酒的口感相对轻盈柔和,入口干净利落,适合与料理搭配,而韩国烧酒适合与夜市烧烤搭配。

2. 中餐饮酒礼规

(1) 斟酒的礼仪。

在斟酒时,人们常说"满上满上",这个满的度要把握好——中餐白酒以八分为满,这么做一方面碰杯时不会滴滴洒洒污染菜肴,另一方面也提醒饮酒者不可贪杯,即使有十分酒量,喝到八分即可,否则失礼失态。斟酒时要注意所斟之酒最好当面启封,瓶口不要接触酒杯,间隔两厘米为好。斟酒的顺序遵循"从高到低"的原则,一般从第一主宾位开始,再斟主人位,然后按顺时针方向绕餐桌依次斟酒,不要东斟一个西斟一个,以免有厚此薄彼之嫌。如在坐有位高者、长者或远道而来的客人,应该先斟他们。斟酒要站在客人身后右侧,右手拿斟酒瓶,身体不可紧贴客人,但也不要离得太远。当主人为客人斟酒时,客人要起身或俯身,以手扶杯或作欲扶状,以示恭顺,还可行叩指礼以示感谢(即以右手拇指、食指、中指捏在一起,指尖向下,轻叩几下桌面表示对斟酒者的感谢)。

(2) 敬酒的礼仪。

敬酒的顺序也有讲究,一般应以年龄大小、职位高低、宾主身份为先后顺序依次往后敬,具体操作时,可这么进行:简单一点,直接从主宾开始按顺时针方向依次而敬,另外也可从最尊贵的客人敬起,然后按年龄大小或职位高低依次来敬。敬酒的次序:谨记"主人优先"的原则,在餐桌上应由主人率先提出敬酒并致辞,其他人不能喧宾夺主。地位高的、年长的先敬客人,然后才轮到随从及晚辈来敬,一定要主次分明,切不可抢在他们前面。特别提醒:敬酒时要注意可以多人敬一人,决不可一人敬多人,否则有失礼数,除非你是领导或长辈。敬酒的姿势:敬酒时起身站立,用右手拿起酒杯后,再以左手托杯底(托杯底的手靠后,拿杯身的手靠前),面带微笑,目视自己敬酒的对象,嘴里同时说着祝福的话。注意:如果有很多人一起敬酒或者距离较远,仅用右手端杯就行了。有人提议干杯时,要面带微笑,端起酒杯起身站立,并将酒杯举到眼睛高度,如果碰了杯,则应将酒一饮而尽,如果象征性地干杯,喝适量就行,随后,手拿酒杯与提议者眼神接触后方可入座。碰杯时应该让自己的酒杯略低于对方的酒杯,表示对对方的尊敬。当你离对方比较远时,可以用酒杯杯底轻碰桌面这种方式代替。

(3) 喝酒礼仪。

"饮酒以不醉为度。"一般建议最好控制在自己酒量的三分之一。不管是在哪一种场合喝酒,都要有自知之明,不要争强好胜,甚至"一醉方休",喝酒的最高境界是"喝好"而不是"喝倒"。饮酒过多,不仅易伤身体,而且容易失言失态。因为开车、公务或健康等原因而不能饮酒,应说明不能饮酒的原因或委托他人代饮,还可以饮料代酒,总之要依礼拒绝,不可在他人为自己斟酒时又躲又藏。

3. 西餐品酒礼仪

按饮用时间来分,西餐中的酒可分为餐前酒、佐餐酒和餐后酒三大类。

餐前酒是在用餐开始前所喝的酒,是用来开胃的,一般选用没有甜味且酒精度较低的酒。餐前酒一般是雪莉酒、干白葡萄酒。佐餐酒是在用餐过程中饮用的酒,主要是用来搭配菜品。佐餐酒一般都选用葡萄酒。餐后酒顾名思义是用餐结束后所喝的酒,目的是帮助消化,饮用 1/4 杯即可。常见的餐后酒有白兰地、波特酒、利口酒等。

(1)"以酒配菜"。

西餐讲究先点菜,后点酒,酒不可以喧宾夺主,坚持"以酒配菜"。先决定吃什么,再决定配什么酒。佐餐酒的搭配原则是:白肉(鸡、鸭、鹅肉)和海鲜(蚝、贝)等清淡菜品搭配白葡萄酒,红肉(牛、羊、猪肉)和野味等重口味菜品搭配红酒,咸食搭配干型酒、酸味酒,甜食搭配甜味酒,辣食搭配强香型酒,一般汤搭配白葡萄酒,但像番茄汤之类的红汤就配红酒。

(2)斟酒。

倒酒时酒杯要放在桌上固定,右手拿瓶,左手拿餐巾,斜倾酒瓶至杯口,让酒沿着杯壁徐徐流下。红葡萄酒倒酒杯的 1/3,白葡萄酒或香槟倒酒杯的 1/2 或 2/3,这个量既可保证酒与空气的充分接触,又有利于香味的释放,还不至于让酒溢出杯外。倒完酒后,要轻转瓶体,避免酒水滴落。在招待客人时,应按顺时针方向依次为每位客人倒酒,以示尊重和礼貌。

(3)品酒。

正确的拿酒杯姿势是用食指、中指和拇指三个手指握住杯柱,无名指和小指自然弯曲托住杯底。这样既可以避免手掌直接接触杯身,影响葡萄酒的温度和口感,又可以避免杯身的摇晃、倾斜。品酒的流程是,拿起酒杯向逆时针方向轻轻旋转,使酒液与空气充分接触并释放出香气,将鼻子凑近杯口深吸一口气,感受葡萄酒的醇香,然后将酒杯举到与眼睛平齐的位置,观察葡萄酒的色泽和清澈度,最后小啜一口并让酒液在口腔中短暂停留以充分感受其甘醇等口感特点。品酒时切不可大口喝,更不能一饮而尽,否则会被看作是不懂欣赏、品鉴葡萄酒,有失优雅、品位和礼仪风范。

(4)其他礼仪。

我们常常看见西餐桌上有很多大小、类型不同的酒杯,最基本的一定有水杯、白酒杯、红酒杯与香槟杯,所有杯子都会放置于用餐者的右上方。不同的酒用不同的酒杯,一杯多用不符合西餐礼仪。喝葡萄酒时人们都会用敬酒、致辞、碰杯来进行社交,碰杯时最好碰酒杯最宽的地方,动作要轻,避免发生酒杯破损与酒液溅出的窘况。饮酒顺序也有讲究,遵循先白后红、先干后甜、先新后陈的原则,具体是:白葡萄酒比红葡萄酒先上,不甜的葡萄酒比甜的葡萄酒先上,新酿的葡萄酒比陈年的葡萄酒先上。

典故:喝酒为什么要碰杯

关于喝酒为什么要碰杯,有两种说法。

一种说法是:传说古希腊人注意到这样一点,在举杯饮酒时,鼻子能嗅到酒的香味,眼睛能看到酒的颜色,舌头能尝到酒的味道,耳朵却什么也没得到。于是,希腊人决定在喝酒之前,互相碰一下杯,发出"砰砰"的响声传到耳朵里,这样,耳朵就能和其他器官一样,也能享受到喝酒的乐趣。

另一种说法是:古代罗马崇尚武功,经常开展"角力"竞技,竞技前选手们习惯于饮酒,用以相互勉励。由于酒是事前准备的,为了防止别有用心之人暗中在给对方喝的酒中放毒药,于是大家商量出一种防范的好方法,即在角力之前,双方各将自己的酒向对方的酒杯中倾注一些。此后,这种碰杯倾注的习惯便发展成一种喝酒前的礼仪。

课后思考题

1. 关于"满汉全席"的知识,你知道多少?
2. 简述西餐与中餐的不同之处。
3. 饮茶有哪些讲究?

宴请时的席位排列

筷子的正确使用方法

西餐餐具的用法

第六章

综合实用礼仪

社交礼仪是一门实践性、操作性很强的课程,前面的几个章节将各方面的礼仪知识做了阐述,可能大家也觉得学懂了、弄透了,但还不够,关键点在会用。学懂弄透和会用之间还有很长一段距离,稍有不慎,就会造成"失之毫厘,谬之千里"的后果。以下,作者从三个大家即将面对或正在面对的现实,来一一引导实践。

第一节 求职面试礼仪

求职就是凭借自己的知识和技能,寻求为单位、为社会创造价值,获取生活来源的过程,也是追求社会化的过程,是同学们从校园走向社会绕不开的过程。本书这里主要从求职准备和面试两个环节进行介绍。

一、求职准备

"凡事预则立,不预则废",做好求职前的各种准备工作才能在面试中表现得沉稳得体、从容自信,为自己赢得机会。准备工作是求职中必不可少的重要部分,包括如下几个方面。

1. 知己知彼,方能战无不胜

(1) 了解自己。

老子曰:"知人者智,自知者明。"求职者贵在有自知之明,求职前应该做到"知己",能实事求是、客观公正地评价自己。自己的优点、特长、核心竞争力、兴趣能力、理想追求是什么?自己的劣势、短板是什么?这些都要弄清楚,既不妄自尊大,又不妄自菲薄,否则怎么精准定位、推荐自己呢?

(2) 了解自己准备从事的行业。

俗话说:"男怕入错行,女怕嫁错郎。"入错行的代价是致命的。大学生求职前要做行业调查,了解自己所准备求职的那一行业的职业前景,尽量不选择那些产能落后、即将淘汰的行业。当然,不同时代的风口行业会有所不同,要及时了解关注行业动态,敏锐地捕捉到准确信息,选择相对有前景的一些行业。"站在风口上,猪都能飞",有前景的行业能让我们有更大的上升空间。

(3) 了解自己所要应聘的单位。

应从多渠道了解应聘单位的性质、规模概况、声誉、晋升机会、企业文化、用人条件等。了解越多,信息掌握得越全面,对自己就越有利。往届有学长就有过这样的应聘经历:校招时看到是大企业、效益好、工资高,很迅速地签约,高高兴兴地盼到了毕业、就业的那一天。然而,报到后就傻眼了,怎么都没想到会被派去该单位处在深山老林的水电站!一点心理准备都没有,完全想象不到呀。现在很多企业、单位都有国外项目、异地项目,所以应聘前一定要留个心眼打听、了解清楚,去与不去,起码有个知情权、选择权。

2. 准备个人简历

一份出色的简历是进入面试的敲门砖,能吸引招聘官的注意和重视,它是我们自己宣传自己的"广告",所以要特别"用心"。

(1) 简洁精练。简历主打一个"简"字,力求简明扼要,不可长篇大论。它包括姓名、性别、年龄、籍贯、身高、体重、政治面貌、所学专业、课程、成绩、获奖证书、实践经验等多项,但最好不超过两页纸,300字左右,要确保招聘人员能在极短时间内浏览一遍并发现关键信息。否则,让关键信息淹没在"过于拖沓"的长篇大论中就得不偿失了。所谓关键信息就是用人单位最想了解的信息,包括你的能力、优势、特长,你能创造出什么价值、多大的价值等内容。简言之就是你能为该单位创造的价值越大,你就越受欢迎,被录取的可能性就越大。其他基本信息是在基本确定录取你之后,起各方面权衡、参考作用的。

(2) 内容真实、不浮夸。有些人为使简历更好看,往往会在所受教育、工作经历、社会实践、获奖证书等重要信息上做些手脚,进行捏造或故意夸张,这么做会给人留下不讲诚信的印象,务必做到真实。如果文字、标点、联系方式出现错误,则极有可能葬送掉面试机会。

(3) 不要耍小机灵。耍小机灵,面试时抛出"好多岗位都适合我"这样的信息有百害而无一利,因为这样的信息只会让用人单位觉得你什么都会点,什么都不精,意味着你这个人可有可无,录不录用无所谓。

3. 准备一些话题的应对

面试时,面试官会向面试者提出一些问题,求职者应预设一些有可能会被问到的问题,提前思考准备,总结出回答策略和应对技巧,以便做到胸有成竹,不至于临时被问到而慌乱。一些常见的面试话题有:

① 你为什么应聘我们单位?

② 你应聘这个职位有什么优势?

③ 你的缺点是什么?

④ 你对薪资有什么样的期待?

⑤谈谈你对加班的看法。

……

4. 准备面试的个人形象

无论是男生还是女生,都不宜在面试时穿着 T 恤、牛仔服、运动鞋等服装,一定要准备相对正式的职业装,男生宜选择得体的西装,女生可选择及膝的半身裙或套装,并保持服装的整洁与挺括。男生还要至少提前一周理好头发,提前一两天整理好面部,确保面试时发型是"前不覆额,侧不掩耳,后不及领",面部无胡须,鼻外没露出鼻毛。女生的鞋袜妆容都要考虑周全,以大方端庄的标准来做准备,而不是一味追求漂亮时尚。毕竟,面试考察的是一个人的综合素养,而不是比美。

整个准备工作,既是为了求职的成功,也要表现出对求职的重视。

二、面试礼仪

面试是求职过程中的"临门一脚",成败在此一举。面试时求职者在举手投足、待人接物、穿衣打扮、沟通交流等方面所表现出来的礼貌行为和良好素养,是其综合实力的软件部分。如果表现得当,会给招聘官留下好的印象,更容易求职成功。

1. 行为举止礼仪

面试那天,求职者的一举一动、一言一行都被面试官尽收眼底:你是准时到达还是迟到了、是结伴而行还是独自前往、是冒冒失失还是训练有素等一些细节都被面试官印在了脑海里。一般来讲,面试应按约定的时间提前 10 分钟左右到达,不要迟到,这是基本的礼仪。但提前半个小时到达也不合适,会被招聘人员认为没有时间观念。与男女朋友、同学或家人结伴去面试是大忌,会显得你依赖性强,缺乏自信,不能独立开展工作,会成为首轮淘汰的对象。面试时门无论是开着还是关着,都应该敲敲门,得到允许后再进去,切不可冒冒失失,大摇大摆地直接闯入或畏首畏尾地溜进。等候面试时嚼口香糖、抽烟、打电话或与他人说笑都属于不恰当的行为,需要加以注意。

2. 仪容仪表礼仪

顶着一张不加修饰的面孔去面试或者浓妆艳抹都不合适,穿着性感暴露、邋遢随意肯定会留下不好的印象。有研究表明:在与陌生人打交道时,一般人通常会在 7~30 秒将外表不合格的人淘汰掉,所以第一印象至关重要。面试是一个比较重要的、正式的社交场合,着装打扮要符合礼仪规范,力求做到整洁、端庄、正式。干净整洁是必需的:衣服鞋袜干净整洁,没有压痕褶皱;眼、耳、口、鼻、头、手都清洁到位,不留死角;不是必要的妆饰最好不要有,它不会为你的面试加分,稍有不慎却会狠狠地扣分;确保领后没有头皮屑及落发,鼻孔没有异物。端庄大方很重要,过于新颖奇特的打扮会让人怀疑你的专业性。正式正规方可显示出你的训练有素,淡淡的妆容、合体的衣服、利落的外形,给人一种标准职场人士的印象,招聘官有什么理由凭第一印象就淘汰掉你呢!符合礼仪规范的仪表仪容就是对求职面试的重视、对用人单位的尊重,对于自己来说就是自重。

3. 仪态、肢体语言

面试的核心要义就是更全面、更深入地了解求职者。简单说,就是看看你到底是一个什么样的人。简历可以"造假",语言可以"美化",仪容仪表可以修饰,肢体仪态只说"真话"。通过仪态可以看出求职者的自信心、人品、学识、教养、风度,观察肢体动作往往能了解一个人的内心活动、情绪变化。生活中大家都明白一个道理:亲眼所见,眼见为实。招聘官是"阅"人无数的专家,绝对不会放过亲眼所见的、面试者的仪态和肢体语言所流露出来的任何重要信息。所以面试时仪态礼仪应该引起足够重视。曾记得一位招聘官发出过这样的声音:姑娘们,别忙着整容,还是多注意自己的仪态吧!面试前有多少人花大价钱去置装、美容甚至整容,却独独忽视不花一文、只需多加留意的仪态呢?

面试时的正确站姿应是抬头挺胸、从容自信、自然挺拔,给人一种可靠而干练的印象。男生,双腿自然分开,双臂自然下垂,五指并拢垂放到双腿两侧,给人以阳刚之美。女生,可站成丁字步,也可双腿并拢,双脚微分呈 V 形,双手轻握于腹前,给人以贤淑之美。面试时应不卑不亢,谦恭有礼体现在语言谈吐中,而不是体现在弯腰弓背上。正确的坐姿应该是稳重端正的,入座落座都要轻,坚持左进左出的原则,坐满椅子的 2/3,上身微前倾。男生可以采取正襟危坐的坐姿,女生可采用标准坐姿。鞠躬时,首先与对方有短暂的眼神交流,然后上身倾斜 15°,表示致意,抬起上身后再次注视对方的眼睛。敲门的正确姿势是用右手指关节轻叩三下,得到允许后再轻轻地推门进去;进入后,应面带微笑,以眼神向面试官致意,然后礼貌地问候"您好"或"大家好";招聘官先伸手握手时,求职者应伸出右手相握,晃动两三下即可,拒绝或无视面试官的握手都是失礼的行为;求职者所带的个人简历、证件、介绍信或推荐信等应站起身正面朝上双手递给对方,表现出大方、谦逊和尊敬。

肢体动作会精准地表达人们的各种情绪,而这些情绪流露出来时,求职者常常并不自知,导致的结果是面试官对你的一切尽在掌握,而你对招聘官的"态度"却"视而不见"。招聘官身体侧向一边意味着对谈话的内容感兴趣,抚摸下巴意味着在思考或评估,手托下巴意味着在做决定,眉毛上扬意味着惊讶或不相信,眉头紧锁表示不满或思考,轻拍肩背意味着鼓励或恭喜,打哈欠表示厌烦。求职者咬嘴唇意味着紧张或焦虑,挠头意味着困惑,眼神躲闪意味着不自信或心虚,扭绞双手意味着不安,翻白眼表示轻蔑或不满,吐舌头表示幼稚或侥幸,玩衣角意味着紧张或不自信。面试时一定要控制玩衣角、吐舌头、翻白眼、挠头等不雅小动作。

自信大方、仪态端庄，必定会给招聘官留下良好印象。

4. 沟通交谈礼仪

面试中的交谈往往是从自我介绍开始的，良好的自我介绍一般会在极短的时间内展示自己的优势并成功地吸引对方。求职面试节目《非你莫属》中有些人做得就很棒，下面是从中挑选出的例子。

常言道：工欲善其事，必先利其器。面试前的话题准备工作这个时候派上用场了，它能保证你应对自如、成竹在胸。当然交谈的语音、语速、语气都要适中，做到谦逊而不失礼节；内容简洁明了、重点突出、条理清楚。切忌含糊其词、语焉不详。交谈中打断面试官的话或反问面试官都是失礼的行为，不应犯此低级错误。

整个求职面试的宗旨是自尊敬人、善于表达、贵在坦诚，结果一定是志在必得。

案例分享：精彩的面试

三峡大学的一名男生面带笑容地走上《非你莫属》求职节目的现场，评委及主持人定睛一看：啊，没有双臂！大家不禁倒吸了口气。

主持人张绍刚打开了话题："学习生活还好吧？"

男孩回答："还好，习惯了就好，别人用手做的事我用脚都能做。"

主持人又问："有没有女朋友？有信心追到女孩子吗？"

男孩子回答："已经有女朋友了，为什么没信心追呢？"

主持人又问："没有担心过竞争不赢其他健全的男生吗？"

男生回答："没什么需要担心的，我身体上缺的，脑袋里面都补回来了。"

听到男孩的精彩回答，在场的评委全都亮起了灯，如此心态阳光、能言善谈、意志坚定的员工谁不想要呢？貌似，他的缺陷已经没多少人在意了。

第二节　恋爱见家长礼仪

男女恋爱到一定阶段，就会开始准备见家长了，此时不管是到男方家拜访还是到女方家拜访，都要注重礼仪，尽量将自己最好的一面表现出来。

第一，约定时间。无论是见男方家长还是女方家长，都要事先约定好时间，再上门拜访，千万不要贸然上门，否则会显得不够郑重和礼貌，同时也会令对方毫无准备，让双方尴尬。一般来讲，见哪方家长就由哪位约定，预约人一定要注意：只有家长与你的恋爱对象都有很强的见面意愿才能达到见面的目的，任意一方没准备好，都不要勉强。时间一旦确定，就不要变更或者迟到，应准时到达，这是基本的礼仪。通常情况下，男方为表示自己的诚意、尊敬，应先见女方的家长。

第二，带些礼物。初次到对方家拜访，带上礼物是基本的礼数。那究竟买什么礼物才好呢？是吃的、喝的、用的还是贵的？这个问题困扰着很多将要见家长的男女恋人。其实，运用馈赠礼仪的知识来分析这个问题不难。第一次到对方家是比较正式的拜访，不能像平时走亲访友那般随意：①需要选择相对正式得体一点的礼物，虽说不必太昂贵，但也不能随便到路边普通的水果，否则有轻慢之嫌；②送礼物也讲究"入乡随俗"，触犯了对方所在地的禁忌和对方家庭的禁忌都是极其失礼的，关于这一点应事先跟自己的恋人打听清楚，做到有备无患；③在确保能把握好①、②点的基础上再挑选"投其所好"、能传情达意的礼品。选择礼品要三思而行，千万不要以为多花钱就能哄对方家长开心喜欢，也不要受恋人的"我爸妈挺好的，随便买点东西就行"所误导，具体该买什么是考验你情商的时候了。

第三，注意装扮。人靠衣装马靠鞍，第一次见对方家长，一定要注意自己的着装打扮，即使平时有些不修边幅，在这一天最好也装扮一下，毕竟第一印象很重要。对男生来讲，整洁大方、不油腻、无异味且不见头皮屑这些基本礼貌应该有，提前剃须修面并准备稍正式一些的服装（休闲西装就不错）是必需的，人生比较重要的场合切忌邋遢随意，以过于休闲的装扮示人，当然也要避免穿得过于前卫花哨，一副典型的"洗剪吹"造型去见女方父母也不合适，会留下不踏实、欠稳重的印象。对女生来讲卫生方面不用提醒，但在妆容上注意不要浓妆艳抹，淡妆就好，甜美温婉、中规中矩的造型就非常不错；在服饰上短透露是大忌，过于时髦抢眼也不合适，凡是有可能让对方产生"轻浮、招蜂引蝶"等联想的服装都不要选，毕竟长辈们的眼光要保守些，你当天会见的主角是他们。在生活中有女孩就犯过这样的错误：第一次见未来的公婆，想着要打扮漂亮些，于是让男朋友帮忙挑选了性感时尚的连衣裙加显高的高跟鞋，配上迷人的妆容，在男朋友满含笑意、一路欣赏赞美的良好感觉中就去了对方家……回来的路上，女孩急切地问："你爸妈对我印象怎样？"男孩支支吾吾，没有给出女孩所期待的答案，当然男孩也永远不会将那句"轻浮，你就等着戴绿帽子"的评价说出来。女孩错在哪儿？着装不得体，没有注意礼仪规范：在男朋友面前装扮性感是不错的，但见其父母就不合适，很失礼。TPO原则中提到着装要考虑时间、地点、场合以及自己所面对的对象。你第一次见对方家长穿那么性感时尚干吗？也难怪会得来那样的评价。

第四，兼顾举止。站有站相，坐有坐相，这是老祖宗定下的规矩，在哪家都适用。站着时要精神，腰背挺直，不要软塌塌的，"玉树临风、亭亭玉立"谁都喜欢；坐着时尽量不瘫坐在沙发上或者叉开双腿，过分拘谨也不合适，尤其是女生坐着时永远要紧靠双腿，哪怕你在厨房帮对方妈妈打下手的时候也要严格注意这一点，否则会落下一个"这女孩家教不好"的负面评价；坐着没事时看看报纸、电视或在阳台上看看风景都是不错的选择，如果在对方家里还低头沉浸于玩手机，这该有多糟糕，尤其是长辈们与你交谈时，你还一边玩手机一边敷衍老人家，这很不礼貌,与人交谈时与对方要有目光的交流,"无视对方"是失礼的行为;"秀恩爱"并不适合见家长的场合,即使家长们知道你们处于热恋中,也不会希望看到你们当场亲热的场面,所以,举止优雅大方是很重要的;用餐时,筷子的使用禁忌最好别犯,如在盘子里面挑挑拣拣、夹菜时滴滴洒洒,或边吃边聊时将筷子含在嘴巴里都令人反感,尤其要注意按人头分配份额的菜肴只吃属于自己的那一份,再想吃都不要多夹,这对你个人的家教是个考量;如果对方盛情劝酒,在不开车的情况下最多不要超过自己酒量的三分之一,酒后失言失态很难给人好印象。总之,你的一举一动,对方家长都在观察呢,一定要大方得体,显示出你良好的家教来。

其他要注意的一些礼仪:①天下的父母心理都是一样的,希望自己的子女找到真爱,过得幸福,女孩子大大咧咧、女汉子作风十足,男生油嘴滑舌、胡乱吹嘘,这些没分寸感的行为在见家长时还是收敛一点吧。②礼节性地参与一些家务事比"袖手旁观"更容易留下好印象,但注意不要反客为主啦!③饭后逗留半小时左右再离开,尽量不要留下过夜,如果确有必要,千万不要同居,尤其是女生要坚持这一点,严格的家教会让你有足够的自尊。

第三节 宿 舍 礼 仪

宿舍关系是大学中最重要、最难处的人际关系,也是困扰很多同学的人际关系(由于缺乏人际交往经验,同学们往往力不从心,凭感觉应对)。这个问题如果处理不当,轻则影响学习,重则有损身心健康。有的同学已深深体会到这点,绞尽脑汁寻求解决办法,现在我来给你一个答案:遵守宿舍礼仪。

一、讲究规则,把握好度

不得不承认这样一个事实,同处一室、亲密接触的舍友们受不同的成长环境、思想观念、家庭教育、经济状况、生活习惯、思维模式、兴趣爱好、性格特征等因素的影响,在待人接物、举手投足上的标准和分寸自然不同,甚至有时还会出现是非不分的情况,这个时候为了相互尊重,减少摩擦,在举手投足、待人接物等方面宿舍制定一个共同认可的规则显得尤为重要:比如针对不许异性较长时间在宿舍逗留、不在宿舍用大功率电器、公共卫生轮流值日、早起晚归莫妨碍他人等问题事先来个"君子约定",后面就少了很多麻烦。曾经就有女生吐槽:天很冷,室友们在宿舍煮电火锅,我不喜欢满身、满床、满宿舍都是那种火锅味,所以表示了不满,结果他们都觉得我不近人情,集体孤立我……很显然这是一个没有规则意识、是非不分的宿舍,不尊重他人,不爱惜自己,后面会出现什么状况就很难预料了:没有规矩,不成方圆啊。另外,集体宿舍不要忽视了"集体"二字。在集体生活中要有利他意识,不可凡事以"自我为中心",有人行为举止出现了偏差,还理直气壮地说"我在家一直就这样""我爸妈就这样教我的":公共卫生不管,公共空间强占,完全没有公德意识,蛮横无理,谁会欢迎呢?

二、相处时要有空间意识或界域意识

研究表明,人体周围都有属于自己的个人空间,犹如身体的延伸,人际交往只有在这个空间允许的限度内才会显得自然,一旦冲破这个限度,就会使交往双方或某一方感到不自在或不安全而做出本能的反应。人与人之间这个看得见或看不见但实际存在的界限,就是个人领域的意识。

根据社会学家霍尔博士的观点,人际交往的空间距离可分为亲密距离(45 cm以内)、私人距离(45~120 cm)、社交距离(120~360 cm)、公众距离(大于360 cm)四种。你与对方是什么关系,就保持什么样的距离,越界是失礼的、令人反感的,"侵犯他人的领域"是极不礼貌的。宿舍关系充其量只能算是"亲密的外人",所以切不可完全不把自己当外人,没有分寸感,随意进入他人的领域,如床铺、书桌、书架,或者侵占挤压属于他人的空间和公共空间,这都是失礼的。主人不在时私自动用其领域内的物品,如抽屉、书包、生活用品,都是不尊重别人的表现。下面再来说看不见的界域,也是最容易被冒犯而产生矛盾的部分:皮肤感受到的部分,冷了、热了关不关门窗的问题;视线受干扰的部分,如别人睡觉,你开灯或拉开窗帘,不注意个人整洁乱丢衣服鞋袜;鼻子闻到的部分,有没有注意个人卫生,鞋袜衣物有没有发出异味导致宿舍空气不佳,有没有煮火锅、抽烟等;耳朵听到的部分,有没有在别人休息、学习时动作太大或打游戏、聊天。凡是能让多方感知到的部分,我们都要注意相应的界域礼貌。接下来,我们来听听苏文茂的相声《扔靴子》。一老人喜清静,自己住在一楼,将二楼的房间租出去,房钱给不给无所谓,但房客一定要安静,不能吵着他。一个小伙子租了二楼的房子,他喜欢穿靴子。小伙子晚上12点钟回到家里,咣当一声,紧接着又咣当一声,两只靴子被他习惯性地扔在地上。住在一楼的老人被吓醒,直喊心脏吃不消。一星期都这样,老人不干了,找小伙子谈:"不能再扔靴子了,否则不租。"小伙子也答应了。又一天晚上,小伙子晚上12点钟回来,咣当扔了一只靴子,突然想起老人的话,轻轻地放下了第二只靴子。哪知,次日天未亮,老人气呼呼地跑上楼:"我等你扔第二只靴子,等了一宿没睡觉!"听过这个相声,我们是否该反思并注意约束自己,不再污染舍友的界域呢?

三、交谈注意事项

同处一室少则半年多则一年,没有交流交谈是不可能的,不妨先来看看这样几句总结有没有道理:"静坐常思己过,闲谈莫论人非",多反思自己,少指责议论别人;"良言一句三冬暖,恶语伤人六月寒",多说好听的话、让人听起来舒服的话,不要动不动就恶言相向,引发冲突不快;"一句话使人笑,一句话使人跳",琢磨掌握一些说话的技巧,对自己的人际关系是有利的。总之,舍友之间交谈要注意讲究方式方法,措辞用语要委婉;要注意态度,多发现别人的长处,多欣赏赞美别人,少挑刺;尤其是卧谈时不要聊一些是非性的话题,也要注意不开过分的玩笑或者打探他人的隐私,那都是失礼的行为。对待是非性话题,一定要懂得"兼听则明,偏信则暗"的道理。

以上从三个方面介绍了宿舍礼仪,当然还有一些其他没有提及的地方也需要留意。关注宿舍礼仪,重视舍友关系,毕竟"宿舍矛盾没有赢家"。

案例解析:宿舍矛盾没有赢家

宿舍是大学生活的重要组成部分,稍不留神就会出现各种各样的矛盾,轻则产生心理问题,影响学习,重则引发恶性事件。宿舍矛盾一旦产生,对双方来说都是输。要想减少宿舍矛盾,不妨首先弄清宿舍矛盾产生的原因:①对宿舍卫生不太在意,导致垃圾堆积、衣物杂乱等问题,给宿舍环境带来影响;②作息时间不统一,妨碍他人学习和休息;③使用电器妨碍他人;④动用他人物品而引发积怨;⑤言语不当冒犯他人。综观上述几个矛盾产生的原因,我们不难发现,其实都涉及礼仪方面的问题。自尊敬人、人际交往的分寸和度、交谈的礼仪、公共礼仪、礼貌礼节等几方面兼顾到了,矛盾自然就少了,否则,积怨太深,任何事情都有可能发生。

课后思考题

1. 面试成功的秘诀有哪些?
2. 如何理解"宿舍矛盾没有赢家"?

第七章

中国节日庆典礼俗

中国是个礼仪之邦,有重礼仪、程序、风俗、规矩的传统,了解节庆方面的知识,有利于我们更好地生活,做到在节日、庆典的时候不触犯别人的禁忌。

第一节 庆典礼规之婚礼

一、婚庆礼俗

结婚是人生的大事、喜事,婚礼礼俗以"礼数周全、热闹喜庆"来凸显人们对婚姻的重视与虔诚,早在西周时代我国就形成了一套完整的婚庆礼俗。

1. "三书六礼"

传统的婚礼礼俗包括"三书六礼",三书指的是"聘书""礼书""迎书",六礼指的是"纳采""问名""纳吉""纳征""请期""亲迎"。

三书是对婚姻的保障,相当于现代的结婚证。聘书指的是定亲文书,是纳吉的时候用的,下了聘书就代表着男女双方正式缔结婚约。礼书是聘礼的物品清单,是过大礼时的文书,礼书中列明聘礼中的物品名称和数量。迎书是迎娶新娘的文书,迎亲当天新郎接新娘过门,将迎书交于新娘手中,以示新郎对新娘的结婚诚意。

六礼就是缔结婚约具体的事宜。"纳采"又称提亲、问肯,就是男方派媒人向女方提亲,得到应允后即备大约 30 种有吉祥意义的礼物去女方家提亲,是传统三书六礼中的第一礼。(古人讲究明媒正娶,没有媒人就没礼数,哪怕双方两情相悦,也会请媒人上门提亲。)"问名"即男方家请媒人问女方的名字和生辰八字,双方合八字。"纳吉"即选定良辰吉日缔结姻缘,为聘礼中的小聘。"纳征"即男方下聘礼订婚(聘礼贵重程度依据男方的财力决定,一般都为金、银、绢等之类的)。"请期"即确定举行婚礼仪式的日期。"亲迎"又称迎亲、接新娘,是指结婚当日男方亲自去女方家迎接新娘,是"三书六礼"的最后一步。

"三书六礼"是中国传统婚礼过程的总称,程序较多,足够重视,但与现代人的生活节奏不符,因此现代婚礼只传承了"三书六礼"的精髓,程序上大大地化繁为简,又融入了西式婚礼的部分因素。(东西南北各地风俗不同,婚礼亦有区别。)

婚前礼中有一个绕不开的话题——彩礼。"彩礼"习俗来源于西周时确立的"六礼"婚姻制度,它又称财礼、聘礼、聘财,是男方支付给女方的聘金,为古代婚约成立的要件。订婚送彩礼作为一项古老的传统在民间盛行了几千年,直至新中国成立,制定出"禁止买卖婚姻和禁止借婚姻索取财物"的法律条款,由此我们可看出"彩礼"习俗从此不被提倡。但目前,在我国很多地域尤其是农村,"彩礼"之风仍然存在,且有愈演愈烈之势,甚至形成了攀比之风,很多家庭不能承受"彩礼"之重,许多年轻人苦不堪言,在网络上曾引发过多次讨论。2022年1月4日,《中共中央 国务院关于做好二〇二二年全面推进乡村振兴重点工作的意见》中提出:推进农村婚俗改革试点和殡葬习俗改革,开展高价彩礼、大操大办等移风易俗重点领域突出问题专项治理。

2. 结婚仪式与礼俗

结婚是大事,我们不能失去礼数。

(1) 铺床。传统的中式婚礼在婚前一天,需要安排一位好命人为新人安床和铺床(好命人的标准为家庭完整、父母双全、有儿有女、幸福和睦、身心健康),先铺上崭新的被褥、床单,换上新的鸳鸯枕,盖上新的龙凤被,然后将寓意早生贵子的四品,如核桃、莲子、红枣、花生铺在新床上面;将一把五色粮撒到褥下,取意"五谷丰登";枕下放几粒花生,寓意是男孩女孩"花"插着"生"。

(2) 迎亲。婚礼当天由男方大清早带着接亲人员去女方家接亲,去女方家迎亲的人数一定要是奇数,回来的时候一定要是偶数,寓意"佳偶天成"。接新娘是整个婚礼的一大高潮,去女方家迎亲的队伍要绕圈行走,不可走回头路。迎亲的队伍到女方家时女方家往往家门紧闭,堵门是迎亲中的一个传统习俗,在这一点上,迎亲的男方人员一定要多些耐心,拿出足够的诚意来,因为传统习俗认为新娘拖延出门的时间越长,对女方家越有好处,能留住更多的财气。当然女方的亲友团也要把握好分寸,不能过分"刁难",以免破坏了喜庆的气氛、耽误了婚礼的好时辰。新郎切记不可以红脸,诚意礼数到位;新郎见到新娘后先单膝跪地,向新娘求婚,求完婚后还带不走新娘,因为新娘的鞋被亲友团藏了起来,新郎要找到鞋子才能带走新娘;求婚完毕后要向长辈敬茶改口,喊"岳父,岳母"或"爸,妈";经过重重考验,终于可以迎娶新娘了,新娘要由新娘的男性亲戚背出去,姐妹团陪同并且为新娘打红伞、撒五色米,寓意"开枝散叶";到达男方家,新郎自己背新娘回新房,到新房后,新娘喝甜汤,寓意生活"甜甜蜜蜜"。

(3) 拜堂。拜堂是婚礼的高潮阶段,新人登台就位男左女右,一拜天地,二拜高堂,夫妻对拜;用十六颗星秤杆挑盖头,左一挑吉祥富贵,右一挑称心如意,中间一挑挑出金玉满堂,寓意"幸福如意";新人共饮交杯酒;新人敬茶、改口叫爸妈;新郎母亲带领新娘和新郎,共点龙凤喜烛,寓意婆婆将香火传给儿媳。(哭嫁习俗由来:"哭嫁",亦称"哭出嫁""哭嫁囡""哭轿",即新娘出嫁时的哭唱仪式,是传统婚俗中不可或缺的独特仪式,嫁而不哭会被乡邻看作没有家教且沦为笑柄。据古籍记载,战国时期赵国公主嫁到燕国,临别时,公主的母亲赵太后"持其踵为之泣……祝曰:'必勿使返。'"大概哭嫁来源于赵太后,从此"哭嫁"的风俗便流传下来。)

(4)闹洞房。中国自古就有闹洞房的风俗,就是新婚之夜新人在新房接受亲友祝贺、嬉闹的仪节,主要图个喜庆热闹。以前,由于很多新人婚前都不太熟悉甚至不相识,新婚之夜要他们生活在同一空间,心理上可能会感到不自在。闹洞房,无疑可以通过公众游戏让新人消除隔阂,捅破羞怯的"窗户纸"。在许多地方,流行着"新婚三日无大小"的闹房风俗。人们认为洞房是"越闹越发,不闹不发",甚至民间还流传着"人不闹鬼闹"的说法。各地"闹房"的方式、方法各不相同,闹的程度也有文雅和粗俗之分,有时没把握好分寸,闹过了头,会给主宾双方带来尴尬和不快,类似的新闻我们在生活中、网络上时有所见。但因为闹洞房能为婚礼营造热闹气氛,所以婚礼中往往少不了这个项目。

(5)回门。回门即女儿偕同女婿回女方家认门拜亲。回门的时间各地不一,古时是结婚后第三日、第六日或第七、八、九日,也有满月回门省亲的。回门的习俗起于上古,泛称"归宁",是婚事的最后一项仪式,也是必不可少的礼节。按照我国婚俗习惯,一般婚礼举行后的第三天,新娘便要偕同新郎一起回娘家,也称"双回门",取成双成对的吉祥意。旧俗规定回门时新娘应走在前面,返回男方家时新郎应走在前面,因为这次回门是女儿新嫁后第一次回娘家,有的又称"走头趟"。一直以来,人们十分重视归宁这一婚礼习俗,归宁在古时是出嫁的女儿回娘家向父母报平安的意思,那时交通不方便,如果女孩嫁得远,以后可能很少有机会回娘家了,所以古时回门是女儿踏足娘家最后的机会。三朝回门,新人应事先备齐礼品,认真装扮,双双携手早早动身去娘家。回到娘家,新郎、新娘首先要问候老人。注意新郎应改口,跟新娘一样称岳父母为爸、妈。一般,回门时女方家在接待上会比较隆重,办酒席招待好友宾朋。宴饮时新郎坐在首席,由女方家的近亲好友陪席。饭后,不要急于回家,再听听父母的教诲,然后快到晚上再告辞回家,并应邀请岳父母、亲友、邻里到自己家里做客,至此,整个婚礼才算结束。

中国传统的结婚仪式郑重其事,礼俗颇多,虽然各地风俗不同,但是随着时代的进步,移风易俗,精华部分被很好地传承下来并演变成现代人认可接受的方式,有些环节则被省略了。

趣味知识

古人将婚礼时间选在黄昏时刻,他们认为黄昏是吉时,晨迎昏行,"婚"字,拆开为"女""昏",其中"昏"即黄昏时刻。据《白虎通义》记载:"婚者,谓黄昏时行礼,故曰婚。"从晚上七点到九点,太阳下山、月亮升起的时间段为新郎迎娶新娘的吉时。白昼成婚在当时是不合礼俗的。常言道:"日出而作,日落而息。"古人将节奏把握得很好,黄昏拜完堂,接着入洞房、闹洞房,毫不拖泥带水。另据考证,黄昏时结婚的习俗与远古时期的抢婚有关,因为抢婚大多在入夜时进行,结婚的时间当然只能定在晚上,从此晚上结婚便成为一些地方的习俗。到了明清时期,由于地方治安情况不同,也有白天结婚的。明清时期法律明确规定,一更三点敲响暮鼓,禁止出行。一更三点,就是现在的晚上8点12分,若婚礼继续在黄昏举行,前来贺喜的宾客、闹洞房的人可能无法回家,因此婚礼时间只能提前到白天。有些地方还流行头婚在中午12点前,二婚在中午12点后举行。由于城乡差别,受风俗、地理等因素的制约,我国仍流行白天或晚上结婚的习俗。

二、婚俗禁忌

自古流传下来的婚俗禁忌不少,现如今很多人不在乎,但有些人很在意,所以我们有必要了解一点,参加别人的婚礼时尽量不去触犯这些禁忌。

(1) 婚礼前忌坐新床。婚礼当天,任何人不能坐在新人的床上,新娘更不能躺下。据说如果有人触犯了这条禁忌,日后新娘一年到头就会病倒在床上。

(2) 新娘进门忌踩门槛。古礼中新娘到夫家要坐花轿、过火盆、跨门槛,过火盆寓意让夫家"越来越旺";门槛代表门面,新娘进门时要跨过门槛,不能踩着门槛过去。

(3) 回门忌在娘家过夜。三朝回门当天,新婚夫妇必须在快到晚上时离开娘家,绝不可留在娘家过夜,必须当日返回男方家,因为旧时有新婚一个月内不空房的风俗。

(4) 婚礼忌说"再见"。婚礼结束离开时,新人与亲友都不可以说"再见",说"再见"寓意非常不好,容易让人产生会再婚的联想。新人送宾客时,仅以点头示意,或者挥手送别即可。

(5) 三月、六月和十一月忌结婚。古人认为这三个月份不吉利,"三"代表"散",不吉利,"六"是十二的一半,寓意不好,有"半路夫妻"之嫌,而"十一"跟"光棍"联系在一起,感觉不圆满。所以,这三个月份一般很少有人结婚。

三、新郎新娘应注意的礼仪

婚礼这一天,新郎、新娘的妆容、服饰一般都是由专业人员打理好的,不会出现仪表方面的问题,新人在整个婚庆流程中的仪态问题是我们需要强调的重点。

(1) 无论是在家里还是在酒店举行婚宴,客人开始来参加婚礼前半小时,新郎新娘就要双双立于门外,对客人的到来表示欢迎,一直到最后一位客人入席。在整个迎宾过程中,新人都要注意自己的站姿,挺胸立腰,面带微笑,即便是看到不认识的人,也要以微笑面对,适当地寒暄几句。接收来宾礼金的时候一定要注意礼节,一般由新娘双手接收。

(2) 从新人开始入场起,双方就要互相顾念对方,配合默契,步调一致。走红地毯时,新郎站在左边,新娘站在右边并挽着新郎。走上舞台,转身面对来宾时,新郎应该站在右手方位,而新娘应该站在左手方位。交换戒指时,将左手手指伸到对方腰部的高度即可,千万不要伸到对方眼前,否则,会让人感觉很失态。

(3) 在答谢鞠躬的时候背一定要挺直,腰部以上部位往前倾大约15°,注意鞠躬的时候不要抬眼看人,否则会有不礼貌之嫌;在奉茶环节,礼仪要谦恭到位,不可敷衍了事;婚礼上的接吻仪式是神圣的,要掌握好尺度,不要表现得太扭捏。

(4) 婚礼仪式结束后,酒宴正式开始,待到上鱼的时候,新娘要换上传统的龙凤褂跟新郎一起向每桌客人敬酒,接受客人的祝福。(中式婚礼上,经常有龙和凤凰的图案出现,在中国,龙和凤凰都是吉祥的象征,代表高贵、祥瑞、美满。《诗经·文王之什》中有龙氏族王季娶凤氏族挚仲氏的记载,认为这是龙凤呈祥,"天作之合"。)在与宾客敬酒寒暄的过程中,要注意时间的分配和节奏的掌握,应对每桌的客人都表现出应有的礼貌,点到为止,既不要敷衍地匆匆而过,也不要做过多的停留。否则,等你敬到最后一桌时,已有不少客人酒足饭饱离席了,有失礼仪。

(5) 婚宴结束,客人离去时,新郎新娘要双双站在门前,一一向客人道谢,并说"谢谢光临""请慢走"等。

四、参加婚礼要注意的礼仪

(1) 不论是中式的喜宴,还是西式的婚礼,得体的着装都能传达出来宾对新人的重视,出席什么场合穿什么衣服,这是基本的礼仪。结婚是件喜事,最好不要穿着黑色衣服参加婚礼,以免让新人感觉晦气;年轻的女性建议不着白色、大红色的连衣裙,否则会让人分不清谁是新娘;男士穿着不能太随意,但也要注意不能正式得和新郎撞衫;作为婚礼上的重量级人物,新人的父母着装力求端庄大方,尤其是新人的母亲,着装要鲜亮喜气,最好选择红色、紫色、橘色服装,但要注意避开大红色和大图案的服装,以免抢新娘的风头,喧宾夺主。所有参加婚礼的人都要明白一个道理:婚礼的当天新郎新娘是主角,这一天是属于新郎新娘的,其他人应做好绿叶,勿与红花争宠。

(2) 参加婚宴的礼金用红包包好,数目最好是双数,但忌讳4。

(3) 入席时要按照主人的引导就座,不能随便坐新人桌或者是父母桌。宴席开始以后对取菜、吃食要讲究礼貌,饮酒要适量。

(4) 宾客出席喜筵要提前半小时到达,千万不要迟到;若须提前离席,最好等来宾都致辞后再走,不必特地去跟新人打招呼,千万不能邀别人一起走。

(5) 被邀请上台发言的嘉宾要量力而行,不要过于拘谨,行为举止最忌喧宾夺主。

（6）无论是在婚礼的哪个环节,切记:玩归玩,闹归闹,不要过度开玩笑。一旦开玩笑过度,就会造成尴尬,甚至反目成仇,更甚者会触犯法律。

了解一些与婚礼相关的礼俗,以后在参加别人的婚礼时才会知道:有所为,有所不为。

第二节 庆典礼规之寿诞礼俗

寿诞俗称"过生日"。我国自古十分重视庆祝寿诞,尤其是对人生经历中的婴幼儿阶段和老年阶段的寿诞更为珍重,有"庆寿诞,重两头"的习俗。《尚书》载,"五福:一曰寿,二曰富,三曰康宁,四曰攸好德,五曰考终命。"其中,寿在五福之首,足见古人对"寿"的重视。蟠桃盛会、八仙庆寿等神话传说,彭祖、寿星等经典的年画、窗花形象,无不体现着古人对长寿的向往以及对生命的尊重,人们通过庆祝寿诞来寄托希望老人长寿的愿望,由此便产生了祝寿礼俗。上至天子,下至庶人,无一不重视自己的生日,唐玄宗曾将自己的生日定制为"千秋节",宋朝皇帝改名称作"长春节、寿圣节",元朝叫"天寿节",明清叫作"万寿节"。皇帝的生日极为隆重,唐宋时期皇帝生日会给官员们放假三天,清朝时期,皇帝的生日都写入律法中,不按规矩来就属违法,不允许屠宰家禽牲畜。

《周礼》《礼记》没有提生日礼仪,说明从先秦到汉朝古人们没有庆祝生日的习俗,古人将生日视为母亲的受难日,怎能大张旗鼓去庆祝呢?魏晋南北朝时期开始出现关于过生日的记载:南北朝时期,江南地区出现了"试儿"习俗,《颜氏家训》曾载"江南风俗,儿生一期,为制新衣,盥浴装饰,男则用弓矢纸笔,女则刀尺针缕,并加饮食之物,及珍宝服玩,置之儿前,观其发意所取,以验贪廉愚智,名之为试儿。亲表聚集,致宴享焉……"如今许多地方仍流行给小孩过周岁生日时举行"抓周"仪式,便是"试儿"习俗的沿袭。

一、寿礼

南北朝乃至隋唐时期,庆祝佛诞仪式极为盛大,为皇帝庆生理所当然。唐玄宗于开元十七年大举庆生,并将自己生日定为"千秋节",民众上行下效也跟着庆祝生日,庆生礼俗也随之形成,一直延续至今。年龄不同,过生日的仪式也有所差异,小时候庆祝诞生的仪式只是过生日,每年的生日为小庆,即"散生",每十年一次为大庆,称为"整寿"。每间隔十年的生日为人生的重要节点,如三十而立、四十不惑……一般认为年届六十后的生日即为"寿诞"。中、青年生日,一般不大举庆祝,旧时"不三不四"指的是二十、三十、四十这段时期不庆寿,"四"与"死"谐音,40岁做寿也不吉祥。所以寿庆通常是从50岁开始,50岁为"大庆",60岁以上儿女们要给父母做寿。有谚云:"三十、四十无人得知,五十、六十打锣通知。"80岁寿辰多延至下年补办,俗称"补寿""添寿"。自古就有"母在堂,不做寿"的古训,如果父母在世,即使年过半百,也不能做寿,因为"尊亲在不敢言老"。男女寿诞称谓有别:男称椿寿,女称萱寿。"悬弧之辰"指男子生日,"悬诞之辰"指女子生日。

50岁称"半百"。它是百年人生中才开始有资格做寿的年龄。

60岁称"花甲"。因为古时以干支纪年,从甲子开始,六十年为一个周期,称为"甲子"。人逢六十,为本命年,正是人生旅程满一个甲子轮回,此时一般头发花白,因而称之为"花甲",为下寿。

70岁称"古稀"。因杜甫的《曲江二首》中"酒债寻常行处有,人生七十古来稀"而得名。

77岁称"喜寿"。因"喜"字的草书形似"七十七"三字的连写,故得名,可见《三希堂法帖》。

80岁称"高寿",为中寿。

80至90岁称"耄耋"。"猫蝶"谐音"耄耋",民间又称牡丹为富贵花,这三者组合,寓意"富贵耄耋"。

88岁称"米寿"。因"米"字写起来像是"八十八"三字的组合,故得名。

99岁称"白寿"。"百"字少一横即为"白",虚岁99即可祝百岁之寿,一般不贺百岁寿。

100岁称"期颐",为上寿。

108岁称"茶寿"。"茶"字头上是"廿",下面是"八十八",相加正是一百零八。

110岁称"大寿"。

通常整寿庆祝较为隆重,比如60岁、70岁、80岁、90岁、100岁这些整寿都会隆重庆祝。整寿并非真正逢十,而是提前一年,在59岁、69岁、79岁、89岁、99岁等逢"9"做寿。因此民间就有"庆九不庆十"的风俗,"九"谐音"久",取天长地久之意,而"十"为满贯,意为终结,不吉利。还有一种说法是与这个故事有关:话说八仙之一的张果老,倒骑着毛驴来到花果山,一天,路遇一砍柴的后生。张果老仔细一瞧,十分惊讶地对他说:"小伙子,别砍柴了,你寿数将尽,是明天午时三刻,快回去准备吧!"这个砍柴的后生叫王儿,当他得知眼前的老头是神仙张果老时,立马双膝跪地,求大仙救命,并说自己家中还有年迈的老母需要侍奉。张果老被王儿说得心软,又见他是个孝子,就决定帮帮王儿。第二天,张果老邀集众仙及十殿阎罗去花果山水帘洞喝酒。酒至半酣,张果老示意躲在树丛中的王儿出来求情:"诸位,我这桌酒席是摆给天神和阎王爷吃好为我添寿的,现在你们将它吃了,这便如何是好?"众神仙听了,不禁面面相觑。这时张果老故意问道:"你年纪轻轻,求的什么寿?"接着叫阎罗取出生死簿来查看,果然写着王儿只有19岁阳寿,恰好当日午时三刻寿终。众仙大惊。张果老叫阎罗帮忙给改一改,阎罗禁不住众仙的纷纷劝说,又加上吃了人家的求寿酒,只好在十九前面加了个"九"字,于是,王儿活到了99岁。后来,民间就把这个故事逐渐演化成了逢"九"做寿可延年益寿的习俗。

除整寿外,66岁、73岁、77岁、84岁、88岁、99岁也都是比较重要的寿辰。73岁和84岁,俗称人生的一道生死坎,据说是因为孔子活到了73岁,孟子活到了84岁,人们由此认为这两个年龄是老年人难过的门槛,民间甚至有"七十三,八十四,阎王不叫自己去"的说法,有的老人一到这个年龄,心情就比较紧张。"七十三,吃条鲤鱼猛一蹿",在73岁生日这天女儿送条鲤鱼猛一蹿,就可把这个坎迈过去,寓意以后可以健康长寿。"七十七,闺女送只老母鸡。八十八,闺女送只鸭。九十九,闺女送条狗。"至今,每逢老人生日,女儿都有送一只鸭或鸡的习俗,用以"安抚"寿星。六六寿,取"六六大顺"之吉兆,是寿俗中最为隆重的一次,是专为满66岁的老人做寿的寿诞习俗。旧时民间俗语云:"六十六,阎罗大王要吃肉。"意思是:人到66岁那年是一关,阎罗王要吃这个人的肉。父母66岁生日这天,为防止阎罗王吃父母的肉,女儿要将猪腿肉切成66小块,形如豆瓣,俗称"豆瓣肉",66块肉寓意多福多寿,女儿亲自献给老人品尝,可以替父母消灾,使父母多福多寿。此外,还要蒸66个小馒头,请老人吃,别人不得分食,否则称之"夺福"。

庆祝寿辰,一般不能自己给自己庆祝,而应由子女出面举行,为老人做寿,一旦开始,便不得中断。

年岁别称小常识

婴儿:人初生。婴儿是指小于1周岁的初生儿。

襁褓:周岁以下。

孩提:2至3岁。

垂髫:童年。髫:古代指儿童头顶自然下垂的头发。

髫年:女孩7岁。

龆年:男孩8岁。龆:儿童换牙。

黄口:10岁以下。本指雏鸟的嘴,借指儿童,10岁以下儿童皆泛称为"黄口"。

舞勺:男孩13至15岁。

舞象:男孩15至20岁。原本是古武舞名,也就是可以上战场了。

豆蔻:女孩13岁。豆蔻也比喻少女。

及笄:女孩15岁。笄是发簪,及笄就到了可以插簪子的年龄。

弱冠:戴上表示已成人的帽子,以示成年,但体犹未壮,还比较年少,故称"弱"。后泛指男子20岁左右的年纪,不能用于女子。

而立:30岁。指年至30岁,学有成就。

不惑:40岁。意思是遇事能明辨不疑。

知天命:50岁。指不是听天由命,无所作为,而是谋事在人,成事在天,努力作为,但不企求结果。

花甲、耳顺:60岁。六十花甲——60岁在阴历来算,已经是天干地支的一个轮回了,要认老了。六十耳顺——个人的修行成熟,没有不顺耳之事。

古稀:70岁。因诗人杜甫《曲江二首》中的"人生七十古来稀"而得名。

杖朝:80岁。谓80岁可拄杖出入朝廷,后用作80岁的代称。

耄耋:80至90岁。耄耋指年纪很大的人。

鲐背:90岁。鲐背之年是古人90岁的别称。老年人身上生斑如鲐鱼背。

期颐:100岁。期颐的意思是百岁老人起居不能自理,一切需期待别人供养或照顾。人生以百年为期,所以称"百岁"为期颐。

花甲重开:120岁。

一般寿诞的活动都由子女发起,除了要布置寿堂外,还要祭神拜祖,并设寿宴招待亲友……以前非常重视这些礼仪程序,大致包括以下几项。

(1) 送寿帖。民间有谚:"年满五十,自打爆竹自杀鸡;年届花甲,做寿女婿来发起。"传统习俗是女儿、女婿牵头为父母做寿,如确定做寿,一般是在做寿的前三天发送请柬通知亲友,否则就被视为失礼。民谚曰:"三日为请,二日为叫,当天为提来。"亲友接到请柬,便准备寿礼届时前往,俗称"拜寿"。古时常见的贺寿礼包括寿星、寿糕、寿烛、寿面、寿桃、寿联、寿屏、寿文、五瑞图、钱财、衣食、手工艺品、歌舞戏、"寿"字吉祥物,还有将"富贵耄耋图"作为贺礼,图中下方画一株盛开的牡丹,几只飞蝶于花上盘旋,几只猫俯伺于花下,做欲扑蝶之状,以此图来表示对老人长命百岁、福寿安康的祝福。现在寿礼一般要加上一些象征长寿的图案,如龟、松柏等。浙江一带儿女给老人做绸衣、绸裤,用"抽不尽的蚕丝"祝福老人长寿绵绵。据传苏东坡给表弟的生日礼为亲自写的一首贺寿诗。寿礼不在贵重厚薄,重在献礼者对过寿之人美好的祝愿。

(2) 设寿堂。寿堂的布置非常重要,古代寿礼通常在家里办,寿堂设在正屋大堂或家庙中。中堂挂千寿福、百寿图,或一幅手持仙杖的南极仙翁图。如果给女寿星做寿,则要将持仙杖寿星老头像换成"麻姑献寿"或王母像。画像两旁挂寿联,上悬寿幛,寿联题词多为"福如东海,寿比南山"等四言吉语。寿堂地上铺设红地毯,寿堂内摆一张方桌,上面摆放祝寿用的寿桃、寿面及鲜花、水果等,桌中间摆一个大香炉插寿香、一对大红蜡烛,寿堂的两旁摆两把太师椅,供寿星就座。

(3) 行寿仪。寿诞当日要把家族的祖先牌位放置在供桌上,寿星率全家人磕头祭拜。之后寿星老人身穿新衣,朝南坐于寿堂之上,接受亲友、晚辈的祝贺和叩拜,俗称"拜寿",拜寿是祝寿仪式的核心环节。祝寿时晚辈磕的头称为"寿头",有祝福寿星健康长寿的寓意。古代祝寿的行礼仪式主要是:同辈抱拳打躬,晚辈鞠躬,儿孙辈行跪拜礼。

（4）吃寿宴。品寿桃、吃寿面、喝寿酒等是寿宴上必不可少的环节。酒与"久"谐音，因此有长长久久之意，象征寿星长命百岁；面条长，取其绵绵不断的长寿之意，所以吃寿面时，要将寿面拉高抽长，忌讳从中间咬断，儿女们还要把自己碗中的面条拨向老人碗中一些，谓之给老人"添寿"；桃自古便是辟邪之物，辅之以王母蟠桃可延年益寿的传说，更是寿宴所必需。寿宴菜肴一般很丰盛，取多福多寿之兆，特别需要强调的是"猪脚面线"这道菜必不可少，寓意强健长寿；菜肴的总数要取九或九的倍数，以讨吉利。

有的人家家底厚，寿宴之后还会雇戏班子在自己家里搭台唱戏。

拿出寿礼金修桥铺路，或者买一些动物放生，当然老人把这些事情交给子孙们去办理，寿星则躲到一边清静，叫作"避寿"，祝寿第三天要回礼，即主人家适当回赠客人一些礼物，称为"敬福"。

趣味知识：长寿的神仙或传奇人物

神话传说中，王母娘娘、彭祖、麻姑等都是长寿的代表性人物，祝寿常用的对联有"福如瑶母三千岁，寿比彭祖八百春"等。瑶母就是王母娘娘，是古代神话中掌管不死药的天神，传说她活到了三千多岁。彭祖则是道教神话人物，相传他有一套独特的养生方法，这套方法帮助他活到八百余岁。麻姑是民间流传很广的女寿星，传说她活千年之久，看到东海三次变成桑田。以上众仙皆被视为寿星的代表。

二、出生礼

传统的出生礼包含诞生礼、三朝礼、满月礼、百日礼、周岁礼等五种主要礼仪，主要风俗如下。

1. 诞生礼

（1）男弄璋，女弄瓦。意思为生了男孩，就让他睡在床上，给他穿华美的衣服，给他玩白玉璋；生的是女孩，就让她睡在地上，把她包在褓褓里，给她陶制的纺锤玩。男尊女卑的意识非常明显。

（2）男悬弓，女悬帨。《礼记·内则》记载："子生，男子设弧于门左，女子设帨于门右。"若生的是男孩，则在侧室门左悬弓一副；若是女孩，则在侧室门右悬帨，弓与帨，具有鲜明的性别特征。

（3）名子。孩子出生为其取名，称为"名子"。起乳名十分慎重，一般是孩子五行缺什么就在名字里补什么。

（4）报喜。一般是由孩子的父亲赴岳父母家报喜。

2. 三朝礼

三朝礼是孩子出生三日后举行的仪式，主要风俗如下。

（1）射天地四方。《礼记·射义》记载："故男子,桑弧,蓬矢六,以射天地四方。天地四方者,男子之所有事也。"男孩出生三天以后,父母抱其出外,用弓箭射天地四方,寓意男孩长大后志向高远。

（2）接子。婴儿出生三天后可以抱出来,俗称"接子"。

（3）洗三。洗三又叫"洗三朝""洗儿"等,为婴儿出生三日后举行的洗浴仪式。具体操作是:用艾熬水,给小孩洗澡。前来祝贺的亲友拿银钱、喜果之类的东西,往洗澡盆里搁,叫作"添盆"。洗三在唐代即已出现,宋代已很流行。洗三时亲友吃"洗三面"。洗后,还有一项重要仪式——"落脐灸囟",即去掉新生儿的脐带,并用烛火轻轻拂过孩子的脑门。

（4）开奶。开奶这天产妇开始给新生儿喂奶,喂奶前先用棉花点黄连水在小嘴上轻轻一抹,这里有"先苦后甜"之寓意。

（5）拜床母。传说床神有男女之分,床母贪杯,而床公好茶,所以以酒祀床母,以茶祀床公,民间多以浇了酒的肉来祭祀。

3. 满月礼

满月礼又叫弥月礼,是小孩出生满一月举行的仪式,这时外婆家要送外孙各种贺礼,除了送红龟粿、红桃、礼烛,还要送"头尾",即从头到脚所穿戴的全部衣物,包括帽子、鞋子、袜子、衣服、包巾、尿布、棉被、婴儿车等。主要风俗如下。

（1）民间普遍流行办满月酒。

（2）剃胎发。满月时,第一次为小孩剪头发,称为剃胎发。

（3）移窠,又叫移巢、满月游走等。民间传统风俗中,婴儿初生不能随便走动,到了满月时才可以。

4. 百日礼

孩子出生后一百天称为"百禄",象征着百岁长寿,当然要庆贺一番,做百日礼。《东京梦华录》有:"生子百日,置会,谓之'百晬'。"《宛署杂记》云:"一百日,曰婴儿百岁。"因此民间有百日礼为"过百岁"的说法,主要风俗如下。

（1）穿百家衣。民间有小孩百日穿百家衣习俗,寓意"托百家福"吃百家饭、穿百家衣。从各家取一块布片缝合起来做成服装也就成了百家衣。

（2）戴长命锁。长命锁是挂在儿童脖子上的一种装饰物,民间认为,只要佩挂长命锁就会锁住生命,就会长命百岁。

5. 周岁礼

人的第一个生日称为"周岁",几乎是最重要的生日,我国民间在给婴儿庆周岁时常有"抓周"仪俗。抓周,又称试儿,是周岁礼的主要内容。早在南北朝时期江南地区,有着"试儿"的风俗,《颜氏家训》记载:"儿生一期,为制新衣,盥浴装饰,男则用弓矢纸笔,女则刀尺针缕,并加饮食之物,及珍宝服玩,置之儿前,观其发意所取,以验贪廉愚智,名之为试儿。"到宋代"抓周"习俗已十分普及,生日宴后便置一簸箕于堂屋之中八仙桌上,簸箕内物件常见的有书、印章、笔、墨、算盘、钱币、鸡腿、猪肉、尺、葱、芹菜、蒜、稻草、刀剑、听筒等,任婴孩自由抓取,通过"视其所好,以观其志"来预测小孩的志向和兴趣。《中华全国风俗志》也有关于抓周的详细记载:"至周岁,于小儿生日,将士农工商所用之器具置于桌上。小儿梳洗毕,衣新衣,抱至桌前,任其随意抓取。若所取者为笔,将来必为文人;若所取者为算盘,必为商人。诸如此类,名曰抓周。"皇室抓周物件与民间有所不同,据《国朝宫史续编》记载:"(皇家)抓周例用玉陈,玉扇坠二枚,金匙一件,银盒一圆,犀钟一棒,文房一件,果筵一席,内宫殿监奏交内务府预备。"据传,北宋大将曹彬周岁抓周时,对各种玩具、器物、干戈、弓矢、纸笔等都不感兴趣,唯独拿起干戈、大印和祭祀用的俎豆,在场人见状皆大惊。无论抓周结果如何,均表达出父母长辈对小孩未来的一种美好祈愿和期待,最为关键的是"抓周"环节增强了周岁礼的欢庆、热闹、娱乐氛围。除抓周仪式外,周岁生日还有送虎头鞋(鞋头绣虎头,虎额绣"王"字)的习俗,人们认为小儿穿虎头鞋可以壮胆辟邪,虎虎生威。

至此,出生仪礼才算是大致完成了。从此,每年到了出生的那天,家人总要为孩子庆贺一番,称为过生日,民间俗称小孩子或尚未结婚的年轻人的生日为"长尾巴"。

十周岁被视为一个孩子成长中的重要节点,是一个人成长中的关键时期,此年龄段的孩子渐渐具备一些自我意识和社交能力,应该学会礼仪、道德规范,树立正确的三观。一般来说,家长会给孩子举行一个简单而庄重的仪式,这个仪式的主要内容包括祭祖、拜师和敬长辈等。《礼记》中有"成童,舞象,学射御",意指"告别童年,感恩立志"。生命进入少年时代,在古时会行"成童礼"。

抓周典故

三国时孙权称帝不久,太子孙登得病而亡,孙权无奈只能另选太子。得知此事的西湖布衣景养求见孙权,进言立嗣传位关乎千秋大业,选太子不能光考察是否贤德,还要看有没有天赋,并称他有识别贤愚的妙招。孙权采纳了景养谏言,于是择一吉日将皇孙们请进皇宫,景养端出一个满置珠贝、象牙、犀角等物件的盘子,让小皇孙们任意抓取。众小儿或抓翡翠,或取犀角等值钱物品,唯有孙和之子孙皓抓取的是简册和绶带。孙权大喜,遂册立孙和为太子,其他皇子不服,迫使孙权废黜孙和,另立孙亮为嗣。孙权死后,孙亮仅在位七年,便被政变推翻……多年后,需要推选一位年纪稍长的皇子为帝,恰好选中年过二十的孙皓,这时一些老臣想起曾经孙权在位时命景养选嗣一事,不由啧啧称奇(孙皓果然是天选之子)。从此,江南民间就开始流传"试儿"习俗。

第三节　中国节日礼俗之春节

春节是中国四大传统节日（春节、清明节、端午节和中秋节）之首，也是国家法定休假的节日。

春节也称"过年"，是我国传统节日中最隆重、最盛大的一个。春节之所以是一个大节，是因为其参与的人数多——全民参与；时间跨度大——"过了腊八就是年"，直到元宵节后才算过完年；礼节仪式很多——礼节有拜年，仪式有张灯结彩、迎春接福……春节处于"秋收冬藏""春播夏耘"间的农闲季节，所以民俗、仪式、讲究特别多。

一、春节民俗和仪式

从吃"腊八粥""春运"开始，春节就徐徐拉开了帷幕：从小年起，人们便开始"忙年"，到正月十五元宵节结束；春节的活动并不止正月初一这一天，也远不止吃年饭这一项。中国过年历史悠久，在传承中已形成了一些较为固定的礼俗，主要有办年货，扫尘，祭灶，贴春联、年画和"福"字，放鞭炮，吃团年饭（包饺子），守岁，给压岁钱，拜年等。

1. 扫尘、祭灶

扫尘、祭灶是小年的民俗活动。中国幅员辽阔，"小年"的日子不尽相同，南方大部分地区是腊月二十四，北方大部分地区是腊月二十三。宋代范成大的《祭灶词》就有腊月二十四过小年的记载，南方至今仍然保持着这种传统；北方早先也是腊月二十四过小年，从清朝中后期开始因为帝王家腊月二十三举行祭天仪式，为"节省开支"顺便也拜了灶王爷，从此北方民间跟随着在腊月二十三过小年。小年通常被视为忙年的开端，人们从这天起开始准备年货、扫尘、祭灶等。扫尘是传统年俗之一，源自古人驱除病疫的仪式，后来才演变成年底的大扫除：洁器具、洗被帘、拂尘网、扫庭院等。按民间的说法，"尘"与"陈"谐音，年前扫尘有"除陈布新"之意，其目的是把一切"霉运""晦气"统统扫出门，表达了人们辞旧迎新的期盼，这一优良习俗一直沿袭到现代，千家万户在扫尘的忙碌中迎接窗明几净、焕然一新的来年。

祭灶就是小年这天人们在灶王像前供放糖瓜、糕点、清水、料豆、草等祭祀灶王爷的仪式。除此之外，还要把旧的灶王像换下来，贴上新灶王像，腊月二十三送灶神（南方祭灶一直是腊月二十四），除夕夜迎灶神。民间有传说：每年腊月二十三，灶王爷都要上天禀报人间善恶各事，家家户户要备糖瓜等祭品奉拜送行。"二十三，糖瓜黏"，人们认为糖瓜富有黏性，可以粘住灶王爷的嘴，使他上天后无法乱说;又因糖瓜味甜,灶王爷吃后才会嘴甜,才会在玉帝那里多讲好话,祈望灶王爷"上天奏善事,下地降吉祥"。灶糖又称糖瓜、关东糖、大块糖,主要原料是麦芽糖,多做成圆形,形状颇似瓜,故称为"糖瓜"。灶糖入口粘牙,又称"胶牙糖",因按关东传统制法做成,俗称"关东糖"。一年之中,灶糖只有在小年前后才有出售,是祭灶神专用的。祭灶在我国民间有几千年历史,这一仪式反映了祖祖辈辈对"衣食有余"的追求。

扫尘传说

有一邪神喜欢在玉帝面前造谣生事,在玉帝的印象中,人间是个不堪的世界。一次,邪神又无中生有,玉帝大怒,降旨查明犯上作乱、亵渎神灵的人家,将其罪行书于屋檐下,再让蜘蛛张网遮掩以做记号。玉帝命王灵官于除夕下界,凡遇做有记号的门户,满门抄斩。邪神见阴谋得逞,偷偷地下界在每户人家屋檐下做上记号,好让王灵官斩尽杀绝。邪神的阴谋被灶神发现了,急忙召集各家的灶神商量对策,其办法是:从腊月二十三送灶神之日起,到除夕接灶神前,各家各户必须来个大扫尘,哪户不打扫干净,灶神就不进宅。人们遵照灶神的嘱咐,清扫尘埃、掸去蛛网、擦净门窗,把自家的屋里屋外、房前房后、庭院四周全打扫得干干净净。除夕,王灵官来到人间,发现家家户户窗明几净,灯火辉煌,一家人团聚欢乐,美满幸福。王灵官找不到标明劣迹的记号,便赶回天庭,将人间祥和安乐、祈求新年如意的情况如实禀告玉帝。玉帝这才知道受了邪神的欺骗,十分愤怒,降旨捉拿邪神,不许其下界作恶。从此,人们为除难消灾,每到腊月二十三送灶神至除夕迎灶神期间,必须扫尘除埃。时间久了,便逐渐成为一种传统民俗。

2. 贴春联

中国百姓对贴春联的习俗一直情有独钟,每到春节就通过贴春联来表达自己的美好感受和对未来一年的期盼与展望,同时也通过贴春联来渲染节日的喜庆。明朝朱元璋建都金陵后,曾下旨:"公卿士庶之家,须写春联一副,以缀新年。"其后,春节贴春联的习俗推广到千家万户。春联从两千多年前战国时期的"桃梗"演变而来,春联的原始形式就是人们所说的"桃符"。据说桃符是红色的,可以辟邪,象征吉祥,所以后来的春联都用红纸书写。常规贴春联的方法为:面对大门时,上联在右,下联在左,横额文字顺序为从右至左。另一种贴法是,上联在左,下联在右,横额顺序也是从左至右。两种贴法都可选择,若是"混合使用",则会贻笑大方。

在贴春联的同时,我们还可在门上、墙壁上、窗户上贴上大大小小的"福"字。春节贴"福"字,也是民间由来已久的风俗。"福"字指福气、福运,寄托了人们对幸福生活的向往、对美好未来的祝愿。为了更充分地体现这种向往和祝愿,有的人干脆将"福"字倒过来贴,表示"幸福已到""福气已到"。一般"福"字可倒贴在水缸、垃圾箱等地方。大门是不能倒贴"福"字的,因为大门是迎福纳福之处,"福"字应该正贴。此外,有些地方还有贴窗花的习俗,其寓意和贴春联、贴"福"字类似,烘托喜庆的节日气氛。为了祈求福寿康宁,一些人还有贴门神的习俗。相传,唐太宗身体抱恙,彻夜不得安宁,于是让秦叔宝、尉迟恭两位将军手持武器把守门外,第二天身体逐步好转。随后,唐太宗命人将这两位将军的形象画下来贴在门上,以护佑自己康宁,从此这一习俗开始广为流传。在民间,门神是正气和武力的象征,常贴的门神有钟馗、秦叔宝、尉迟恭等。

3. 除夕和守岁

除夕,顾名思义是岁末最后一天的夜晚,为辞旧迎新的重要时间交界点。除夕源自上古时代岁末除旧布新、祭祀祖先的风俗。除夕在中国人心中具有神圣的地位,在外的游子"有钱没钱都要回家过年",与家人团聚。我国民间在除夕有贴年红、吃年夜饭、给压岁钱、辞岁和守岁的年俗。吃年夜饭是阖家团圆,最愉快、最热闹、最幸福的时刻,年夜饭的吃食颇有讲究:北方通常吃饺子;南方必吃全鱼和圆子,寓意年年有余、团团圆圆。除夕守岁是最重要的春节年俗活动之一,主要表现为除夕夜灯火通宵不灭,全家一起通宵守岁。除夕彻夜灯火通明的习俗源于古代以火驱邪的传统,认为岁火能把一切邪瘟病疫驱走,期待着新的一年吉祥如意。从"一夜连双岁,五更分二年"的诗文我们可以推测出来,守岁习俗最早源于南北朝,在代代相传中一直流传至今。从1983年开始的春节联欢晚会成了全球所有华人除夕守岁的必备项目。

吃年夜饭和守岁的典故

民间世世代代流传着这么一个有趣的故事,一种叫作年的怪兽每隔三百六十五天就窜到人群聚居的地方吃人和牲畜,而且出没的时间是在除夕那天天黑以后到鸡鸣破晓之前。人们把"年"肆虐的可怕时间称为"年关",并琢磨出过年关的办法:这天晚上,每家每户提前做好晚饭,熄火净灶,把鸡圈牛栏全部拴牢,把前后门封住,躲在屋里吃"年夜饭",由于这顿晚饭凶吉未卜,因此置办得很丰盛,全家老小围在一起,先供祭祖先、祈求神灵保佑平安度过"年关",然后慢慢吃饭。吃过年夜饭后,谁都不敢睡觉,挤坐在一起闲聊壮胆,熬夜守岁。

4. 给压岁钱

给压岁钱是年节习俗之一,最早的压岁钱又称"押祟钱",由于"岁"与"祟"谐音,因此先人们想到用压岁钱压祟驱邪,帮助小孩平安过年。给压岁钱演变到现代则为长辈对晚辈岁岁平安、健康成长的祝福方式。压岁钱可在晚辈给长辈拜年时,长辈当众赏给,也可在除夕孩子熟睡时偷偷地压在其枕头底下,现如今还出现了通过手机微信给压岁钱的新方式。小孩得到压岁钱后往往非常开心,既感受到来自长辈的平安祝福,也体会着可自主消费的喜悦。

5. 祭祖

除夕祭祖是中华民族的传统文化,是春节期间重要、庄重的民俗活动之一。在辞旧迎新之际通过祭拜仪式表达对祖先的怀念之情,报答祖辈生养之恩,继承先人之志。

6. 放鞭炮

人们认为在春节燃放鞭炮不仅能驱邪、避瘟,保佑家人平安吉祥,还能增强年味。据说放鞭炮的习俗来自民间的这个传说:从前有一种凶猛的怪兽叫"年",它生性凶残,平时藏在深山老林里,但逢岁末,便出来祸害人们,让人谈"年"色变。后来,人们慢慢掌握了"年"的活动规律,也发现了"年"怕声音、怕红色、怕火光的秘密,于是一到年末岁首,就在家门口燃放鞭炮。放鞭炮一方面可驱邪除怪,另一方面可增添节日的喜庆,长期下来,就成了春节的必备项目,并深受人们喜爱。但是在鞭炮声声辞旧岁的过程中,燃放鞭炮引发的问题非常多:每年春节因放鞭炮而导致眼部、手部被炸伤的新闻时有所见,诱发火灾的情况也多有耳闻,更重要的是对空气的污染严重。综合多种因素考虑,权衡利弊,政府部门颁布了禁止燃放烟花爆竹的规定,每个公民都要注意遵守。

7. 拜年

拜年的年俗传说中也与"年"有关:躲在家里过"年关"的人们,初一早上开门见面,作揖道喜,互相祝贺未被年兽吃掉,延续至今就成了人们辞旧迎新、相互表达美好祝愿的一种方式。古代"拜年"是向长者叩头施礼、祝贺新年,对同辈亲友也行礼道贺。随着时代的发展,拜年的习俗不断增添新的内容和形式,现兴起了电话拜年、短信拜年、微信红包拜年等。无论采取哪种方式拜年,皆应遵循"过年言好事,出口称吉祥"的原则。拜年的礼仪有诸多讲究。拜年手势:传统的拜年手势自古男女有别。标准的男子作揖姿势是右手成拳,左手包住。因为右手是攻击手,要包住以示善意。女子则相反,但女子不抱拳,只压手。这和中国自古"男左女右"的传统一脉相承。拜年时间:拜年的时间一般为正月初一至初五,过了腊月初八就走亲访友多被视为拜早年,而正月初五以后、十五之前走亲访友为拜晚年。虽然民间有"有心拜年十五不晚"的说法,但这并不是最佳时间。拜年的具体时间最好是上午,有人喜欢选择晚上拜年,这并不是每个人都能接受的。

8. 闹元宵

闹元宵是中国节日民俗活动,起源于汉代。元宵节又称"灯节",是一个张灯结彩、非常热闹喜庆的节日。元稹的灯节诗:"洛阳昼夜无车马,漫挂红纱满树头。见说平时灯影里,玄宗潜伴太真游。"李商隐的《正月十五夜闻京有灯恨不得观》描述:"月色灯光满帝都,香车宝辇隘通衢。身闲不睹中兴盛,羞逐乡人赛紫姑。"我们可以感知元宵节蔚为壮观、其乐融融的欢庆景象。元宵节主打一个"闹"字,其节庆活动丰富程度达到了春节期间娱乐活动的最高潮,有舞龙灯、舞狮子、猜灯谜、划旱船、扭秧歌、踩高跷、迎紫姑、放烟花、打太平鼓等。

9. 舞龙灯、舞狮子

舞龙灯是舞龙者在龙珠的引导下，手持龙灯，随鼓乐伴奏，通过人体的运动和姿势的变化完成龙的游、穿、腾、跃、翻、滚、戏、缠等动作，充分展示龙的精气神韵等的一项民俗活动。龙灯以"龙"为原型做成（李时珍在《本草纲目》中有对龙的描述："龙，其形有九，身似蛇，脸似马，角似鹿，眼似兔，耳似牛，腹似蜃，鳞似鲤，爪似鹰，掌似虎是也"）。舞龙灯至今已经有两千多年的历史，中国人自古把龙作为吉祥的象征，认为龙有呼风唤雨的本领，舞龙灯的年俗表达出先人们对风调雨顺的企盼。中国人是龙的传人，凡是有华人居住的地方都把"龙"作为吉祥之物，元宵节都有舞"龙"的习俗。东汉张衡的《西京赋》对舞龙灯有生动的描述。

舞狮子习俗源于三国时期，流行于南北朝，至今已经有一千多年的历史。每逢元宵佳节民间都舞狮助兴。狮子在中国人心目中为瑞兽，象征着吉祥如意，舞狮活动寄托着民众消灾除害、求吉纳福的美好意愿。狮子是由彩布条制作而成的，白居易的《西凉伎》对舞狮有生动描述："刻木为头丝作尾，金镀眼睛银帖齿。奋迅毛衣摆双耳，如从流沙来万里。紫髯深目两胡儿，鼓舞跳梁前致辞。"舞狮一般由三人协作完成，一人为引狮人，另两人扮狮子（每头狮子需两人合作，一人舞头，一人舞尾）。舞法上又有文武之分，文舞狮大都表演狮子温驯逗乐的一面，如搔痒、抖毛、舔毛、打滚等动作，武舞狮则侧重表现狮子凶猛的习性，如腾跃、踩滚球、奔跑、摆尾等动作。

10. 猜灯谜

猜灯谜又叫"打灯谜"，是元宵节特有的富有情趣的民俗娱乐活动。每逢农历正月十五，人们在张挂灯笼的时候，把灯谜写在纸条上，贴在灯上或者灯下供人猜。因为猜灯谜既能启迪智慧，又迎合节日气氛，所以流传过程中深受社会各阶层的欢迎，而后逐渐成为元宵节不可缺少的习俗。

11. 踩高跷

踩高跷是北方民间盛行的一种群众性技艺表演。表演者装扮成戏剧或传说中的人物，踩着有踏脚装置的木棍，边走边表演。《列子·说符》中也有描述："宋有兰子者，以技干宋元。宋元召而使见其技，以双枝长倍其身，属其胫，并趋并驰，弄七剑，迭而跃之，五剑常在空中。元君大惊，立赐金帛。"踩高跷技艺性强，形式活泼多样，深受群众喜爱，早在公元前五百多年就已流行。

12. 吃元宵

民间过元宵节有吃元宵的节日食俗，元宵由糯米制成，北方为"滚"元宵，南方为"包"汤圆，或实心，或带馅（根据个人喜好，可包白糖、芝麻、豆沙、果仁、枣泥等各种馅料），烹饪时可汤煮、生煎、蒸食、油炸。人们把元宵俗称为"汤团"或"汤圆"，取团圆美满之意，象征全家团团圆圆。

在元宵节的团圆、娱乐氛围中，许多甜蜜美好的爱情相应而生，欧阳修的"去年元夜时，花市灯如昼。月上柳梢头，人约黄昏后"，辛弃疾的"众里寻他千百度。蓦然回首，那人却在，灯火阑珊处"，完美诠释了元宵节的浪漫诗情。元宵节被看作古代中国的情人节，具有其他传统节日所不能比拟的愉悦和甜蜜。

二、春节的禁忌

新一代的年轻人连传统的过年习俗都知道得不多，更不要说老祖宗们讲究的那些过年禁忌了，所以从弘扬中华民族传统文化的角度，对春节的禁忌也要稍做了解。

（1）"大年三十晚上忌入"。除夕是"大团圆"的日子，为了保证自家人的欢聚，一般不愿外人突然闯入，所以除夕一律拒绝外人。

（2）"出嫁女大年三十不看娘家灯"。旧时可能是为了保证婆家的大团圆，传衍了这一民俗。现在很多人不能接受这一条。

（3）"不摔坏东西，要有忌言"。过年最好不摔坏东西，一旦摔了，应赶紧说"碎（岁）碎（岁）平安"，以求吉利。初一这天要说好话，要有忌言。

（4）初一、初二忌洗衣。传说水神的生日在初一、初二，因此忌讳在这两天洗衣服。

（5）忌讨债。传统认为，过年期间不管是被人要债还是向人要债都要忌讳。

（6）忌打扫。初一至初五忌倒垃圾，也不能将垃圾扫出门外或往外倒污水，据说会将家中的财气扫掉。

第四节　中国节日礼俗之清明、端午、中秋、重阳

除春节之外，清明节、端午节、中秋节也是我国的重大节日，对其节庆礼俗也应做些了解。重阳节也越来越受到关注。

一、清明节

清明节又叫踏青节、祭祖节，是中华民族传统的重大春祭节日。2006年5月20日，文化部申报的清明节经国务院批准列入第一批国家级非物质文化遗产名录。清明节一般是在公历4月5日前后，节期很长，有10日前8日后及10日前10日后两种说法，这近20天均属清明节。《历书》界定："春分后十五日，斗指丁，为清明时，万物皆洁齐而清明，盖时当气清景明，万物皆显，因此得名。"

与清明相关的诗词有："清明时节雨纷纷，路上行人欲断魂""梨花风起正清明，游子寻春半出城"。清明节既是扫墓祭祖的肃穆日子，也是人们亲近自然、踏

青游玩、享受春天乐趣的节日,扫墓祭祖、踏青郊游是清明节的主题。扫墓祭祖是最重要的节日内容,其次才是踏青、荡秋千、放风筝、拔河、蹴鞠、植树、插柳等习俗,清明节是万物生机勃勃的日子,智慧的祖先给予我们如此多的户外民俗活动。

1. **扫墓祭祖**

扫墓祭祖是清明节习俗的中心,清明之祭主要是祭祀祖先,表达祭祀者的孝道和对先人的思念、缅怀之情,是礼敬祖先、慎终追远的传统习俗。祭祖除了传统的"山头祭"、祠堂祭,还有现时代流行的网络祭、鲜花祭。清明节祭祀礼仪颇多:按传统习俗,祭扫的顺序是先修整坟墓,拔除杂草、杂树等,将墓园打扫干净后再添培新土,表示对祖先安息之处的重视和关照,然后将携带的酒食果品等物品供祭在亲人墓前,还可在坟前插白色、黄色等素色的花,上香、敬酒,再叩头行跪拜礼,表达对先人的尊敬,寄托哀思。最近几十年来火葬代替了土葬,人们将亲人的骨灰集中安放于公墓,公墓祭拜虽然程序简洁,但在较大程度上保留了墓祭传统,每年清明节前后不少人到郊外公墓进行祭扫,以寄托对先人的怀念。当然,清明节除了祭祀祖先之外,还有对天神地祇、地方先贤、革命烈士的祭拜。

祭祀是饮水思源,缅怀先人,表示孝道与敬畏生命的体现,是庄重和严肃的事情,在行为举止上有些禁忌不要犯,譬如:忌穿过于随意或大红大紫、鲜艳的衣服,此类服饰对逝者为大不敬,尊重祖先是祭祀的核心,应穿干净、素色服饰;忌在坟墓前嬉戏打闹,或者对墓碑发生争执或说长道短,因为坟场是祖先亡灵安居之所,吵吵闹闹会惊扰到先人,理应保持肃静;忌分散行动,扫墓时家人一定要集体行动,结伴而行,一家人和和睦睦是对已故亲人最好的告慰。老人常言:坟前一天只能烧一次纸钱;忌在墓地照相,无论是扫墓者自身合影,还是扫墓者与墓地合影;忌太晚或太早扫墓,一般来说应该早上八点到下午三点前完成扫墓活动,超过这个时间点,阳气已逐渐消退,阴气逐渐增长;忌在祭祀的流程仪式中吃东西,拜祭完毕后众人方可食取祭品。拜祭有先后次序之讲究,按父亲、母亲、长男、长女、次男、次女……依此类推;忌烟火没熄灭就离开,一定要待香烛点完后才离开;清明节是祭奠的特殊节日,此时去探视或问候亲朋都很不合适。

2. **踏青郊游**

踏青郊游源自远古农耕祭祀的迎春习俗,这种节令性的民俗活动早在先秦时期就已经形成,到了宋代,踏青之风最为盛行,一直相传至今。清明正值春意盎然、万物萌动之时,人们纷纷走出家门,来到户外感受生命的美好。宋代诗人吴惟信的"梨花风起正清明,游子寻春半出城"充分体现了踏青郊游受欢迎的程度。

人面桃花的典故

唐朝书生崔护进京参加科举考试,清明节这天一个人无所事事,就到京郊城外郊游,在一个桃花环绕的户外,邂逅了一位面容姣好的年轻姑娘。这次郊游回家之后,崔护脑海里时常浮现那位迷人姑娘的身影。于是第二年的清明节,崔护又来到京城郊外找寻那位姑娘,虽然依旧桃花盛开,但院门却紧闭。惆怅的崔护在门扉上题诗一首:"去年今日此门中,人面桃花相映红。人面不知何处去?桃花依旧笑春风。"

3. 荡秋千

荡秋千在南北朝时已经流行,唐宋时期成为清明节习俗的重要内容。《荆楚岁时记》记载:"春时悬长绳于高木,士女衣彩服坐于其上而推引之,名曰打秋千。"每年的春天,人们把长绳拴于高大的树杈上,女子穿着五彩缤纷的服装坐在上面,前后摆动,在空中起飞荡漾。民间相传,荡秋千可以祛除百病,而且荡得越高,象征生活过得越美好。清明荡秋千因此极为盛行。"无风一上秋千架,小妹身材比燕轻",荡秋千尤其适合妇女,传统医学认为古代女子多发抑郁症,荡秋千是解郁的好方法。后来荡秋千不限于女子,成为男女皆宜的游戏,深受人们喜爱。古时的秋千多用树桠枝为架,再拴上彩带做成,之后逐步发展为用两根绳索加上踏板的秋千,如今仍然深受儿童喜爱。

4. 放风筝

放风筝是一种可活动筋骨、令人愉悦的娱乐活动,是在民间流传很久的清明习俗。《帝京岁时纪胜》记载:"清明扫墓,倾城男女,纷出四郊,提酹挈盒,轮毂相望。各携纸鸢线轴,祭扫毕,即于坟前施放较胜。"古人认为清明的风很适合放风筝,自然就将风筝和清明节联系在一起。《清嘉录》中提道:"春之风自下而上,纸鸢因之而起,故有'清明放断鹞'之谚。""儿童散学归来早,忙趁东风放纸鸢",风筝最初名叫"纸鸢",因纸鸢被风一吹会发出"呜呜"的声音,好像古筝弹奏出的声音,此后人们就将纸鸢称为"风筝"。民间有这样一种习俗:当风筝飞高后就要有意把引线剪断,任凭风筝远远飘走,寓意为将病痛、晦气、烦恼等不好的东西通通带走。在古代人们有"放风筝放晦气"的说法,这个说法在《红楼梦》中也出现过。放风筝的习俗一直延续至今,甚至已变成了一项风靡全球的体育运动,有些地方每年都会举办风筝节。

5. 插柳

插柳是中国民间清明节的习俗,人们在清明节这天踏青、扫墓、上坟,有人人戴柳、家家户户门口插柳的习俗。有谚语云:"清明不戴柳,死后变黄狗""清明不戴柳,红颜成皓首"。关于插柳的风俗有三种说法:第一种说法是为了纪念"教民稼穑"的农事祖师神农氏;第二种说法是为了纪念介子推自焚明志,晋文公还赐名介子推抱着自焚的老柳树为"清明柳";第三种说法是插柳可避免毒虫侵害、祛除疾病。

6. 清明的饮食习俗

清明的饮食习俗是传统节庆礼俗中不可忽视的部分,从古代流传至今的清明节食俗有吃青团、芥菜饭、子推馍、艾粄、螺蛳、馓子、鸡蛋等。清明节古代也叫寒食节,因为寒食节有"禁火寒食"的习俗,所以清明节的节令食品主打可"寒食"食品、季节性食品。清明节江南一带有吃青团的风俗,青团用名叫"浆麦草"的野生植物捣烂挤汁,然后混合干糯米粉,拌匀、揉和、包馅、蒸制而成。青团的颜色青翠好看,口感软糯,不甜不腻,带有清淡的青草香气,是清明节前后最不能错过的传统小吃,现在很多地方都有清明吃青团的习俗。艾粄是清明节客家人必备的传统小食,用糯米和艾草汁混合制作而成,多呈扁圆状,民间有言"清明吃艾粄,一年四季不生病"。子推馍又称老馍馍、面花,也叫蒸大馍,形似古代武将的头盔。其用酵糟发面,在面里面夹核桃、红枣等蒸食,取意子孙多福,是人们为了纪念介子推而吃的清明节食品。清明节前后螺蛳肉最肥美,民间有"清明螺,抵只鹅"的说法,清明时节正是采食螺蛳的时令。馓子古时叫"寒具",是一种细长曲折、外表金黄、口感酥脆,带有浓郁的油香味的油炸食品,我国南北各地清明节有吃馓子的习俗。此外,民间还有"用芥菜煮饭,吃了今年都不会长疥疮""清明节吃个鸡蛋,一整年都有好身体"等清明食俗。

7. 清明的农事习俗

农谚说:"清明前后,种瓜点豆。"清明前后就要开始种西瓜、甜瓜、四季豆、豇豆,也不仅仅是种瓜点豆,春花生、春玉米、棉花等作物也到了播种季节,泛指春播的开始。"清明时节雨纷纷"指的是江南的气候特色,这时常常时阴时晴,雨水过多导致湿害、病虫害的发生。

二、端午节

端午节又称端阳节、龙舟节,端午节在每年的农历五月初五,是集拜神祭祖、祈福辟邪、娱乐饮食于一体的民俗大节。端午节与清明节同属于祭祀的传统节日。2006年5月,国务院将其列入首批国家级非物质文化遗产名录;2009年9月,联合国教科文组织批准将其列入人类非物质文化遗产代表作名录,端午节成为中国首个入选世界非遗的节日。

端午节作为中国传统民俗节日,承载了丰富的文化和历史内涵,在2000多年的传承中主要围绕敬龙酬龙、祈福纳祥、压邪攘灾等展开,歌谣唱道:"五月五,是端阳;吃粽子,挂香囊;门插艾,香满堂;龙舟下水喜洋洋。"端午节具体的习俗活动有赛龙舟、挂艾草与菖蒲、打午时水、画额、佩香囊、拴五色丝线、吃粽子、立蛋、贴五毒图、饮雄黄酒、挂钟馗像、品花宴等。

(一)端午节的习俗活动

1. 赛龙舟

赛龙舟是端午节的重要习俗,故端午节又称"龙舟节"。上古时代南方先民以龙形的独木舟做竞渡游戏来祭祀龙神,如今端午节赛龙舟的习俗在中国南方沿海一带十分流行,在北方靠近河湖的地方也有出现。2011年5月23日,赛龙舟经国务院批准列入第三批国家级非物质文化遗产名录。赛龙舟作为竞渡游戏先后传入日本、越南、英国,深受各国人民的喜爱并成为国际比赛项目。(赛龙舟的典故与传说:据《史记·屈原贾生列传》记载,屈原是战国时期楚怀王的大臣,遭人陷害被流放。公元前278年,秦军攻破了楚国京都,屈原含恨投入汨罗江,传说许多人划船争先恐后去救,追至洞庭湖都不见踪迹,只得划龙舟驱散江中之鱼,以免鱼吃掉屈原的身体。)

2. 吃粽子

吃粽子也是端午节的主要食俗。相传东汉建武年间,长沙人晚间梦见三闾大夫屈原,屈原对他说:"你们祭祀的东西,都被江中的蛟龙偷去了,以后可用艾叶包住,用五色丝线捆好,蛟龙最怕这两样东西。"于是,人们便以"菰叶裹黍",做成"角黍",世代相传。每到端午前夕,家家户户都要浸糯米、洗粽叶和包粽子,除自家吃外,亲友之间还互相馈赠。端午节的早晨家家吃粽子纪念屈原,一般是前一天把粽子包好,夜间煮熟,早晨食用。煮粽子的锅里一定要煮鸡蛋,有条件的还要再煮些鸭蛋、鹅蛋。粽作为祭祀用品,早在春秋时期就已出现,但粽子被正式定为端午节食品,则是在晋代。端午吃粽子已成为中华民族影响最大、覆盖面最广的民间饮食习俗之一,甚至流传到朝鲜、日本及东南亚诸国。

3. 挂艾草与菖蒲

挂艾草与菖蒲是端午节的重要节俗之一。民谚说:"清明插柳,端午插艾。"古人认为菖蒲、艾草有辟邪作用。端午节家家户户都要洒扫庭院,把菖蒲叶和艾条插于门楣,悬于堂中或者放在家中的角落,以祈求平安和健康。菖蒲是一种常见且有香气的植物,会让蛇虫鼠蚁绕行,民间还称其为"驱蚊小能手",古人迷信此植物有辟邪的神效。艾草茎叶含挥发性芳香油,味浓烈,可驱除蚊蝇虫蚁,清除室内不良气味,同时具有辟邪和驱凶的作用。《荆楚岁时记》中早有记载:"鸡未鸣时,采艾似人形者,揽而取之,收以灸病,甚验。是日采艾为人形,悬于户上,可禳毒气。"

4. 拴五色丝线

拴五色丝线是端午节的又一习俗。古人崇拜五色,认为"青、红、白、黑、黄"五色为吉祥色。端午节在孩子们的手腕、脚腕、脖子上拴五色丝线,来祈盼长命多福。应劭《风俗通义》有记载:"五月五日,以五彩丝系臂,名长命缕,一名续命缕,一命辟兵缯,一名五色缕,一名朱索。辟兵及鬼,令人不病瘟。"五色丝线自五月五日系起,一直到七夕"七娘妈"生日才解下来焚烧,或在端午节后的第一个雨天剪下来,扔在雨中,意味着将瘟疫、邪祟冲走。

5. 饮雄黄酒

饮雄黄酒是端午节的传统习俗,古语云"饮了雄黄酒,病魔都远走",古时候在长江流域地区饮雄黄酒极为盛行(雄黄酒有毒性,一般都喝普通的黄酒代替雄黄酒),雄黄是一种药材,据说能杀百毒。山西《河曲县志》云:"端午,饮雄黄酒,用涂小儿额及两手、足心……谓可却病延年。"民谣说:"端午节,天气热,五毒醒,不安宁。"将雄黄酒抹涂在小孩的耳朵、鼻子、脑门、手腕、脚腕等处,据说可以避五毒,使蟾蜍、蛇、蜈蚣、蝎子、壁虎不上身。端午节这天,人们会食用雄黄酒、黄鳝、黄鱼、黄瓜、咸鸭蛋黄,称"吃五黄"。

6. 吃咸鸭蛋

端午节正值仲夏,天气炎热潮湿,容易引起"瘟疮"类疾病,而鸭蛋形状似心形,吃了鸭蛋可以保护心气神不受侵害。

7. 佩香囊

佩香囊是端午节传统习俗之一。香囊又叫香袋、香包、荷包,一般是用彩色绸缎或五色丝线缠绕制成荷包,内装川芎、白芷、排草、芩草、丁香、山艾、细辛、甘松、甘草、雄黄粉等中药粉,其芳香馥郁的气味具有驱蚊辟秽的功效。端午节小孩佩香囊,既含避邪驱瘟之意,又有点缀服饰装扮之效。在中国南方一些城市,青年男女还用香囊来表达浓浓爱意。

(二)端午节的禁忌

老人常说:"端午节,禁忌多。"端午节无疑是所有传统节日中禁忌最多的一个节日。老祖宗们流传下来的端午节禁忌还真不少,有些有一定依据,有些则无从考证。

(1)忌下河游泳。

端午节正值南方多雨水的季节,且端午前后的水温较低,下河游泳容易出现抽筋,会很危险。老话说:"马上摔死英雄汉,河里淹死会水的人。"不要因为自己水性好,就无所顾忌。还有另一原因是端午节是屈原投江自尽的日子,老人们担心水里有什么不祥的东西,这天不允许家人下河游泳。

(2)忌说"端午节快乐"。

端午节是一个祭祀缅怀的日子,为屈原投江的受难日。纪念缅怀屈原的日子,大家见面问候"端午节快乐"似乎缺少了对先人的敬重。所以端午节正确的节日问候语应该是"端午安康"。

(3)忌恶日。

在风水习俗中,五月称为"恶月",初五是"恶日",五月初五又称为"重五",是恶上加恶,自古人们认为农历五月初五是个不吉利的日子,所以端午节这天又有"躲午"的习俗,即周岁以内的婴儿要送到外婆家去躲藏,以逃脱灾祸。

(4)忌惹"五毒"。

民谣道:"端午节,天气热,五毒醒,不安宁。"据说在农历五月初五端午节这天

"五毒"刚"出土",毒性特别大,所以大人一定要提醒家里的小朋友千万不要捉"五毒",一旦遇见"五毒",应该赶紧避开。五毒分别是指蝎子、蜈蚣、壁虎、蟾蜍、蛇。

(5) 忌丢失香包。

传说如果小孩子丢失了佩戴的香包,预示一年之内会有大灾。端午节后,小孩子要将所戴的香包扔到水里,这样才能免除灾难。这只是一种习俗,没有科学依据。

(6) 忌生子。

古人认为五月初五是"恶月恶日",所以在这一天最好不生孩子。端午节不宜生子的说法由来已久,早在战国时期,孟尝君因出生于端午节而遭父亲弃养,母亲无奈将其寄养在外,等长大后才将其带回。现代人更懂科学,生子基本不会刻意避开端午节这天。

三、中秋节

中秋节是我国的第二大传统节日。《唐书·太宗记》有记载"八月十五中秋节",每年农历八月十五是一年秋季的中期,所以被称为中秋。农历八月为秋季的第二个月,为"仲秋",而八月十五又在"仲秋"之中,所以中秋节也可称作"仲秋节"。受中华文化的影响,中秋节也是东亚和东南亚一些国家尤其是当地的华人华侨的传统节日。

(一) 中秋节的习俗活动

中秋节是一个与月亮有关的节日,也是与秋季时令紧密关联的节日,中秋节习俗当然围绕月亮和秋季而展开。中秋节人们最主要的活动是赏月和吃月饼,在有些地方,还有祭月、拜月、赏桂花、吃螃蟹、饮桂花酒、观潮、燃灯、玩兔儿爷等民俗。

1. 祭月

祭月是古代人祭拜"月神"的一种活动,表达了人们祈求月神降福人间的美好心愿。古代帝王有春天祭日、秋天祭月的礼制,一直到了唐代,这种祭月的风俗更被人们重视,中秋节由传统的"秋分祭月"而来。祭月作为民间过中秋节的重要习俗之一,而后逐渐演化为赏月、颂月等活动。祭月一般以家族为单位,年长的女性长辈或家庭主妇为主祭,月饼是最重要的祭品,配以石榴、柿子、花生、苹果、葡萄等瓜果。

2. 赏月

赏月的习俗来源于古时的祭月活动,虔诚的祭祀(祭月)随后逐步演变成愉悦的欢庆活动(赏月)。据说中秋节的月亮最大、最圆、最亮,人们热衷于在这几天赏月。中秋赏月的风俗在唐代的长安一带极为盛行,很多文人墨客都留下了咏月的千古佳句,如苏轼的"但愿人长久,千里共婵娟"、李白的"举杯邀明月,对影成三人"、张九龄《望月怀远》"海上生明月,天涯共此时",唐代大诗人杜甫在中秋节还写下了《八月十五夜月》。在宋代,中秋赏月之风更盛,《东京梦华录》记载:"中秋夜,贵家结饰台榭,民间争占酒楼玩月。"每逢这一日,京城的所有店家、酒楼都要重新装饰门面,百姓们多登上楼台赏月,一些富户人家在自己的楼台亭阁上赏月。明清以后,中秋节赏月风俗依旧,许多地方还形成了放天灯等特殊风俗。

3. 燃灯

燃灯的习俗在中秋也有很大规模,仅次于元宵灯。中秋之夜,天清如水,月明如镜,可谓良辰之美景,然而对此人们并未满足,于是便有燃灯以助月色的风俗,当今在湖广和江南一带仍有用瓦片叠塔,在塔上燃灯、制灯船的节俗。《闲情试说时节事》中有言:"广东张灯最盛,各家于节前十几天,就用竹条扎灯笼。做果品、鸟兽、鱼虫形及'庆贺中秋'等字样,上糊色纸绘各种颜色。中秋夜灯内燃烛用绳系于竹竿上,高竖于瓦檐或露台上,或用小灯砌成字形或种种形状,挂于家屋高处,俗称'树中秋'或'竖中秋'。富贵之家所悬之灯,高可数丈,家人聚于灯下欢饮为乐,平常百姓则竖一旗杆,灯笼两个,也自取其乐。满城灯火不啻琉璃世界。"

4. 吃月饼

"八月十五月正圆,中秋月饼香又甜。"吃月饼是中秋节的重要习俗,月饼,又叫月团、丰收饼、宫饼、团圆饼等,古时候是用来祭奉月神的祭品,后来人们逐渐把中秋赏月与品尝月饼结合在一起,以月之圆兆人之团圆,以饼之圆兆人之长生,用月饼寄托思念故乡、思念亲人之情,祈盼丰收、团圆。古时候吃月饼的顺序是先用一个大月饼祭月,然后按家人的数额将月饼切成若干块,每人象征性地吃一块,俗称"吃团圆饼"。月饼既可自己吃,还可当作中秋礼品馈赠亲友,有趣的是,末代皇帝溥仪曾在中秋节赏给总管内务大臣一个"径约二尺许,重约二十斤"的大月饼。

5. 观潮

观潮可谓是江浙一带又一中秋盛事。中秋观潮的风俗由来已久,最早的记录出现在汉代《七发》中,宋《梦粱录》和明《增补武林旧事》中也有观潮的记载。千百年来,钱塘江的江潮吸引了无数的游人看客,苏轼的《八月十五日看潮五绝》生动地记录了这一节俗。

6. 玩兔儿爷

玩兔儿爷是流行于中国北方地区的中秋习俗。玩兔儿爷的中秋习俗约起始于明末,明《花王阁剩稿》有记载:"京中秋节多以泥抟兔形,衣冠踞坐如人状,儿女祀而拜之。"《燕京岁时记》也有记载:"每届中秋,市人之巧者,用黄土抟成蟾兔之像以出售,谓之兔儿爷。"兔儿爷是用泥做的,兔首人身,脸贴金泥,身施彩绘,或坐或立,竖着两只大耳朵,非常有趣可爱。兔儿爷最初是拜月祭祀物品,逐步演变为儿童的中秋节玩具。祭兔儿爷是北京一项必不可少的中秋民俗。

7. 饮桂花酒

饮桂花酒是中秋节的一个食俗。中秋节正值丹桂飘香的季节,中秋夜仰望着月亮,闻着阵阵桂花香,配上一壶桂花蜜酒,吃着月饼,合家欢庆,甜甜蜜蜜,是中秋节的绝佳享受。

(二) 中秋节的禁忌

传统中有关中秋节的禁忌有以下几点:忌男拜月,民间有"男不拜月,女不祭灶"的说法,因为月神嫦娥是女性,所以拜月活动只能由女性进行;忌身体弱、体质差的人赏月,中秋节的时候,身体很弱的人不建议去野外赏月、拜月;忌月饼不圆,月饼又称为团圆饼,吃了寓意全家团圆不离散;忌头发遮额头,赏月时,有刘海的女生最好把自己额前的头发捋向后边或者两侧,千万不要让额头被头发遮住;忌在婆家、娘家吃月饼。以上说法只是民俗文化的一个特色而已,没有依据。

四、重阳节

每年农历九月初九是重阳节,为中国民间的一个传统节日。传统认为:"九"为阳数,"九九"就是两阳重合,故取名"重阳"。重阳是个吉祥的日子,古代民间就有重阳拜神祭祖、宴饮祈寿、登高祈福的习俗,传承至今增加了敬老的内涵。"九九"谐音"久久",取其长长久久、长久长寿之意,1989年我国政府正式将这天定为"老人节"。将重阳定义为节日是从唐代开始的,历经朝代的更替依然沿袭了下来,是一个备受欢迎的节日。

(一) 重阳节的由来

重阳又称"重九",重阳节的由来有两个:一是源于古代对"大火"的祭祀,大火星一般在九月隐退,人们此时举行祭祀仪式来为大火星送行,迎来冬天;二是先人们有在九月农业大丰收时祭天帝、祭祖先,以谢天帝、祖恩的活动。重阳节起始于远古时期,形成于春秋战国时期,普及于西汉,被定义为节日则是在唐代。

(二) 重阳节的节俗

重阳节是融合多种民俗于一体的中国传统节日,活动内容相当丰富。

1. 晒秋

重阳节是赏秋的最好时期,也是"晒秋"的最佳机会。"晒秋"是南方农村一种独特的农俗现象,常见于湖南、广西、安徽、江西等丘陵地区,因为晾晒条件有限,只好在这个秋高气爽的时间,利用房前屋后、窗台屋顶来架晒、挂晒农作物,久而久之"晒秋"演变成了一种节俗,如今还成为乡村游的特色项目。

2. 放纸鸢(风筝)

放纸鸢是重阳节的一个主要传统习俗,尤其以南方的广东、福建等地最为重视。重阳节这天秋高气爽、云淡风轻,适合放风筝。旧时有儿歌唱道:"九月九,是重阳;放纸鸢,线爱长。"民间认为,重阳节放纸鸢,放的不仅是快乐,还是"吉祥""福气",放得越高,福气越大。还有一种说法是"放晦气",飞得越高,晦气离得越远,甚至最后不想放了,还要将线弄断,让纸鸢消失得无影无踪,"晦气"也随风而逝了。无论是哪一种说法,重阳节放纸鸢都是古人给予我们的一种祈愿。

3. 登高

重阳节登高是古代就有的习俗,从很多诗人写的诗中我们都能看出,重阳节又叫"登高节"。古代人们登高既能采摘野果,又能祭拜山神,据说还能"避邪",《荆楚岁时记》对此有记载:"九月九日,四民并籍野饮宴。"重阳恰逢"清气上扬、浊气下沉"的时候,登得越高,清气越盛,登得越高,人的心情越愉悦。现在人们更多是将重阳登高看作一项节日娱乐项目。登高一般是登高山,也可以登高楼、高台,能够远眺、强身健体就很不错。

4. 祭祖

重阳节与除夕、清明节、中元节并称为中国四大祭祖节日,清明为"春祭",重阳为"秋祭",重阳登高祭祖的风俗从先秦时期一直延续至今,岭南一带尤其盛行。有些地方还有重阳节祭祀海神的活动。

5. 插茱萸

插茱萸是重阳节的一种重要节俗,因此重阳节又称"茱萸节"。茱萸是一种气味浓烈的中草药,具有驱虫祛湿、驱除风邪的作用。古人认为插茱萸可以驱虫护体、避邪求吉,所以在重阳节时将茱萸插在门前或者做成香囊戴在身上,还可以送朋友。重阳节插茱萸的风俗在唐代就很流行,有王维《九月九日忆山东兄弟》中的佳句"遥知兄弟登高处,遍插茱萸少一人"为证。

6. 赏菊

重阳自古就有赏菊的风俗,从三国魏晋时起赏菊赋诗已成时尚,孟浩然的《过故人庄》就有"待到重阳日,还来就菊花"的佳句。重阳节正值菊花盛开的时候,观赏菊花自然就成为节日的一项重要活动。除了赏菊,还可以点燃菊灯、别菊花枝、饮菊花酒,目的是"解除凶秽,以招吉祥"。

7. 饮菊花酒

饮菊花酒是重阳节的一项传统食俗,有民间歌谣唱道:"九月九,饮菊酒,人共菊花醉重阳。"菊花酒清凉甘美,具有明目、养肝、养胃、利血、治头昏、降压、减肥的功效。早在汉魏时期就盛行九月九日饮菊花酒,认为它是强身益寿的佳品。《采菊篇》有"相呼提筐采菊珠,朝起露湿沾罗襦",这是有关酿菊花酒的记载。

8. 吃重阳糕

重阳糕是重阳节的代表性节令食品,蕴含五谷丰登、步步高升的吉祥之意。据史料记载,重阳糕又称花糕、菊糕、五色糕,重阳糕制作方法灵活,多为九层,取"高"与"糕"谐音,有祝子女百事俱高、长辈高寿之意。

9. 享宴祈寿

重阳节自古就有享宴祈寿的重要习俗,它寄托着人们对老人健康长寿的良好祈愿。《西京杂记》中有记载:"九月九日,佩茱萸,食蓬饵,饮菊花酒,令人长寿。"可以看出,从那时开始就有重阳节求寿的风俗。如今,摆敬老宴、宴饮祈寿的风俗依然在一些地方、一些家庭传承着,孝顺的晚辈、年轻人要么在家中,要么在酒店,要么在敬老院给老人准备上一桌。

10. 吃羊肉面

羊肉面是寓意很好的节食。因为"羊"与"阳"谐音,与重阳节的"阳"相呼应;面取白面,"白"与"百"谐音,寓意"长命百岁",再加上羊肉性暖,有助于强身御寒。

11. 尊老敬老

重阳节这天全国尊老敬老的风气尤甚,大到国家,小到家庭,各级单位、组织均有慰问老人的活动,有些爱心人士还会去敬老院捐赠、做志愿活动。身体硬朗的老人还会选择登高远望、健步走。

(三)重阳节的禁忌

(1)忌说"节日快乐"。重阳节是一个祭祖、祛灾、祈福的日子,说"节日快乐""重阳节快乐"都不太妥当,应该用"身体安康"之类的祝福语。

(2)忌送菊花。不要以为重阳节可以赏菊、饮菊花酒就可以送菊花,菊花在传统中跟哀悼、丧葬、祭祀有关,不适合送给活着的人,更不能在重阳节送老人。实在想在重阳节送花,可以选康乃馨之类的花,乱送一气,会违背送花的初衷,惹人不快。

(3)忌出嫁的女儿回娘家。出嫁三年之内的闺女重阳节这天不能回娘家,如果违反,会对婆婆不利。当然这只是一种比较迷信的说法,没有科学根据,听听就好,不要完全当真。如果有老人在意,可适当规避。

(4)忌煮饭。重阳节这天不要让母亲煮饭操劳,应该让老人歇一歇。为了让子女们理解这个道理,有"重阳不蒸粑,老虎要咬妈"的说法,用以警示。

登高的传说

相传在东汉时期,汝南有个瘟神,只要它出现,必定会死伤一片,老百姓深受其扰,谈"瘟神"色变。汝南县有个名叫桓景的青年差点被瘟神夺去性命,父母却没逃脱厄运(丧了命)。悲痛的桓景辞别了妻子和乡亲,决心外出访仙学艺,为民除害。

历经艰辛,桓景寻到一位法力无边的仙人,拜师学艺,练就了一身非凡武艺。一天,仙人把桓景叫到跟前,说:"明天是九月初九,瘟神又要出来作恶,如今你的本领已经学成,应该回去为民除害!"桓景接过仙人给的一包茱萸叶、一瓶菊花酒和仙人亲自授予的避邪秘诀骑鹤回家了。

九月初九的早晨,桓景谨记仙人的嘱咐,把乡亲们领到附近的一座山上,并每人发一片茱萸叶、一盅菊花酒。中午时分,狂风怒号,天昏地暗,瘟神出现在了村庄,还转到了山脚下,曾经凶猛异常的瘟神突然浑身发抖、踉踉跄跄,桓景意识到可能是茱萸和菊花酒让瘟神受不了了。说时迟,那时快,桓景手持宝剑冲下山,将瘟神刺死。从此,人们又过上了安定的日子,并且把登高当作是"免灾避祸"的良方。

传统的节庆礼俗、仪式、程序、讲究颇多,有些习俗、谚语由来已久,甚至还披上了迷信的外衣,我们需要智慧地去取舍,传承、运用合理的部分来服务我们的现代生活,融洽人际关系。

第五节　部分少数民族的习俗与礼仪

我国是一个拥有56个民族的大家庭,少数民族是指除汉族之外的55个民族,每个少数民族都有其独特的风俗习惯,各有千秋,各具特色,都是中华民族灿烂文化的重要组成部分。因篇幅所限,本节仅介绍壮族、维吾尔族、回族、苗族、满族、土家族、藏族、高山族、彝族、布依族等10个民族的习俗礼仪。

1. 壮族习俗礼仪

壮族是少数民族中人口最多、习俗也尤为特殊的一个民族,是拥有自己民族语言的少数民族,主要聚居于南宁、百色、柳州、贵港等岭南地区,还有少数散居在云南、广东、湖南、贵州等。壮族的文化习俗独具民族特色,是中国传统文化的重要组成部分。

壮族人居住地气候宜人、四季如春,适合种植水稻,世代沿袭下来的主食以大米、玉米、糯米等为主,比较有代表性的食品有五色糯米饭、螺蛳粉、壮粽、米粉、竹筒饭、糍粑、五色花米饭、豆腐酿、汤圆等,每逢传统节日,壮族群众家家户户都会做五色糯米饭,把吃五色糯米饭看作吉祥如意、五谷丰登的象征。壮族的传统肉食中,具有民族特色的有白斩鸡、烤猪和鱼生。壮族的青菜四季新鲜、种类繁多,壮族人喜欢吃炒菜,对竹笋、菌类等山货也特别喜欢。壮族地区盛产水果,壮族人爱吃菠萝、菠萝蜜、桂圆、香蕉、荔枝、黄皮、橄榄、芒果等。壮族人有嚼槟榔的传统习俗,至今仍然有人喜嚼槟榔,并用它来招待客人。

壮族人平日的服饰不断向汉族靠拢,但在重大的节庆场合依然会穿壮族传统服装,在部分地区有些中老年妇女还保留着穿民族服饰的习惯。壮族人主要居住地处亚热带季风气候区,气候相对闷热,所以男女民族服饰都具有"小衣襟,短打扮"的特征。《天下郡国利病书》记载:壮人花衣短裙,男子着短衫,名曰黎桶,腰前后两幅掩不及膝,妇女也着黎桶,下围花幔。壮族人的民族服饰,随着地区和支系的不同,样式有差异。无论男女都以蓝黑色为主,简洁大方,女子头上包彩色印花或提花毛巾,腰间系精致围裙,脚穿绣花鞋,有戴银簪、耳环、手镯和项圈等习俗。壮族妇女擅长纺织、刺绣、蜡染。

多年前,壮族人发明了"木楼"。木楼又称"干栏"或"麻栏",就是以木质结构搭建而成的二层阁楼,二层住人,一层圈养牲口和家禽。现如今壮族住房大多与汉族相同,但是在一些比较偏远的壮族村寨还残存一些古老而传统的"木楼"。

壮族的婚姻习俗颇为独特,自古就有"女娶男嫁,夫从妻居""不落夫家""嫁郎"的习俗,这种习俗类似汉族的"入赘"。《汉书》中有记载:"家贫子壮则出赘。"入赘就是男方到女方家落户,有"倒插门"的意思。

壮族盛行"嫁郎"习俗,"嫁郎"那天,男方家中不举行婚礼,婚礼在女方家举行。男子"嫁"到女方家之后,要改随妻姓,名字只保留最后一个字,中间字取妻子的辈分,以后所生子女一律随母姓。"嫁"入女方家的男子,在社会上、家庭中都享有与本地男子同等的地位,受人尊重。壮族的这种"嫁郎"风俗,从某种程度上讲有一定的积极意义,打破了"重男轻女"的偏见。现在大多过渡到了"嫁女"的模式。

自古以来,壮族青年就可以自由恋爱,到了适婚年龄就可以通过对歌、抛绣球和打木槽等方式来表达爱意,物色自己的意中人。

壮族人民能歌善唱,有定期举行的唱山歌会,农历三月初三的唱山歌会最为隆重。相传三月初三是"歌仙"刘三姐去世的日子,人们通过唱歌来纪念她;三月初三也是准备春耕的时候,歌会就是在为春耕做物质、精神准备。壮族的民歌具有浓郁的地方特色。

壮族几乎每个月都有节日,其中最具本民族特色的节日有"三月三"歌节、"牛魂节"、"中元节"等。三月初三既是壮族的传统节日,也是壮族男女青年的婚恋节日,1984年广西壮族自治区人民政府正式将农历三月初三这一天定为壮族的全民性节日——"三月三"歌节。"牛魂节",又称"牛王节""开秧节",相传农历四月初八是牛王的诞辰日,人们带着五色糯米饭和鲜草到牛栏旁边祭祀牛魂,梳洗耕牛,修整牛栏,然后把五色糯米饭及鲜草分给耕牛吃。"中元节",又称"鬼节""敬祖节",这一天壮族人会祭祖和祀鬼,祈求祖先保佑和避免小鬼作祟。壮族人这天一般都会杀鸭子来祭祀、吃鸭子过节,因此民间也称这天为"鸭儿节"。

2. 维吾尔族习俗礼仪

维吾尔族是比较大的一个少数民族,有自己的民族语言和文字,主要分布在新疆维吾尔自治区,大部分维吾尔族人居住在天山以南的新疆南部及西南部地区,尤以喀什、和田、库尔勒、塔里木、阿克苏最为集中,少量分布在湖南、河南等地。

维吾尔族人的主食是面食,种类很多,最常吃的有馕、抓饭、包子、拉面等。馕是维吾尔族人必不可少的食物,是用小麦粉、玉米面发酵后揉成大大的饼状,放在炉内烤制而成的面饼。抓饭是维吾尔族人最喜爱的一款色香味俱全、营养丰富的美食,做法是用大米、胡萝卜、洋葱、羊肉、羊油、清油等放在一起焖熟,令人垂涎欲滴。包子是维吾尔族人常吃的早餐,它用面做皮,用羊肉丁、羊油拌少许洋葱做馅制作而成。维吾尔族的包子皮薄馅多,非常好吃,有烤包子、蒸包子两种吃法。拉面是维吾尔族人最常吃的面食,用手工拉制成各种粗细不一的面条,煮熟后配上羊肉汤、香菜、辣椒油等,美味可口。维吾尔族人喜欢吃羊肉、牛肉,做烤全羊、清炖羊肉、烤肉串、大盘鸡他们最拿手。烤全羊是维吾尔族的一大传统名肴,既是他们自己的风味美食,也是用来招待贵客的上等佳肴。烤全羊选料考究、制法独特,通常选用绵羯羊或周岁以内的肥羊羔为主要原料,宰杀、剥皮、去头角及内脏后,用一头钉有大铁钉的木棍,将整只羊从头至尾穿上,再用姜黄、孜然粉、胡椒粉、盐水等调制成的调料抹遍羊的全身,最后放在火上烤1小时即可。烤全羊色泽黄亮,肉质鲜嫩,香气扑鼻,备受中外人士的青睐。清炖羊肉是用羊肉、羊油、生姜、胡椒、洋葱、胡萝卜等炖成的一种汤菜,营养又美味。烤肉串是将羊肉切成小块,串在铁签上,在火上烤熟,撒上孜然、辣椒等调料,外焦里嫩,风味独特。维吾尔族严格禁止吃猪肉、驴肉、狗肉、骡肉,南疆还禁吃马肉。自己死的牲畜、家禽用土埋,禁止吃。维吾尔族人喜欢喝奶茶和酥油茶,还喜欢吃各类奶制品、蔬菜瓜果、干果,不吃酱油和麻油,忌讳用鼻子嗅食物,重视卫生,洗手洗脸都用流水。

维吾尔族有独特的传统服饰,男性通常穿长袍,戴头巾;女性通常穿各种鲜艳颜色的花纹连衣裙,也常戴头巾。维吾尔族男女喜戴各种饰品,尤其是四棱花帽,男女老少都有一顶。

维吾尔族的婚俗独特而隆重,婚礼往往会持续数天,婚宴一般定在下午,彩礼主要是金首饰。新娘被接往男方家,需在男方家门口绕火走一圈才能进入新房,婚礼仪式上阿訇会将一块馕掰成两块,蘸上盐水赠给一对新人吃下,并祝他们同甘共苦、白头偕老。

维吾尔族是一个能歌善舞的民族,有着明显的音乐和舞蹈艺术天赋。维吾尔族舞蹈的独特特征在于强调昂首挺胸、立腰、拔背,头、肩、腰、臂、肘、膝、脚都参与进去动起来,眼睛传神,再加上"动脖""翻腕子""弹指头""三步一抬"等一系列的小技巧,形成了维吾尔族舞蹈欢乐外向、灵动自如的特点。维吾尔族的舞蹈种类繁多,有赛乃姆、多朗舞、萨玛舞、盘子舞、手鼓舞等。维吾尔族的歌曲具有浓郁的民族风格和地域特色,旋律优美,富有激情,节奏活泼,歌词内容丰富。有很多我们喜欢的歌,如《达坂城的姑娘》《掀起你的盖头来》《吐鲁番的葡萄熟了》《雪莲花》《弹起我的冬不拉》等。维吾尔族爱唱爱跳,是一个活泼欢快、热情奔放的民族。

维吾尔族有许多传统的礼仪,如摇床礼、命名礼、婚礼和葬礼等。维吾尔族的节日也较多,有开斋节、古尔邦节、诺鲁孜节等,节日期间,宰杀牲口,走亲访友,唱歌跳舞,穿上新衣,喜气洋洋。

3. 回族习俗礼仪

回族是中国少数民族中人口较多、分布最广的一个民族。回族分布在全国各地,主要聚居在宁夏回族自治区、甘肃、青海、新疆、河北、河南、云南、山东等地区。回族有着丰富多彩的民族习俗。

回族无论男女老少,在见面时相互问候"色俩目""安色俩目",这是他们民族特有的祝安词、见面语,相当于汉语的"您好"和"您也好"。有些地方的回族在致"色俩目"时,还将右手置于胸前,腰微微前躬,表示从内心敬重、祝愿。在互说"色俩目"的同时同性之间还可握手,异性不宜握手。互说"色俩目"还有诸多讲究,一般是晚辈、下级、年幼的向尊者先说"色俩目"。致"色俩目"时要端庄稳重,禁止摇头晃脑、嘻嘻哈哈、左顾右盼。回族人热情、善良、好客,讲礼貌。一般不问客人"你吃饭了吗"或说"喝点茶吧"之类的话,而是尽全力把客人招待好,遵循"持家从俭,待客要丰"的优良传统。客人要走时会一再挽留,执意要走的,则会送出好远。亲友生病时,左邻右舍都会去探望,十分重视待客、待人礼节。

回族人的主食为米、面,但明显面食多于米饭。面食是回族人民的传统主食,回族人非常擅长做面食,技术精湛,花样繁多,像馓子、打卤面、臊子面、兰州拉面、馅饼、烙饼就属于回族面食。回族分布较广,当然食俗也不完全一致,甘肃、青海的回族以小麦、玉米、青稞、马铃薯为日常主食;宁夏的回族偏喜爱面食、调和饭。回族的典型食品有清真万盛马糕点、羊筋菜、金凤扒鸡、翁子汤圆、绿豆皮、油香、馓子、烤全羊、手抓饭、羊肉泡馍、牛肉面、灌汤包等,这些食品深受回族人喜爱。

回族人特别喜欢吃牛肉、羊肉,有的也吃骆驼肉,忌吃猪肉、狗肉、马肉、驴肉、骡肉,不吃动物的血,喜欢吃青鱼、鲢鱼、鲤鱼等各种有鳞鱼。刘智在《天方典礼》中总结出了回族的饮食原则:"饮食,所以养性情也","凡禽之食谷者,兽之食刍者,性皆良,可食","惟驼、牛、羊独具纯德,补益诚多,可以供食"。

回族人不抽烟、不饮酒,但特别喜欢饮茶和以茶待客。西北回族的盖碗茶很有名,最有代表性的是用茶叶、冰糖、枸杞、核桃仁、芝麻、红枣、桂圆、葡萄干等八种食材放在盖碗内泡制而成的"八宝盖碗茶"。宁夏回族的罐罐茶、云南回族的烤茶、湖南回族的擂茶等都很有特色。回族在饮食上很讲卫生,不流动的水、不洁净的水均不饮用。饭前、饭后都要用流动的水洗手。

回族人因长期与汉族人杂居,所以在语言上基本使用汉语。回族人在衣着上与汉族人差别不大,主要的区别在头部,一般中年以上男子戴白色平顶无檐小圆帽(亦称"礼拜帽"),妇女戴头巾,通常是未婚女子戴绿色头巾,已婚妇女戴黑色头巾,老年妇女戴白色头巾。很多人好奇为什么无论春夏秋冬回族妇女都戴头巾,只把脸露在外面,原因在于:回族人认为头发、耳朵、脖颈是妇女的羞体,应该加以遮盖。

回族一般实行族内通婚,通常不与外族通婚,即便有少数与外族通婚的,也坚持"只准娶进,不准嫁出"的原则。婚礼不铺张浪费,不用烟酒招待客人,但筵席非常丰盛。娶亲一般不看"黄道吉日",通常选择在星期五,这一天是"主麻日",在回族传统中被认为是吉利的日子。在斋月期间回族避免举行婚礼。回族婚礼仪式中有一个最具特色、最重要的环节是阿訇主持婚礼并念"尼卡哈儿"(结婚证词),双方父母和证婚人见证。回族传统婚俗在2011年经过中华人民共和国国务院批准列入第三批国家级非物质文化遗产名录。

回族主要有三个节日,分别是开斋节、古尔邦节和圣纪节。开斋节这天人们沐浴更衣,尽享狂欢,共度佳节,开斋节的节食有油香、馓子、饺子、烤肉等。古尔邦节是一个纪念性的节日,节食有烤全羊、炖羊肉、羊肉汤、羊肉馅饼等。圣纪节是纪念先知穆罕默德、祈福的节日,节食为打卤面、全羊菜、油香、花花等。

4. 苗族习俗礼仪

世界上好几个国家都有苗族,我国境内的苗族主要分布于中部和西南地区。贵州是苗族人口最多的省份。其他的苗族人则分布在湖南、云南、湖北、广西、海南等地。

苗族人以大米、小米、玉米制品为主食,酸、辣是苗族食品最具民族特色的口味,因为从前山区缺少食盐,苗族人民只能以酸辣调味,长此以往就形成了固定的喜食酸辣的饮食习惯。民间有谚:"三天不吃酸和辣,心里就像猫爪抓,走路脚软眼也花。"酸汤鱼、酸菜、酸笋、酸笋糯米饭都是具有苗族特色的食品。此外,苗家竹筒饭、腌笃鲜、苗家腊肉、苗家奶茶、油茶、糍粑、腌鱼等都是苗族人的最爱,"一日不喝油茶汤,满桌酒菜都不香"。苗族男女都喜欢喝酒,有以酒待客、唱酒歌的习俗。苗族大多数人家都能自制酒,通常用自产的糯米、苞谷、高粱酿出各种不同的酒。

苗族服饰主要由便装、盛装组成。苗族盛装是苗族服饰中最雍容华贵、最独特的服装,只有节日或者盛会的时候女孩子们才穿。与盛装相配套的就是银饰,苗族银饰以大为美、以重为美,头上戴的苗族大银角几乎为佩戴者身高的一半,胸前戴着硕大的银锁,耳朵上戴着大耳环。百鸟衣、刺绣、银锁是苗族盛装的标志。苗族便装就是苗族人日常穿着的服装,比盛装朴素、简洁,女性的传统服饰有多层重叠的彩色裙子,配以银饰和绣花;男性则穿着黑色上衣和搭配的彩色裤子。苗族蜡染、银饰具有浓郁的民族风情,银饰是苗族服饰的主要装饰品,各个支系的苗族妇女穿盛装时都喜欢佩戴多种银饰。苗族人大多数住在山区,住房多为吊脚楼。吊脚楼一般有两至三间屋,楼上层住人,楼下层贮放粮食及杂物。

苗族青年一般自由恋爱。稍大一些的少男少女通过游方、采花山、跳月、坐茶棚来寻找自己的意中人,确定关系后父母为他们选择吉日结婚,结婚之前一段时间,男女双方是不能见面的,俗称"婚前不见面"。苗家还有唱山歌定情、"踩脚传情"、送手帕传情的习俗。需要特别强调的是:苗家姑娘赠送的手帕不是普通意义的手帕,它是传统的定情信物,按照当地习俗,男孩接受了手帕就相当于订下婚约了。苗家姑娘出嫁有哭嫁的传统习俗,一般从出嫁的前三天甚至更早就开始哭嫁,出嫁前一晚到上轿前哭嫁达到高潮。

苗族的传统节日有苗年、挑葱节、四月八、赶歌节、龙舟节、吃新节等,其中以过苗年最为隆重。苗年的具体日期,各地不尽相同,一般是在收谷子进仓以后。苗年的前几天,家家户户忙于清洁打扫、杀猪、买肉、打豆腐、做糯米粑、酿米酒、做香肠、祭祖、走亲访友等,苗年前后约9天。挑葱节在三月初三,这天男男女女以挖野葱为名汇聚在山坡上,边挖野葱边对苗歌,甚是热闹,三月初三也可视为苗族的情人节。四月八是苗族人纪念他们的民族英雄的日子,这天他们身着盛装,拿着箫笛,背着芦笙,到固定的地点来缅怀英雄。六月六是苗族的赶歌节,是纪念苗族青年吴天龙的一个传统节日,这天苗族举行集会、唱歌、对歌、跳舞,来表达对美好的追求和向往。龙舟节是苗族的传统节日,每年农历五月初五,苗族举行盛大而隆重的龙舟竞赛,既娱乐,又交流生产生活经验,是祈求风调雨顺的节日。苗族的祖先相传是蚩尤,苗族人有崇拜祖先和自然的传统,所以节日中除了娱乐、交往,还有祭祀。

5. 满族习俗礼仪

满族起源于有"白山黑水"之称的东北地区,主要聚居在中国东北三省,以辽宁省人数为最多。内蒙古、山东、北京、河北等地有一部分,广州、成都、兰州、福州、银川、西安也有少量满族人。满族是一个历史影响尤为显赫、人数众多的少数民族,现如今满族人几乎遍布全国,有"大分散、小聚居"的特点。

满族人以小麦、大米为主食,主食种类有饽饽、饺子、米饭、豆干饭、豆擦糕、酸汤子等,他们喜吃黏豆包、萨其马之类的黏食和甜食。满族面食点心品种繁多、制作精巧、风味独特,统称为"满族饽饽"。满族的点心非常有名,与汉族的饮食文化交融,素有"满点汉菜"的说法。清朝还打造出了著名的"满汉全席",满汉全席是清代最高档次的筵席,主要由满点、汉菜组成,是一种集满族、汉族饮食特色、烹饪技艺于一体的筵席。据乾嘉年间李斗《扬州画舫录》记载,"满汉全席"共5份菜品组合,第一份主打海味,第二份为山珍,第三份为本地特色佳肴,第四份为满洲风味,最后一份是酒菜、小菜、水果,朝廷的满汉全席总共有108道菜式,以东北、山东、北京、江浙菜居多,菜品大多是珍馐美味,极尽奢华。

据典籍记载,满族人擅长养猪,肉菜以猪肉、羊肉为主,擅于烧、烤、蒸、炖、酱、炸等烹饪手法,有代表性的菜品有白肉血肠、烤乳猪、锅包肉、猪皮冻、手把肉、酱骨架、酸菜、杀猪菜等。白肉血肠是满族的传统炖菜,也是当地居民杀年猪后宴请亲友的一道主菜,制作方法是将五花肉煮熟切成薄片,因其肉质柔润、肥而不腻,故称白肉。血肠就是将猪血加作料灌进肠衣后煮熟而成。白肉、血肠、酸菜丝三者合一放在肉汤或鸡汤中炖煮即成一道肥而不腻、瘦而不柴的美味。烤乳猪是满汉全席的主打菜肴,早在西周时已经盛名在外,被列为"八珍"之一。贾思勰的《齐民要术》中有关于烤乳猪的记载:"色同琥珀,又类真金,入口则消,状若凌雪,含浆膏润,特异凡常也。"那时,烤乳猪以烧为主,做法是将初生的6~8斤的乳猪宰杀处理干净后,用水和黄泥涂满猪全身,埋在炭火中烧熟,然后除掉黄泥,用刀割下,蘸盐和调料吃。随着满族上层贵族的追捧和青睐,厨师们不断琢磨烹饪技巧,开始尝试用白酒、黄酒、盐、蜂蜜等调成汁,涂抹于乳猪全身,将铁钎从头到尾插于猪身,放在炭火上烤,边烤边翻边抹油,到熟为止。《随园食单》有记载"旗人有单用酒、秋油蒸者",表明满族人制作"烤乳猪"有自己的特色。涮火锅是最为典型的满族传统食俗,据说满族火锅是爱新觉罗·努尔哈赤带领部下在行军打仗途中,受时间、条件限制而临时凑合,偶然发现的一种饮食方法,具体做法是将锅底、猪肉、酸菜煮开,配以青菜、菌类、野鸡、海鲜、鹿肉、羊肉、粉条等涮熟,蘸上各种调料而吃。涮火锅现如今风靡全国。手把肉也是满族的传统美食。据《黑龙江外记》记载:"满族宴客,旧尚手把羊或全羊……所谓手把肉,持刀自割而食也。"满族人喜欢喝酒、抽烟,从前有以烟待客的习俗,不仅男子抽烟,女子也会抽烟,故有"东北三大怪"中"十七八的姑娘叼个大烟袋"的生动描述。不过,现在满族人普遍减少了抽烟、喝酒。

满族传统服饰对我国现代服饰的影响颇为显著,如现在大家喜欢的旗袍、唐装、马甲等都是根据满族的旗袍、坎肩、马褂等传统服饰改良而来的。旧时满族男女老少,无论贫富贵贱都穿袍服,满族人也称"旗人",故袍服也被称作"旗袍"。女性旗袍的特征是立领、束腰、侧开襟、下摆回收、开叉,能充分展示东方女性的线条美,现已成为中国女性的民族服装,享誉全球。马褂是满族男子骑马时常穿的一种褂子,后常被皇帝用来赏赐有功之臣,象征极高荣誉的为"黄马褂"。男式唐装是以满族对襟马褂为雏形,加入一些时尚元素改良而成的现代服装。坎肩也是满族人常穿的服饰,在民族融合的过程中,受汉服的影响,发展成今天男女都喜欢的"马甲""背心"。传统的满族服饰多以白色、蓝紫色为主,有尚白的习俗,以白色为洁、为贵。

满族人多居住在山区,御寒防冷是首先要考虑的实际问题。"口袋房,万字炕,烟囱出在地面上"精准地描述出了满族民居的最大特征。满族以西为上,祖宗牌位供于西墙,故西炕不许住人或放杂物,否则视为不敬。南炕是长辈居住的地方,北炕为晚辈居住的地方。满族民居的烟囱不像汉族修在屋顶上,而是"烟囱出在地面上",有孔道与火炕相通。窗户纸糊在外,院中立有索伦杆。满族聚居地的传统交通工具有马车、爬犁、独木舟和桦皮船等。

满族是一个十分注重礼仪的民族,尊重长老、友爱乡邻、敬重祖先,他们的各种礼节有着鲜明的民族特色。满族传统节日有春节、添仓节、二月二、虫王节、颁金节和中元节等,颁金节是满族"族庆"日,定在每年农历十二月十三。满族的传统节日娱乐项目有滑冰、珍珠球、跳马、跳骆驼等体育活动。满族有着独特的传统添丁习俗,添男丁就在家门口左边挂弓箭,生女孩就在门口右边挂红布条,娘家送悠车。

满族禁忌较多,不允许亵渎神灵和祖宗,不许从锅灶、火塘的三脚架上越过,不得在索伦杆上拴牲口或挂什物,忌打狗、杀狗、食狗肉、戴狗皮帽、用狗皮褥子、穿狗皮袄。满族民间流传着一个广为人知的"义犬救罕王"的故事,相传努尔哈赤年轻时被恶人追至芦苇荡,被恶人放火烧杀,危难之际随行的大黄狗挺身而出救了努尔哈赤,自己却累死了。努尔哈赤曾嘱咐族人"山中有的是野兽,尽可以打来吃,但是,今后不准再吃狗肉、穿戴狗皮,狗死了要把它埋葬了,因为狗通人性,能救主人,是义犬"。从此满族就有了爱犬、敬犬的习俗。

6. 土家族习俗礼仪

土家族是一个历史悠久的少数民族,主要分布在湘、鄂、渝、黔交界地带的武陵山区。具体包括:湘西土家族苗族自治州的龙山、永顺、保靖、古丈等县;恩施土家族苗族自治州的来凤、鹤峰、咸丰、宣恩、建始、巴东、恩施、利川,宜昌的长阳、五峰;渝东南的黔江、酉阳、石柱、秀山、彭水等区县;黔东北的沿河、印江、思南、江口、德江等县。土家族的图腾是白虎,土家族人以白虎为祖神,自称是白虎的后代,每家神龛上都供奉着木雕白虎,节庆时都会祭拜。

土家族人日常主食有苞谷、稻米、红薯、杂豆、洋芋等,吃法多样,讲究颇多。菜肴以酸、辣、香为主要特点。具有土家族特色的食物有糯米粑粑、腊肉、腊肠、团馓、糯米饭、糯米糕、油茶、蓑衣饭、洋芋饭、社饭、合菜、合渣等。土家族人尤喜将黄豆磨细,浆渣不分,煮沸澄清,加菜叶煮熟,制成合渣。蓑衣饭是一种地域特色美食,由大米和玉米混合蒸煮制成。合菜是土家族过年每家每户必有的民族菜肴,做法是将猪肉、红辣椒、萝卜、豆腐、白菜等合在一起炖煮,象征五谷丰登、合家团聚。社饭是土家族社日必吃的"过节饭",主要是用野葱、社菜、腊肉、黏米、糯米焙制而成。

常言道:"住山靠山,靠山吃山。"土家族所在地野葱、椿芽、蕨、笋、葛根、枞菌、野木耳、蜂蜜、茶等应有尽有。土家人好饮酒,喜喝茶。

土家族服饰崇尚俭朴实用,款式简单,喜宽松,重细节,镶花纹。女装为短衣大袖,斜式满襟,八幅罗裙,男装为对襟短衫,头缠青丝帕。土家族是最先汉化的少数民族,很多地方的土家族服饰与汉族服饰差不多。只有在隆重节庆,才能见到土家族传统服饰,衣料多为青蓝色土布或麻布(旧时称"溪布""峒布")。西兰卡普是土家族的传统织锦艺术,有300多个品种。西兰卡普是从前土家族姑娘出嫁时的"花铺盖",后来这一元素被融入服饰文化中。

土家族的传统民居主要有茅草屋、吊脚楼。吊脚楼是土家族最具代表性的民居,依山而建,三面悬空,靠柱子支撑,上面住人,下面放杂物、养家禽牲口。这种干栏式建筑既能避免洪水、防蛇虫,又利于通风和防潮,被专家学者称为传统建筑的"活化石"。

土家族非常重视传统节日,几乎月月都有节日。通常有祭祀类节日、纪念性节日、庆贺节日、社交娱乐节日、生产性节日,具体包括赶年节、元宵节、社日、花朝节、寒食节、清明节、牛王节、端午节、六月初六……在众多节日中,以赶年节最为隆重,赶年节是土家族传统节日,以"赶年"最具特色:土家人过年时间比汉族提前一天,小月为腊月二十八,大月为腊月二十九。这一习俗源自明嘉靖年间,他们的先民为抗倭寇而赶在农历腊月二十九大犒将士,提前一天过年,然后在除夕那天趁倭寇不备,获得大捷,后人为纪念祖先的这一壮举,沿袭了提前一天过年的传统,形成了土家族"赶年"的习俗。过赶年节土家族人会打糯米粑粑、杀猪祭祖、煮酒。

土家族文化艺术种类繁多,风格独特。傩戏是土家族的一种祭祖活动,曹禺先生称:"中国不但有长城,没想到还有傩戏,是很值得研究和保护的文化瑰宝。"摆手舞是土家族最具民族特色的舞蹈,集歌舞、乐、剧于一体,以开天辟地、繁衍生息、开荒耕田、狩猎捕鱼、民族迁徙和饮食生活为素材,带有浓厚的祖先崇拜痕迹。摆手舞一般在年节举行,现如今逐步发展为集祭祀、祈祷、娱乐、体育竞赛、物资交流等于一体的综合性的民俗活动,是国家级非物质文化遗产之一。

茅古斯舞是土家族最为原始的、与戏剧杂糅交织在一起的舞蹈,是土家族为了纪念祖先而举行的祭祀性活动,是中国舞蹈的源头,也被称作中国戏剧的"活化石",是国家级非物质文化遗产之一。

土家族人不仅擅长跳舞,还爱唱山歌,他们自己都说:"土家人民爱唱歌,山歌越唱越快活。"土家族山歌是土家族人民在开阔的山地环境中劳作和生活中产生的歌,它曲调高亢、粗犷豪放,在长期的历史发展中,土家族人通过口传心授的方式,互相模仿,代代相传,形成了凡事必歌的土家风俗。

7. 藏族习俗礼仪

藏族是中国历史较为悠久的少数民族,早在4000多年前,藏族的先民就在雅鲁藏布江流域繁衍生息,他们是青藏高原的原住民。全世界好几个国家都有藏族,中国境内的藏族主要分布在西藏自治区、青海、甘肃、四川、云南等地。藏族人民有自己民族的语言和文字,创造了灿烂的民族文化,在音乐、雕刻、文学、舞蹈、绘画、建筑等方面有很深的造诣,藏戏、藏族唐卡、藏医药、藏族金属锻造技艺、锅庄舞、藏族造纸技艺、格萨尔等都是极为重要的民族文化遗产。

藏族人民爱喝酥油茶、青稞酒,爱吃糌粑、牛羊肉及各类奶制品。糌粑是藏族牧民的一种传统主食,是用青稞或豌豆炒熟磨成粉,用青稞酒、酥油茶调成糊状,捏成小团吃。酥油茶是将从牛奶中提炼出来的酥油、砖茶和盐巴三样混合在一起而形成的一种茶。藏族人宁可三月无肉,也不可一天无酥油茶。去藏民家做客时,饮茶不能一饮而尽,更不能只饮一碗,饮三碗才最吉利。藏谚道:"一碗成仇!"主人倒茶时,客人要等主人双手捧到面前时才可以接过来喝。青稞酒是用青稞酿制成的一种低度酒,藏族每酿新酒,必先敬酒神,然后向长辈敬酒。喝青稞酒讲究"三口一杯",不能一饮而尽。藏族人喜欢吃肉,但大多只吃牛羊肉,不吃马肉、驴肉、骡肉、狗肉,甚至还有些人不吃鱼、虾。藏族农区、牧区的饮食有些不同,牧区的饮食除糌粑、面粉外,还吃"红食""白食"。所谓"红食"指的是肉,"白食"指的是奶及奶制品。农区的饮食是酥油茶、青稞酒及青稞、小麦、玉米、土豆和其他杂粮。

藏族服饰多姿多彩,男装体现雄健豪放,女装突出典雅潇洒,藏族服饰的特点是长袖、宽腰、大襟、款式众多、配饰多彩。配饰大多用金、银、珊瑚、珍珠、玛瑙、绿松石、天珠、蜜蜡等制作,尤其是腰部的佩裾最有特色,有的人会在上面镶金银珠宝。头饰在藏装中占据重要位置,比较有特色的是戴在女子头顶上的"巴珠",非常华贵。哈达、藏袍、藏帽、藏靴、邦典都是藏族服饰的独有特色。

献哈达是藏族最普遍的一种习惯性礼节,在礼拜佛像、拜会尊长、迎来送往、婚丧嫁娶、节日庆典等时机都要献哈达。哈达即纱巾或绸巾,长 1.5～2 米,宽约 20 厘米,通常有白色、蓝色、绿色、红色或杂黄色的哈达,正黄色哈达仅用于献给活佛,不送一般人。白色寓意平安吉祥,故多用白色哈达送人。献哈达时,要用双手捧着哈达平举到齐高,再向前伸,然后弯腰时哈达与头顶持平,这意味着给予对方尊敬和最大的祝福——吉祥如意。接受哈达时,应该保持恭敬的姿态,用双手平接过来挂在脖子上。磕长头是藏传佛教信徒为实现信仰、祈福避灾而进行的一种虔诚的拜佛仪式。在大昭寺、布达拉宫等地常可以见到磕长头的人。藏族在迎接客人时会用左手蘸酒弹三下,然后抓一点青稞向空中抛撒三次,来表达礼敬和祈福。藏族的礼节非常周到,尊敬长者、使用敬语、注重尊称,注重礼尚往来,回礼往往会加一倍。

藏族人民能歌善舞,藏族被称作"能说话就能唱歌,会走路就会跳舞"的民族,亲友聚会要跳舞,待客要跳舞,重要节日要跳舞,跳舞是他们表达快乐、联络感情的一种方式。

藏族是个多节日的民族,按藏历算几乎是月月有节,藏族的传统节日有藏历新年、酥油花灯节、望果节、赛马会、萨嘎达瓦节、跑马山转山会、雪顿节、祈祷节、林卡节、燃灯节等。藏历新年是藏族人民一年中最隆重的节日,跟汉族的春节一样受到重视。在藏历新年到来之前,人们就开始打扫卫生、准备年货,用炸果子、古突、糌粑、人参果等美食来迎接新年的到来。藏历新年从藏历正月初一开始,一直持续半个月左右,当然最为重要的是前三至五天。人们吃年饭、穿新衣、祈福、走亲访友、跳锅庄舞和弦子舞、唱藏戏、拔河、赛马、射箭、角力等庆祝新年,整个藏区都沉浸在欢乐、祥和的节日氛围之中。酥油花灯节是藏族一年中最璀璨夺目的节日之一,节期在正月十五,人们用以酥油和面粉再加上各种染料做成的酥油灯装饰整个街道,晚上酥油灯同时亮起,整个街道五彩斑斓,神奇而美好,人们欢快无比。望果节是一个庆祝丰收的节日,在西藏的拉萨、日喀则和山南等地颇为流行,通常在果子成熟、丰收的七八月份,具体在青稞黄熟开镰收割的前两三天举行。望果节期间,人们着盛装、搭帐篷、带食物,聚集在田野里,通过野餐和表演藏戏、歌舞、跑马射箭等活动进行狂欢、祭祀神灵,以祈求来年风调雨顺。萨嘎达瓦节又称佛吉祥日,它与佛陀的诞生、成道、涅槃联系在一起,是个三期同庆的吉祥的日子,对信徒来讲非常神圣,会持续整整一个月。跑马山转山会又称沐佛节、敬山神,是一个祭祀山神,祈祷平安、丰收的节日。雪顿节又称为酸奶节、晒佛节,是膜拜佛祖、纪念释迦牟尼诞辰的重要传统节日。祈祷节是诵经祈祷的节日。赛马会就是藏族人民展示高超的骑射、走马、跑马、取物等技艺的草原盛会,经国务院批准列入第二批国家级非物质文化遗产名录。藏族人民以各种各样的节日活动表达着他们对美好生活的期盼,显示出乐观向上的生活态度。

8. 高山族习俗礼仪

高山族是中国的少数民族,主要分布在台湾,少数分布在福建、浙江、武汉、北京、上海、南京、山东和安徽等地。高山族是一个族群,内部又分阿美人、排湾人、泰雅人、赛夏人、布农人、邹人、雅美人、鲁凯人、卑南人、邵人、平埔人等。他们有自己的语言,没有本民族的文字。

高山族以种植水稻为主,以渔猎生产为辅。高山族擅长纺织、编藤、雕刻、制陶、刺绣等手工艺制作,尤其以绘画和雕刻最为出色。高山族的主食是大米和小米,辅以薯类和杂粮,蔬菜有萝卜、白菜、土豆、豆子、南瓜、韭菜、竹笋、辣椒等,肉类有猪、牛、鸡、鱼、贝类等。高山族普遍爱吃生姜,有的直接用生姜蘸盐当菜吃,有的用盐加辣椒腌制成咸菜,还有的用生姜泡水当饮料。大部分高山族人喜欢抽烟、喝酒,但不喜欢饮茶、喝开水。

高山族传统服饰绚丽多姿,各族群的服饰各具特色,普遍喜欢红、黄、黑三种颜色,男子的服装有腰裙、套裙、长袍等,女子有短衣长裙、长衣短裳、膝裤等。高山族各族群男女服饰都非常注重装饰,饰物主要有贝珠、贝片、琉璃珠、熊牙、猪牙、羽毛、兽皮、花卉、纽扣、竹管、银铜首饰、钱币等,他们的饰品琳琅满目。尤其是男子盛装时几乎从头到脚都有装饰,有些男子的头冠甚至比女子的头冠更为多彩、繁杂。除了服饰之外,他们还有黥面、文身、凿齿、涅齿、穿耳、除毛、束腹等对身体进行装饰的传统习俗。现代高山族人的服饰装扮有了较多改变,但最具民族特色的传统装扮习惯依然保留了下来。

高山族先民依山傍水而居,传统住宅有木屋、竹屋、茅屋、板岩石屋等,十分讲究造型并兼顾实用,大多有门无窗,整体结构呈长方形或四方形。

高山族是一个具有艺术天分的民族,虽然没有自己的民族文字,但其民间文学、口头文学却十分丰富,有神话、传说、民歌、故事等口口相传的作品。高山族的传统节日有很多,如丰收节、拔草祭、少年节、矮灵祭、捕鱼祭、背篓会、打耳节等,这些节日大多带有祭祀的色彩,祭祀活动有祖灵祭、谷神祭、山神祭、猎神祭、结婚祭、丰收祭等。"丰收祭"又称"丰收节",是高山族最盛大的节日之一,相当于汉族的春节。在祭祀、节日的庆祝中,各种舞蹈也相应而生,拉手舞是高山族民间舞蹈中广为流传的自娱性舞蹈,具有浓郁的原始舞蹈风格,热情奔放、轻松热闹、包容性强、步伐简单、节奏鲜明。

9. 彝族习俗礼仪

彝族是一个具有悠久历史和古老文化的少数民族,有自己的民族语言。我国境内彝族人主要分布在滇、川、黔、桂的高原与沿海丘陵之间,具体聚居区在四川凉山彝族自治州、云南楚雄彝族自治州、红河哈尼族彝族自治州、贵州毕节和六盘水,彝族人分布有"大分散、小聚居"的特点。

彝族饮食习俗深受地理环境和资源的影响,彝族人分布在中国的西南部,以农业为主,种什么吃什么,有什么吃什么,主要种植大麦、小麦、荞麦、燕麦、元根、水稻、玉米、蔬菜,盛产水果,山货充足,适合养羊、狩猎捕鱼。彝族人凭借丰富的资源,创造出独特的饮食习俗,主食吃玉米、荞麦、大米、土豆、小麦、燕麦,肉食吃牛肉、猪肉、羊肉、鸡肉。口味喜食酸辣,嗜酒。彝族酒香、肉香、汤味美。有俚语言:"汉人贵在茶,彝人贵在酒。"酒在彝族饮食中占有重要的地位,彝族人不光自己喜欢喝酒,还有"以酒待客"的习俗,他们的"坛坛酒"比较有名。彝族的"坨坨肉""酸菜汤"独具民族特色。彝族的美食众多,数不胜数。彝族人常说:"没有酒说话没精神,没有坨坨肉不像招待客人。"坨坨肉在彝族人的饮食中占有重要地位,招待贵宾、婚丧嫁娶、节日欢聚都离不开坨坨肉,其做法如下所述:将20~30斤的乳猪宰杀,在火上翻烤熏烧除毛、处理干净,切成二至四两的方块状再放入锅内用清水煮熟,捞出、拌盐和辣椒面以及花椒面等作料,反复颠簸,别有风味的坨坨肉便做成了。坛坛酒是用玉米、高粱、荞麦等杂粮为原料,配上多种中草药材,放在坛内酿造而成的酒。一旦有客人来,主人便捧出酒坛,倒些冷开水进坛,然后用竹管或麦秆插入坛内,主客双方共饮。酸菜汤是酸菜熬出的汤佐以坨坨肉制成的佳肴,彝胞喜酸,吃饭、宴客都离不开酸。彝族人擅长烹制羊下水,精心做成的烩羊杂碎也是具有民族特色的佳肴。

彝族有厚重的酒文化,彝族人饮酒不分场合地点,不分生人熟人,围成一个圆圈,端着酒杯你劝我劝,依次轮流饮喝,这种酒俗称"转转酒"。彝家人十分好客,劝客人饮酒热情而又真诚。人们常说:"甜不过彝家的杆杆酒,好不过彝家人的心。"彝族有"客人长主三百岁"之俗话,凡有客人来,必须让位于最上方并热情款待。民间素有"打羊""打牛"的迎宾待客习俗,凡有客到,必杀牲待客。杀牲之前甚至把活牲牵给客人过目再宰杀,以表示对客人的敬重。

彝族服饰种类繁多、色彩纷呈、款式多样、朴实厚实、注重配饰,带有浓厚的地域色彩。彝族服装一般由自制土布、丝线、纯羊毛手工缝制而成,青年人的服装图纹、色彩艳丽,中年人的服装色彩、花纹相对简洁端庄,老年人多着青蓝布装,仅饰简单的青蓝衣边。彝族姑娘擅长刺绣,喜欢在衣襟、领口、衣袖、裤脚、围腰、鞋子、头帕等上面绣五彩斑斓的花,她们崇尚黑、红、黄三色,不喜灰色。男子服饰的显著标志是男子头上的"英雄髻"和斗篷"查尔瓦",女子服饰的关键是头帕和耳坠。

彝族民居有瓦房、土掌房、闪片房、垛木房、茅草房等。土掌房以土、木、石为原料,无柱无梁,建造时用夹板固定,填土夯实逐层加高后形成土墙,屋顶平坦,方便晾晒。一般分上、下两层,上层住人,下层关牧畜。

彝族人多才多艺,传统工艺美术有漆绘、刺绣、银饰、雕刻、绘画等。彝族的漆绘历史悠久、技艺精湛,主要绘制在餐具、酒具、兵器和乐器上。彝族民间文学内容丰富,多以口头形式流传,有神话、传说、谚语、谜语、童话、寓言等多种形式。

彝族的传统节日很多,主要有彝族年、火把节、跳公节、补年节、赛装节、庆年节等。彝族年是彝族的传统节日,过年期间人们杀猪宰羊、盛装娱乐、走亲访友,一片祥和。火把节是彝族最盛大、最隆重的节日,节期在农历六月二十四至六月二十七之间,人们在节日期间会着盛装、祭祀、摔跤、赛马、斗牛、唱歌、跳舞来狂欢,到了晚上,人们会手持火把,围着庄稼地转悠,围着篝火起舞。

10. 布依族习俗礼仪

布依族是我国西南部的一个少数民族,主要分布在贵州、云南、四川等省,其中大部分在贵州省。布依族以农业为主,很早就开始种植水稻,有"水稻民族"的称谓。

布依族主要居住地处于亚热带湿润气候区,"冬无严寒,夏无酷暑",年均温度为16℃左右。得天独厚的自然条件使得该地区适合种植各种瓜果、蔬菜、粮食、水稻、玉米、小麦、旱稻、小米、高粱、红稗、荞麦、薯类、豆类、甘蔗、茶叶、黄橙、柚子、芭蕉、香蕉、木耳、板栗等应有尽有,鱼类、珍禽异兽也屡见不鲜。布依族人的主食为大米,兼食玉米、小麦、红稗、荞麦,特别喜欢吃糯米制品;肉食主要有猪肉、牛肉、狗肉、鸡肉和鸭肉。布依族人的口味偏好酸辣,辣椒、酸菜、酸汤是他们餐桌上的"常客",具有民族特色的食品有独山盐酸菜、酸辣椒、花江狗肉、都匀黄焖狗肉、册亨狗肉全席、糍粑、三角粽、熏腌腊肉和香肠、糯米酒、烧酒、布依鸡八块、血豆腐等。

布依族服饰多用青、蓝、白几种颜色,衣袖、裤脚皆较为宽松。布依族传统男装较为简约,通常为对襟或大襟短上衣、大裤脚长裤,头饰为青布或花格布头帕;传统女装大多为右衽大襟衣、大裤脚长裤或蜡染布百褶裙,布依族妇女喜欢佩戴各种银质首饰,常用花格布作包头帕。

布依族工艺美术久负盛名,主要有蜡染、刺绣、织锦、竹编、织染、雕刻,蜡染、土花布、仲家布织锦、铜鼓、凉席、斗笠都是布依族优质民族特色产品。

布依族拥有丰富多彩的传统节日,尤以"三月三""四月八""六月六"等节日最具本民族特色。三月三是布依族传统的节日,三月初三这天人们主要是祭山神、扫寨赶"鬼"、对歌,所以三月三被称作对歌节。四月八是"牛王节",家家户户都做牛王粑、黑糯米饭或五色糯米饭,祭祖先,敬"牛王",并让耕牛休息、喂鲜草,以此来表示爱护、酬劳耕牛。六月六是布依族人民非常重视的一个传统佳节,节日这天,家家户户杀鸡、包粽子、杀猪宰牛,祭盘古、扫寨赶"鬼",然后就是享美食、尽欢娱,年轻男女互赠信物、表达爱意,六月六也可看作布依族的情人节。

哭过,才是你的人

在我国的汉族、土家族、藏族、彝族、壮族、撒拉族等民族的婚嫁中,曾流传着一种奇特的传统习俗——"哭嫁"。"哭嫁",也称"哭出嫁""哭嫁囡""哭轿",是旧时婚嫁不可或缺的一部分。

哭嫁一般从新娘出嫁前三天甚至更早开始,断断续续地哭,婚礼的前一天晚上到第二天上轿时,哭嫁达到高潮。哭唱的内容涵盖了丰富多彩的方面,主要有"哭爹娘""哭哥嫂""哭姐妹""哭叔伯""哭陪客""哭媒人""哭梳头""哭祖宗""哭上轿"等。哭词有一代代流传下来的,也有新娘即兴创作的,哭词表达的无外乎是对父母长辈的感激之情、对哥嫂弟妹们的关怀之意、对曾经的生活的留恋和不舍、对新生活的迷茫与不安,也有表达对婚姻的不满。哭嫁多带有表演性质,用以渲染气氛,以悲衬喜,不排除有一定的真情流露。哭调抑扬顿挫,类似于唱。

据说,以前就没有出嫁不哭的姑娘,如果出嫁不哭,会沦为邻里的笑柄,甚至被人看不起,因为民间有"闺女不哭,娘家无福""不哭不发""越哭越发"的说法,大家普遍认为哭才吉利,哭嫁是一种风俗。相传哭嫁这一风俗起源于战国时期,赵国公主嫁到燕国做王后时,赵太后在临别时"持其踵为之泣,祝曰:'必勿使返。'",这以后,"哭嫁"的风俗便流传开来。男人们都明白:哭嫁过,姑娘才脱离娘家,真正成为你的人。当然今天"哭嫁"习俗逐渐消失,领了结婚证,夫妻双方就已是一家人。

传统哭嫁的缘由主要体现在四个方面。

(1) 伤离别,念亲恩。

哭父母:"我的妈呀我的娘,您为女儿办嫁妆,十天赶三场,一月赶九场,大路走成槽,小路跑起毛。鸡子刚开口,娘在路上走;麻雀进了林,娘在半路行;喜鹊落了窝,娘在路上摸;红红绿绿几大宗,凑凑合合办得多。我的妈呀我的娘,韭菜开花九片叶,我娘怀我十个月,十月怀胎受苦难。十月一满临盆降,我娘分身在一旁,嘴巴咬得铁钉断,双脚踩得地皮穿。醒来一看儿的身,是女非男娘伤心。娘的好处千千万,十天半月数不完。"

哭哥嫂:"我的哥呀我的嫂,一个柑子十二瓣,哥嫂妹妹要分散;一根竹子十二节,逢年过节要来接;一个鸡蛋没散黄,你家姊妹日子长;一口水缸三道箍,你我姊妹莫生疏。"

母嘱咐:"成人要出嫁,妈妈嘱咐几句话:一要孝公婆;二要敬丈夫;三要妯娌多和睦;四要心细贤,茶饭要均匀,火烛要小心,炒菜要洁净;五要起得早,堂前把地扫,贵客来到家,装烟又递茶;六要学裁剪,免得求人不方便,切莫贪玩多,日后穷了靠哪个。"

哭姐妹:"橘子好吃要剥皮,好耍姊妹要分离。橘子好吃要剥瓣,好耍姊妹要分散。好耍姊妹一同玩,家事国事都可谈。叫我怎能舍得你,越思越想越心烦。"

(2) 换身份,忧前途。

有些新娘担忧"我在娘家是贵人,六月太阳我没晒,七月行雨我没淋;我到婆家变贱人,六月太阳天天晒,七月行雨我要淋",进而发出了"这样的日子怎么过,这样的日子怎么挨"的抱怨。

"鸡公仔,尾弯弯,做人媳妇真艰难。晚晚睡,早早起,到厨房,碗筷洗,出客厅,清桌椅……"

"太阳起来照到楼,我慢洗脸慢梳头。父母身边习惯住,饭来张口衣伸手。吃完早饭碗一丢,想到哪去哪里走。筷子落地有人捡,娘儿分离无人留。今后心想来望你,二姓父母不放口。到了婆家不一样,提心吊胆一晚上。鸡刚叫来天刚亮,我快洗脸快梳妆。公婆未起我先起,公婆坐下我递饭。尊老爱小我做起,父母教诲如耳傍。"

(3) 怨婚姻,骂媒人。

"提媒婆,更恨她,胡言乱语嘴喳喳……"

"映山开花映山红,只说富来不说穷。前头之时他家好,又怕后来二翻吵。一根葛藤掉下来,背起箱子来穿鞋。这双鞋子没扎起,这口箱子退还你。这双鞋子没扎成,这口箱子退媒人。拿双鞋子不上算,天上落雨地下烂。"

(4) 不平等,怨命运。

"如今成了女儿家,爹娘把我赶出门,一夜成了外乡人。"

现代生活发生了相当大的改变,人们的婚嫁观念、嫁娶风俗也有了极大变化,

"哭嫁"的习俗逐步变弱,甚至有些地方已经消失,但对父母的不舍、感恩,对新角色的不适应依然存在。如今传统婚嫁时的"哭嫁"风俗被"婚礼致辞"所替代。

女儿致辞:"请在座亲朋共同见证,我们承诺:无论健康与疾病,无论富有与贫穷,我们将永远相敬相爱,携手共伴一生!有道是'可怜天下父母心,可信天下父母情',我们要感谢含辛茹苦把我们养育成人的爸爸妈妈,是你们的丝丝白发换来了儿女今日的成家立业,我们一定会尽力让二老晚年更加幸福!"

父母致辞:"我把女儿来养大,给你找个好婆家。希望你们好好相处,有爱才有家。有空的时间,回来看看爸妈。我的女儿切记,婆婆也是妈。她虽然没把你生下,但她生下一个你爱的他。孝敬婆婆勤理家务,建立一个温暖的家。我的女儿,现在已经长大,千万要记住公公也是爸爸……"

课后思考题

1. 如何看待婚嫁时的"彩礼"问题?
2. 祝寿的讲究和说法有哪些?
3. 清明的节俗有哪些?
4. 端午的习俗活动有哪些?

第八章

世界部分国家礼俗

不同的国家和民族,由于不同的地理、历史、文化、宗教等因素,形成了各具特色的风俗习惯和礼节。约翰·雷说:"有多少国家,就有多少习俗。"俗话说:"入其国者从其俗,入其家者避其讳。"掌握一定的世界其他国家的习俗和礼仪,有助于我们更好地走向世界,广泛地进行交往。

第一节 亚洲部分国家礼俗

一、日本

日本与中国一衣带水,在生活习俗上有很多相似之处,但作为一个岛国,其有独特的风俗习惯,日本人对于礼仪的重视不仅体现在日常生活中,还融汇到社交、工作等方方面面。

1. 社交礼俗

鞠躬是日本的传统问候方式,日本人见面多行鞠躬礼。一般相互之间行30°或45°的鞠躬礼;鞠躬弯腰有深浅之别,弯腰最低也最有礼貌的鞠躬称为"最敬礼";鞠躬时男性两手自然下垂,放在衣裤两侧,身子弯到与腰平;对对方表示恭敬时,多以左手搭在右手上,放在身前行鞠躬礼,女性多用此姿势;熟悉的人见面鞠躬以二三秒钟为宜;好友则鞠躬时间会稍长;对地位较高的人和长辈鞠躬,务必等对方抬头后自己才能把头抬起来,甚至要反复鞠躬几次。现在鞠躬礼逐渐被握手礼代替。日本人的名字一般由四个字组成,姓在前,名在后,即前两个字是家族的名字(姓氏),后两个字是自己的名字;通常对人只称姓,不呼名,称呼名字是家里人和非常亲密的朋友的特权,在称呼对方"某某先生"时,就在他的姓氏后面加"さん(发音类似于汉语的sang)"即可。日本人常使用谦语,如"请多关照""粗茶淡饭,照顾不周"等;一般不打听日本人的年龄、婚姻状况、收入等隐私。日本人特别钟爱樱花,把它奉为国花;日本人崇尚武士道精神。

2. 饮食礼俗

四面环海的岛国环境使日本人自古养成了喜食海味的习俗,他们一般不吃肥肉、猪内脏、羊肉、鸭肉等肉类。日本料理是具有代表性的日本饮食,最具特色的日本料理有刺身、天妇罗、寿司、鸡素烧、酱汤等,寿司是日本料理中的标志性食物(寿司要一口吃下)。日本饮食特点是口味清淡、讲究色形、重视保留自然风味、喜生食。

刺身俗称生鱼片,生鱼片的吃法是将鱼片放到骨碟里,抹上山葵泥,卷起,蘸酱油。吃生鱼片的顺序是:先吃颜色浅的,再吃颜色深的,最后吃贝类。吃完一种后嚼萝卜丝清洗口腔,再品尝下一道美味。另外,日本还有独具日本特色的"拉面"、红豆饭、荞麦面条、日式点心等美食。与中餐不同的是,日本人不忌讳吃面或喝汤时发出很大声响,他们认为那是对食品的一种赞美方式。

3. 敬酒方式

日本人斟酒前,要将自己的酒杯在桌上的清水碗里涮一下,并杯口朝下在干净的纱布上按下以吸干杯中水珠,再斟满酒双手递给客人。客人饮完酒后,也以同样方式回敬,以示主宾之间的友谊和亲密。日本人饮用洋酒很少喝原汁,往往要掺入冰块或冰水,日本产的著名威士忌是"三得利"。

4. 日本茶道

日本茶道是一种陶冶情趣的民族习俗,也是日本人接待贵宾的一种礼仪。据说中国的茶叶刚刚传入日本时非常贵重,喝茶成为上流社会的摆阔行为,有心的茶道大师将佛教的"禅"引入茶礼中,用烦琐而庄重的礼仪来磨砺人心,饮茶最终演变为贵族阶层的一种礼仪。日本人注重茶道、茶礼,在日本精通茶道,被认为是有身份、修养的体现。

5. 馈赠礼俗

日本人认为送礼要比说"谢谢"更有意义,因为它把各种感情用实际行动表达出来了。日本人喜欢馈赠礼品,据说一个家庭7.5%的收入用于送礼,当然送礼的"价值分寸"要掌握好,既不能过重,也不能过轻,否则容易引起误会。不要轻易赠花,因为有些花是人们求爱或办丧事用的。日本人对礼品包装很重视,他们认为绳结之处有人的灵魂,礼品精心包装后再系上漂亮的缎带或纸绳,可以传达出送礼人浓浓的诚意。日本人没有当着客人的面打开礼品的习惯,万一用不上的礼品可以转赠他人。当接受礼物后,再次见到应表示感谢。在日本,赠品被视为具有上、下关系的交流物品。日本人通过赠送礼品确认彼此某种程度的交往关系,而不只是为了加深个人间亲密的友谊。赠送礼品时,非常注重阶层或等级,因此不要给他们赠送太昂贵的礼品,否则,会使人误认为你的身份比他们高。

6. 服饰礼仪

和服是日本的传统服装,一般由一块布料缝制而成,传统式和服只在节日或举行某些仪式时才穿。在正式场合,男子和大多数女子都着西服,男子穿西服通常都系领带,男子在公共场所很少穿和服(一些特殊职业者除外)。日本人穿衣都是右向掩衣襟,而人死下葬时,要左向掩衣襟,日本人绝不会买左向掩衣襟的服装,哪怕是国际名牌也不买。

7. 过坎习俗

日本民间自古就有过坎的习俗,过坎的人将钱故意丢掉让人拣走,据说这样可以带走厄运,祛病消灾,帮助过坎。日本人认为人一生中总要过几个坎。如:男子25岁和42岁,女子19岁和33岁都是人生的坎,尤其男子42岁、女子33岁是两个大坎,大坎的前后两年,也就是当事人整整三年都要小心翼翼,以防出意外。有些地方在除夕或立春要举行过坎仪式,以免除灾难。

8. 节庆礼俗

日本的节日有很多,仅挑选最具特色的儿童节、盂兰盆节、七五三节、建国纪念日来介绍。儿童节为每年的5月5日,是1948年从端午节改变过来的节日。儿童节这天,有男孩的家庭会在门口挂鲤鱼旗,摆日本武士头盔、人偶娃娃,吃柏饼和粽子,泡菖蒲汤,这是一个祈盼孩子茁壮成长、感恩母亲的日子。日本的粽子虽然是唐朝时从我国传入日本的,但他们的粽子是由碎米粉做成长圆锥形,吃的时候蘸黄豆粉。盂兰盆节是日本人回祖屋祭祖、扫墓的日子,是日本民间最盛大的传统节日之一,也是夏季最受欢迎的节日之一。过节期间会放幽灵灯,烧过路钱,跳盂兰盆舞。七五三节是日本祝贺年满3岁、5岁、7岁的儿童健康成长的民俗节日,这一天,孩子们会穿上和服,去神社或寺庙祈福,买千岁糖,吃赤豆饭,吃鳊鱼来庆祝。建国纪念日是2月11日。

9. 礼俗禁忌

(1) 数字忌。

不同于中国人,日本人普遍不喜欢偶数,却对奇数有好感,忌讳数字"4"和"9",因为在日语中4和"死"、9和"苦"同音,像医院这些地方基本不会出现4、14、24……这样的数字编号。他们尤其爱3、5、7三个单数,但与日本人合影时他们忌讳3人一排,认为被夹在中间的人会有厄运。"42"的发音是死的动词形,所以医院、电话、监狱的数字编号一般没有42。"13"也是日本人忌讳的数字,没有13楼层和13号房间,据说羽田机场都没有13号停机坪。日本商人还忌讳"2"和"8",因为2月和8月通常是他们的营业淡季,所以不喜欢提到这两个数字。

(2) 送礼忌。

日本人忌讳荷花,认为它是不吉祥之花,仅用于丧葬,忌讳送人;忌讳带山茶花探望病人,他们认为山茶花凋谢时整个花头落地,预兆不吉利;忌讳仙客来及淡黄色和白色的花,因为仙客来读音为"希苦拉面",而"希"与"死"同音;他们对菊花或菊花图案的礼品有戒心,菊花被认为是皇室家庭的标志,虽然这种礼物深受民众喜爱,但一般不敢也不能接受;人们还忌讳把梳子作为礼物送人,因为梳子的日语发音与"苦死"相近;忌讳带有狐狸、獾和猫图案的物品,他们认为狐狸、獾和猫是贪婪、狡诈的象征,很是反感。日本人喜欢装饰有松、竹、梅、鸭子、乌龟等图案的物品。

(3) 色彩忌。

日本人不喜欢紫色,认为紫色是悲伤的色调;最忌讳绿色,认为绿色是不祥之色。

(4) 言语忌。

参加婚礼时忌说"离开""多次""又"等,在喜庆场合忌说"坏了""完了"等;忌谈关于第二次世界大战的话题;对年事高的人不用"年迈""老人"等字样,对有残疾的人通常称"耳朵不自由的人""腿脚不自由的人"等。

(5) 筷子忌。

日本人也很讲究餐桌礼仪,筷子的使用禁忌诸多:忌捧起碗前拿筷,忌悬着筷子,忌架筷,忌不用筷子的反面夹公用菜盘,忌舔筷、迷筷、移筷、插筷等。

总之,日本的禁忌繁多,还忌讳触及别人的身体,忌讳晚上剪指甲,忌讳洗过的东西晚上晾晒,忌讳睡觉或躺卧时头朝北等。

二、韩国

韩国是单一的民族——朝鲜族,重视地位、辈分、老幼、男女之别,说话要用尊称和敬语。

1. 交往礼俗

韩国人习惯行鞠躬礼,一般不采用握手作为见面的礼节。在正规的社交场合,韩国人才用握手作为见面礼节,握手时他们讲究使用双手,或单独使用右手。当位低者与位高者握手时,位高者伸出手后,位低者须先以右手握手,然后再将自己的左手置于位高者右手之上,以示特别尊重。先鞠躬后握手是韩国人的另一种见面礼节,若对方是位高权重之人,他们往往会多次行礼,甚至讲一句话行一次礼的情况也有,以示礼貌尊重。韩国妇女一般不和男子握手,以点头或是鞠躬作为常见礼仪。社交场合大部分韩国人会讲英语,不讲日语。韩国讲究男尊女卑。

韩国人非常强调"长幼尊卑",遵循的社会等级主要以年龄为基础,一家之长被视为权威,全家人都应严格地执行其命令,否则被视为"大逆不道"。后辈不得在长者面前吸烟、喝酒,违背者会遭到严厉的谴责。韩国人在称呼上爱用敬语和尊称,很少会直接喊出对方的名字,只有长辈对晚辈可以喊名字。在社会交往中可称对方为"先生""女士""小姐"等;对有身份的人可称"阁下"等,还可加上职务,如"总统阁下";好朋友之间往往在对方名字之后加上"哥哥""姐姐"等,如"美延姐姐""俊熙哥哥";对男性可在其姓名后加"君"字,如"宋承宪君";对不相识的男性年长者可以称아저씨"阿炯吉"(即"大叔"或"大伯");对不相识的女性年长者可以称아줌마"阿妈妮"(即"大婶"或"大娘")。韩国人很注重根据等级使用合适的称

呼,对有地位头衔的,称呼时一定会屡用不止。

2. 服饰礼仪

韩国固有的民族服装叫作韩服。韩服线条兼具曲线与直线之美,女性的韩服是短上衣搭配齐胸长裙,端庄娴雅;男性的韩服则是短褂搭配宽大长裆裤,并以细带缚住宽大的裤脚。现在年轻人除了冠婚丧祭外,很少穿着韩服,只有老年人仍然将韩服作为平时的服装穿着。韩国人在社交中通常都穿西服等。韩国人穿衣讲究朴素整洁,喜欢穿白色素服,故有"白衣民族"之称,不会过于前卫,较为庄重保守。他们看不起衣冠不整、着装过露过透的人。

3. 饮食礼俗

韩国自古就以大米为主食,喜欢吃狗肉。菜肴有泡菜、烤牛肉、烧狗肉、人参鸡等。韩国人一般都喜欢吃辣和酸,不喜欢吃过油、过腻、过甜的东西,不吃鸭肉、羊肉、肥猪肉,通常也不喝稀粥、清汤,认为只有穷人才吃这两样。可能跟气候寒冷有关,韩国男子的酒量都不错,对烧酒、清酒、啤酒往往来者不拒,妇女饮酒率也不低。平时韩国人大都喝茶、咖啡、矿泉水(不喝热水),尤其喜欢中国的普洱茶、自制的大麦茶。韩国人最出名的饮食习俗是爱吃泡菜,对他们来讲,泡菜不仅是食品,更是情感寄托。韩国冬天腌制泡菜的风俗由来已久,泡菜的腌制一般都在初冬进行,泡菜最普通的用料是白菜和萝卜,衡量主妇的厨艺就看她做的泡菜好不好吃。泡菜是韩国人每天餐桌上的必备之物,"没有泡菜,吃饭没味",从大人到小孩,从总统到百姓都这么认为。韩国料理、海鲜酱、大酱也是韩国具有代表性的食品。

传统的韩国菜包括汤、米饭和配菜,韩国餐桌文化最大的特点就是所有的韩国菜都会同时上菜,不会分开上。菜的数量依不同档次从较低的3碟到最高级别的12碟不等。品尝韩国菜的第一步是喝汤,韩国人吃饭的顺序是舀一口汤喝完,再用勺子吃一口米饭,接着再喝一口汤,再吃一口饭,然后才可以吃其他食物。汤可以直接从共享的汤碗里舀,汤通常是没有添加调味料的,根据需要自行添加即可。同中国、日本相比,汤匙在韩国的使用频率更高,它负责盛汤、捞汤里的豆芽菜等各种菜、装饭,反而筷子用得很少。值得注意的是他们用"铁筷",筷子不夹菜时要拢齐,三分之二放在桌上,三分之一放在桌外。与长辈吃饭时不许先动筷子,不可以用筷子对别人指指点点,用餐完毕后将筷子整齐地放在碟子旁,不能把餐具等直接放在碗中,违反这些规矩会被视为没有教养。中国人、日本人是端起饭碗吃饭,而韩国人认为这种行为不规矩,不允许用嘴接触饭碗,他们这种不端碗吃饭的习惯导致其左手只能藏在桌子下面。韩国饭馆有两种情形:使用椅子和脱鞋上炕。在炕上吃饭时,一般都是围坐在一张矮腿方桌周围,男人盘腿而坐,女人穿韩服时右膝支立而坐,不穿韩服时双腿收拢坐下,吃饭时不允许用手摸脚、伸直双腿、双腿叉开,袜子不干净或有破洞会被人看作没有教养。喝酒也是韩国食俗的一部分,自斟自饮被认为是不合礼俗的,敬酒才喝。韩国人传统观念有"右尊左卑",因而用左手执杯、取酒、交接东西被认为是不礼貌的;"等级分明",经上级允许,下级才可向其敬酒,且不能与其同饮,级别与辈分悬殊者不能同桌共饮。韩国人还认为吃饭时高谈阔论、吃喝发出很大声都是非常丢人的行为。

4. 馈赠礼仪

韩国人有很强的民族自尊心,反对崇洋媚外,倡导使用国货,送礼时最好不要送日本货。男性多喜欢名牌酒、纺织品、领带、打火机、剃须刀等礼品,女性喜欢化妆品、提包、手套、围巾类,孩子则喜欢食品。如果送钱,应放在信封内。收到礼品时,韩国人大都不当面打开外包装。香烟是不能当礼物送给韩国人的。

5. 节庆礼俗

韩国的节日众多,像端午节、中秋节、七夕节、中元节等源自我国,基本习俗差不多,现仅挑选几个具有韩国特色的节日来介绍。光复节是每年8月15日,为庆祝1945年日本签订投降协议、韩国脱离日本35年的殖民统治、大韩民国成立的日子,是韩国的国庆节,这一天全民放假庆祝,街头插满国旗,总统会发表光复节讲话。三一节是民族独立运动日,是纪念1919年3月1日韩国反抗日本统治,发表独立宣言的重要日子,每年的这天都会举办纪念活动,举行反日游行示威。5月8日是韩国特有的法定节日"父母节",又称双亲节,是为了特别感谢父母而在1956年设立的节日,1973年将其确定为法定节日。

6. 礼俗禁忌

(1) 数字禁忌上,韩国人与日本人相似,喜欢单数,不喜欢双数,他们在向人敬酒、献茶、布菜时,尽量避开2、4、6、8等。韩国人普遍忌讳"4",韩语中"4"与"死"同字同音,传统上认为是不吉利的,基本不用4的编号,在韩国没有4号楼、4号房、第4师、4号桌,就算敬酒,也只能是敬3杯,不能敬4杯,点烟也不能连点4人。年轻人还不喜欢"13"这个数字,因为其与"死"发音相同。

(2) 与韩国人相处时,他们忌讳被称为"南朝鲜"、"南韩"或"朝鲜人",最好称其为"韩国"或"韩国人"。在韩国,宜少谈政治腐败、经济危机、南北分裂、韩美关系、韩日关系等话题,多谈韩国文化艺术;与男人交谈,不宜涉及关于其妻子的话题。

(3) 韩国姓"金、李、朴"这三个姓氏的人很多,交往中提及"李"姓时,不喜欢别人解释为"十八子李"。

(4) 禁止在军事设施、机场、水库、地铁、国立博物馆以及娱乐场所照相,在空中和高层建筑拍照也不行。

(5) 忌用红笔写名字,写名字必须使用蓝笔或黑笔,因为韩国传统习俗中死者的名字都是用红笔写在户口簿和丧葬横幅上的,韩国人认为被用红笔写名字是诅咒,非常不吉利。

（6）韩国人视木槿花为国花、松树为国树、喜鹊为国鸟、老虎为国兽,对熊也十分崇拜,对这些东西不能当着韩国人的面妄加非议、不恭不敬。

三、新加坡

新加坡是一个多民族的移民国家,汇聚了来自世界各地不同种族的人民。新加坡各族人民的信仰有很大的区别,华人约占总人口的74%。由于信仰文化的不同,各民族仍然保留着移民前各自国家的传统习惯,表现在礼节、仪式等方面必定会有所不同,如华人见面礼节是握手,印度人仍沿袭印度的礼俗,马来人则按伊斯兰教的礼节待人接物,英国曾经对新加坡的百年殖民统治对新加坡文化影响极大,导致新加坡人又接受了一些西方礼仪习俗的熏陶而西方化。

1. 礼貌礼节

新加坡人十分注重礼貌礼节,处处体现着对他人的尊重,举止很文明。他们坐着时端正规矩,双脚并拢,即使双脚想交叉,也只是把一条腿的膝盖直接叠放在另一条腿的膝盖上;站立时仪态端庄,双手不放在臀部或叉着腰,这两种姿势有"发怒"之嫌;无论是等车、取钱还是取餐,新加坡人都习惯于早早排队等候,自动站成一排,绝不会一拥而上,在公共场所保持安静;新加坡人见面时,正式场合一般都行握手礼,男女之间握手比较恰当的方式是等女士先伸出手来男士再握;与东方人相见偶尔也行鞠躬礼,佛教徒与客人相见则行合十礼;新加坡的气候受海洋和纬度的影响,气温高、湿度大,常年气温在25～34℃之间,但大街上鲜见人脱掉上衣,一来怕触犯法律,二来认为不雅观;新加坡人把学位、资历这些看得很重,称呼人时一般会在姓后加职称或学历。

为了使人人讲礼貌、守规则,新加坡政府做出了严明的规定。关于礼貌的规定很多,对店员的礼貌要求是:笑脸相迎、百挑不厌、礼貌道别。邻里之间的礼貌要求为:邻里之间互敬、互助、互爱。新加坡鼓励待人要笑脸相迎,城市宣传画上面也都印着一个笑容可掬的人像,口号有"真诚微笑,处世之道",夜晚还闪烁着宣传礼貌的幻灯标记。就连警察处理违反交规罚款时也笑眯眯的,新加坡人说"就怕警察微笑"——他一笑就得掏腰包。处处洋溢着笑脸,"宾至如归"是到新加坡最真实的体会。新加坡政府禁止人们在公共场所吸烟、随地吐痰、弃物、穿奇装异服、扰乱秩序等,轻则罚款,重则行鞭刑及其他处罚。

2. 餐饮礼俗

新加坡人的主食为米饭,有时也吃包子,但不吃馒头,爱吃炒鱼片、油炸鱼、炒虾仁、香酥鸡、番茄白菜卷、鸡丝豌豆、手抓羊肉等风味菜肴。很多人偏爱中国广东菜(粤菜),信奉伊斯兰教的人喜欢吃咖喱牛肉,爱喝啤酒,喜欢吃桃、梨、荔枝等水果,喜欢饮茶,常以茶水来招待客人,华人尤其喜喝元宝茶,新加坡的自来水无须煮沸,可直接饮用。华人在外出就餐时,常用筷子和瓷匙,有时在吃鸡或其他肉类时用手指是允许的。马来人和印度人就餐时可以用右手代替筷子,用芭蕉叶代替盘子。马来人信奉伊斯兰教,在马来餐厅、清真寺要尊重伊斯兰教的习俗,不点猪肉类食物。和新加坡的印度人或马来人吃饭时不用左手。用餐时筷子应放在托架、酱油碟或放骨片的盘子上。如果和海员等同席,不能把盘子里吃了一半的鱼翻过来,吃到鱼骨时移除即可,然后接着从上面往下面吃。新加坡人宴请时不喜欢挥霍浪费。

3. 仪表仪态礼仪

在新加坡的一些公共场所,常常竖有一个标语牌——"长发男子不受欢迎",认为男子留长发、蓄胡子是可耻的。新加坡对嬉皮型留长发的男性管制相当严格,留长发、穿牛仔装、穿拖鞋的男士,甚至会被禁止入境。用食指指人,用紧握的拳头打在另一个张开的掌心上,或紧握拳头,把拇指插入食指和中指之间,均被认为是极端无礼的动作。

4. 馈赠礼仪

与日本人不同,新加坡人没有赠送礼物的习俗,就算被邀请到别人家里吃饭,带一份小礼物就很好,一盒巧克力或一束鲜花是最佳选择。新加坡人认为当客人面打开礼物是不礼貌的行为。

5. 节庆礼俗

新加坡比较有特色的节日有屠妖节、卫塞节、农历新年、种族和谐日、儿童节等。屠妖节也被称为"排灯节",节期在公历十月至十一月间,是印度教用以庆祝印度神话中的天神击败妖魔的日子。其为新加坡一大主要民族节庆,家家户户会点燃油灯,用姜油涂抹全身,象征纯洁和清白。卫塞节也称"佛诞节",是佛教徒纪念佛祖释迦牟尼诞生、成道和圆寂的节日,为每年的农历四月十五日,节庆当天,信徒们会高唱颂歌,敬奉鲜花、蜡烛和香烛给寺庙,并在这一天只吃素食。农历新年即春节,新加坡华人众多,春节是必过的一个大节,过节这天,华人会舞狮、舞龙、妆艺大游行等,热闹喜庆。种族和谐日是新加坡为纪念和促进不同种族间的和谐共处而设立的节日,目的是提醒国民无论属于哪个种族,都应团结一致、和谐共处。

6. 礼俗禁忌

忌说"恭喜发财",新加坡是个比较廉洁的国家,他们将"财"理解为"不义之财","恭喜发财"有挑逗、煽动他人损公肥私、发不义之财的嫌疑。忌谈宗教和政治方面的话题,但可交流旅游见闻、风味美食等轻松话题。忌讳"4""6""7""13""37""69"等数字,尤其讨厌"7"。忌讳黑色,新加坡人视黑色为倒霉、厄运之色,黄色、紫色也不受欢迎,偏爱红色、蓝色和绿色。忌讳猪、乌龟的图案,认为它们是不祥之物。新年期间忌讳扫地、洗头、打破镜子碗碟,忌穿旧衣、动针线和剪刀,认为这些行为会给新的一年带来坏运气。

四、菲律宾

菲律宾是个由多群岛组成的东南亚国家,全国有7000多个岛屿,菲律宾官方语言是英语和菲律宾语。因曾被西班牙、美国、日本殖民,英欧文化对其影响深远,民俗既保留了传统的精华,又注入了西方元素,再加上多民族和宗教的融合、多元文化的碰撞,菲律宾发展成一个极其独特的海岛国家。

1. 交际礼仪

菲律宾人在社交场合习惯以握手为礼,初次见面要把自己介绍给对方。老年人在菲律宾特别受到尊重,见到时要向年长者问候、让座,不能在老人面前抽烟,在家里每天也要向长辈行吻手礼。最喜欢茉莉花(国花),但凡有贵客来访,会把茉莉花串成花环,挂在客人脖子上垂至胸口,以表示敬重与友好,花环越大,敬重程度越高。菲律宾社会虽以男人为中心,但颇有绅士风度,遵循女士优先。交际礼仪深受美国熏陶。到别人家做客不要准时到达,更不得提前,否则是很不礼貌的,最好比约定时间晚到一刻钟左右,带点礼物或鲜花以示礼貌。菲律宾曾被西班牙殖民300多年,受影响颇深,菲律宾人的姓名大多为西班牙语,顺序为教名+母姓首字+父姓。

2. 饮食习俗

菲律宾人70%以大米为主食,30%以玉米为主食,米饭一般放在瓦缸或者竹筒里煮熟,用手抓着吃,非常喜欢用椰子汁煮木薯或煮饭,用香蕉叶包着吃。菲律宾人不爱吃生姜,也不喜欢吃兽类内脏和腥味大的东西,烹调时喜欢使用刺激性调味品。菲律宾人最爱吃的菜叫阿多波(Adobo),将辣椒、猪肉、鸡肉、醋、大蒜、油、番茄酱混在一起烹饪,也有加乌贼和牡蛎的。菲律宾人的饮食习惯深受西班牙、美国等多元文化影响,爱喝啤酒、咖啡,还有喝下午茶的习惯。菲律宾海产品丰富,盛行吃烧烤海鲜,城市中上层人士大多吃西餐。很多穆斯林喜欢咀嚼槟榔,待客时也少不了槟榔。菲律宾第16任总统杜特尔特力推全菲禁烟,违反禁烟令者轻则罚款,情节严重者还将面临牢狱之灾。

3. 服饰礼俗

菲律宾服装种类繁多,因高温多雨,天气湿热,一般老百姓着装倾向简单,中上层人士则多穿着西装。菲律宾男士社交场合的传统礼服为巴隆他加禄(Barong Tagalog),是一种长可及臀,形如衬衫,前面两侧有镂空花纹的丝质服装,为男子国服。女子国服为特尔诺(Terno),又名"蝴蝶服",是女性出席社交场合的正式礼服,它颇具西班牙女装特点,用菠萝纤维布料制作而成,受到总统夫人力推。少数民族的服饰各具特色,伊富高人男子上身袒露,下身围一条T形花布,女子穿着颜色鲜艳的裙子;丁冈人衣服极为简单,男子仅在腹部围一块布,女子穿短上衣,用布缠绕腹部;矮黑人无论男女,仅用布或树叶围在腰间。

4. 婚姻习俗

菲律宾人大多是自由恋爱结婚,结婚仪式在教堂中举行;菲律宾穆斯林的婚姻由父母决定,通过媒人向女方求婚,婚礼仪式由伊斯兰教阿訇主持。菲律宾提倡早婚。其少数民族婚俗多样,有的可自由试婚,有的允许多偶婚。

5. 节庆礼俗

菲律宾的节日很多,几乎每个月都有节庆,而最富有民族特色的当属圣婴节。圣婴节是菲律宾首都马尼拉和宿务的重要节日,节期在1月份的最后一个星期日,是菲律宾吸引全世界游客的一块"金字招牌"。在圣婴节这天,当地民众早早来到圣婴大教堂参加膜拜仪式,然后开始游行,游行时由一位手捧圣婴神像的女性带领人群载歌载舞,尽情狂欢。他们跳的这种舞叫仙奴诺舞,仙奴诺舞是一种2步向前1步向后的舞蹈,伴随着强烈的鼓点和音乐,如行云流水般丝滑,非常具有感染力。圣婴像是1521年麦哲伦从宿务登陆菲律宾时赠予当地酋长作为纪念的,被当作城市的守护神。阿提阿提汉节是菲律宾最出名和最疯狂的节日,被称为"菲律宾节日之母",节期在每年1月的第三个星期日,长达一周。节俗活动是人们把自己全身都涂成黑色,套上色彩鲜艳的套装,像一幅"五彩斑斓的黑",极具特色,然后游行、做弥撒、跳舞,好不热闹。菲律宾独立日是用以纪念1898年6月12日菲律宾宣告独立,结束长达数百年的西班牙殖民统治的节日。五月花节是菲律宾非常神圣的一个节日,是感谢圣母玛利亚所赐的恩典、感恩丰收的节日。

6. 习俗禁忌

(1) 忌讳数字"13"。认为"13"是"凶神",是厄运和灾难的象征,是令人极为厌恶的数字。

(2) 避免谈及菲律宾近代史、宗教、国内政治纷争等敏感话题,以免引起冲突矛盾,导致严重后果。

(3) 忌讳用左手传递东西或抓取食物,他们认为左手是肮脏的,使用左手是对别人的极大不敬。

(4) 忌进门时脚踏门槛,当地人认为门槛下住着神灵,不可冒犯。

(5) 忌鹤和龟,对印有这两种动物图形的物品十分忌讳。最怕红色,认为红色是不祥之色。

(6) 忌讳三人合照,认为站中间的人会招来厄运。

五、马来西亚

马来西亚位于东南亚南端,首都是吉隆坡,总人口为3000多万,其中马来人占60%以上,华人和华侨占25%左右,其余的是印度人和巴基斯坦人。在马来西亚马来人不仅人口最多,政治影响力最大,而且社会地位也最高,马来人的礼仪习俗在马来西亚处于主导地位,他们的语言和宗教自然成为马来西亚的国语、国教,通用语言则是英语和华语。马来西亚人平易近人、乐观豁达，"笑口常开"是其社会交往中多见的社交礼节。

1. 交际礼仪

马来西亚是一个多民族国家，不同民族采用不同的见面礼节。马来人传统见面礼节为"摸手礼"，华人、印度人则大多以握手作为见面礼节。马来人的名字可分为两个部分：前端是自己的名字，中间隔着"bin"或"binti"，后端是父亲的名字；"bin"和"binti"分别隔在男性、女性名字里。在较正式场合，用 Tuan 加名来尊称男士，用 Puan 加名来尊称女士，对有封号的人可直接尊称其封号或封号加姓名。马来西亚人大多有头衔，有国家各级领导颁发的头衔、家庭传统的头衔、宗教传统的头衔，各种头衔千万不能弄错，否则会是大大的失礼。

2. 饮食习俗

马来西亚人以大米为主食，面类也较为普遍；爱用咖喱、胡椒等调味品。马来人的食物以辣为主，其中较出名的食物有椰浆饭、沙嗲、马来糕点、竹筒饭、黄姜饭等。印度人的食物也以辣为主，常见的有拉茶及各类煎饼、香蕉饭、查巴迪、打拜、多屑等。华人的食物有海南鸡饭、瓦煲鸡饭、馄饨面、酿豆腐、虾面、炒果条、清汤粉、薄饼、香港点心、肉骨茶、槟城叻沙等。

马来西亚的穆斯林不吃猪肉、狗肉，喜欢吃牛肉、咖喱牛肉饭以及具有民族风味的沙嗲烤肉串；马来西亚的印度人不吃牛肉，但是可以吃羊肉、猪肉和家禽肉。马来西亚人喜欢喝椰浆、红茶、咖啡，喜欢将喝的各种果汁和饮料染上颜色；马来人还有嚼槟榔、嚼烟草的习惯。

马来西亚人习惯用手抓着吃。进餐时既不用筷子也不用刀叉，只在十分正式的宴请中才使用刀叉。马来人用餐十分讲究卫生和礼节，非常重视饭前洗手，一般是用流水冲洗，不愿用湿毛巾擦手，常常在餐桌上备有"水盂"供用餐过程中随时浸涮手指，抓取食物只能用右手，左手是"不洁之手"，禁止用左手取食食物。用餐时一般不坐椅子，而是把食物放地毯或席子上，围坐而食。男人盘腿而坐，女人则跪坐，身体稍向右偏。马来西亚人热情好客，哪家有客到访，一定拿出最有诚意的礼节——奉上槟榔盘招待客人，与客人共嚼槟榔。

3. 服饰礼俗

一般情况下，马来族男子上穿"巴汝"，腰围短纱笼，头戴"宋谷"帽，脚穿皮鞋；马来族女子上穿无领、长袖的上衣和纱笼（筒裙），衣宽如袍，通常长及足踝，头围薄薄单色鲜艳头巾，纱巾垂挂至肩膀或胸前。马来西亚传统服装的特点是又宽又长，忌讳袒胸露背和露胳膊、腿。在正式交际场合，男士既可穿民族服装，也可着西服，还可穿长袖巴迪衫，"巴迪"被称为马来西亚"国服"，由蜡染花布制作而成，图案讲究对称，大多宽而大，薄而凉爽。马来西亚人喜爱绿色、红色、橙色和其他一些颜色鲜艳的衣服，除皇室成员外，一般人不着黄色衣服。

4. 文化习俗

马来西亚人视绿色为吉祥之色,因此普遍喜爱绿色;崇拜犀鸟并奉为神灵;扶桑花是马来西亚的国花。马来西亚人遇丧事从不号啕大哭,对死者只哀痛在心,一般是众亲朋齐集丧家,为死者祈祷。在马来西亚的一些地方,铜锣除了作乐器外,还被当地人民视为珍宝,婚丧嫁娶皆用到铜锣并形成一种风俗。马来西亚的婚俗也很特别,不是女子出嫁,而是男子出嫁,男子要到女方家去落户;在马来族的婚礼中,槟榔叶是特别重要的物品。

马来西亚的槟榔叶与婚礼

俗话说,"百里不同风,十里不同俗",在一些东南亚国家,人们除了喜欢吃槟榔,还把槟榔与婚俗紧紧联系在一起。马来文中 pinang(槟榔核)有求婚的意思;sireh(槟榔叶)是已达适婚年龄的年轻女孩;khan mak(一盆槟榔核)代表婚礼。在东南亚流传着这样的求婚仪式:由男方的家人捧着一个由槟榔叶扎成的彩环,到看中的女方家中拜访。如果女方有意缔结良缘,就会收下彩环;反之将彩环推倒,男方心领神会,知难而退。在拜访求婚的第一个环节取得成功后,双方便接着进行下一步的纳彩、下聘,在每个互动的环节必定要包括一个槟榔叶扎成的供盘。在下聘的当天,准新郎手捧槟榔叶供盘,带着家长及各式聘礼来到女方家。正式举行婚礼时,新人面前必定会放着一盆槟榔叶,寓意白头偕老、永结同心。在马来文化传统中,洞房花烛之夜有在新房外挂槟榔盅的风俗,以此来验证新娘的贞洁。由于槟榔是雌雄同体的树,因此在马来西亚人眼中槟榔是吉祥、幸福的象征。

5. 节庆礼俗

马来西亚是一个多民族、多元文化的国家,它的节日多种多样,异彩纷呈,包括开斋节、屠妖节、哈芝节、春节、圣诞节等。马来西亚雨水充足,在7月鲜花盛开的季节,迎来了独属于他们的花卉节,节日期间有花车游行,伴随着花车的还有乐队、马队和舞蹈团,各项活动、表演迎来大批游客。

6. 习俗禁忌

(1)马来西亚不禁止一夫多妻制,所以不要随便闲谈他人的家务事。

(2)忌摸头。头被认为是神圣的部位,不可触摸他人的头部,否则会引起不快,尤其是小孩子的头部不能触摸。背部也不能触摸,他们认为背部被触摸是一种不吉祥的预兆。

(3)不能用食指指人,若要指示方向,只能用拇指。

(4)忌讳的物品是乌龟,忌讳的数字是"0""4""13",不喜欢白、黄、黑等颜色。

(5)忌讳用左手,马来人视左手为不洁之手,握手、接递东西、拿东西一定要用右手,否则会被认为是对人极大的不尊敬。

(6)无论是马来人、华人还是印度人的家,入门前都需先脱鞋。

(7) 不要在他人面前跷腿、露出脚底，或用脚去挪动物品。

(8) 伊斯兰教徒禁酒，一起用餐时避免点猪肉类的菜肴。

六、泰国

泰国是一个礼仪之邦，是东南亚的旅游胜地，泰国人90%以上信仰佛教，和善友好、温文尔雅，泰国被誉为"微笑之国""万佛之国""大象之国"。泰国的首都是曼谷，有"东方威尼斯"之称；泰国的国语是泰语。

1. 交际礼仪

泰国人见面最常用的打招呼方式是双手合十在胸前并互道一声"萨瓦迪"（Sawadee，意为"安乐吉祥"），具体为双手合掌，十指并拢，置于胸前，手掌尖对鼻尖，微微低头；双手举得越高，表示尊敬的程度越深。地位较低或年轻的人，应主动向地位高和年长的人致合十礼，长者还礼时，手不应高过前胸。泰国还有一个最高的礼节叫作跪拜礼，也称为"顶礼膜拜"。在泰国每个人都必须懂得此礼节，首先是每年母亲节，孩子要给母亲行跪拜礼，儿子出家当和尚前也要向父母行跪拜礼，平民、官员拜见国王及国王近亲时也需行跪拜礼，在新闻中我们目睹过前泰国总理英拉给泰国国王次女诗琳通公主行跪拜礼，任何人遇见高僧时都需行跪拜礼。握手礼尚未普及流行于泰国社会，但泰国政府官员、知识分子见面时会握手问好，在重要的社交场合会行握手礼。行人从坐着的人身边经过时，要略微躬身，以表示礼貌，千万不能大摇大摆。泰国人讲话绵言细语，总是脸带微笑，从不在公众场合高谈阔论，所以很反感其他人大声喧哗、争执吵架。泰国人习惯以名字代替姓氏称呼，一般在名字前尊称"Kun"（先生、太太、女士）。他们向上伸出小指表示和好，大拇指朝下表示失败，伸出弯曲食指则表示死亡。

2. 文化习俗

泰国人沿用古老佛教习俗，一般每个20岁左右的男子都要出家当和尚，少则三个月，多则三五年，甚至终生。没有当过和尚、学过佛经，不能被视为成年人，既让人看不起，连择偶都会很困难，即使王公贵族也不例外。大象被视为泰国的国宝，人们对大象有深厚的感情，因为大象曾在战争中奋力抵御外敌、保卫国家。大象与泰国的历史、文化、宗教等渊源颇深，政府在曼谷附近建立了世界上最大的象神庙供当地人和游客参拜。自1960年起，泰国每年三月十三日举行大象节，大象节已成为泰国一个非常有特色的传统节日。泰国禁止赌博活动，在公共场合玩牌和打麻将等都属于触犯了泰国的法律，违反者一律受到相应处罚。在公共场所应避免和泰国人接吻、拥抱或握手，情侣之间公然表示亲密也会受到非议，这些举动不符合泰国人的佛教理念。习惯用颜色表示不同日期：星期日为红色，星期一为黄色，星期二为粉红色，星期三为绿色，星期四为橙色，星期五为淡蓝色，星期六为紫红色。泰国国旗由红、白、蓝三色构成，红色代表民族，白色代表宗教，蓝色代表王室。

3. 餐饮礼俗

泰国人不喝热茶,习惯在饮料里加冰块,喝果汁习惯加盐,吃西瓜或菠萝时也习惯蘸上一些盐末才觉得别有风味。泰国人喜食辣味,戏称"没有辣椒不算菜",爱吃带有民族风味的咖喱饭和冬阴功汤,不吃过咸、过甜、红烧的菜肴。泰国深受东西方文化的影响,借鉴中国人的煎、炸和炒,吸收葡萄牙的烹饪模式,形成了独特的泰式料理;泰国人早餐喜欢吃西餐,午餐和晚餐大多爱吃中餐,爱吃中国的川菜、粤菜、京菜、沪菜,偏爱炸、煎、熘、炒等手法烹饪出的菜肴;喜欢吃柑、桔、西瓜、菠萝、荔枝、龙眼等水果;爱吃鱼、虾及其他海鲜。泰国人习惯围着小圆桌跪膝而坐,用手抓食,不习惯使用筷子,现今有的人会用叉子和勺。

4. 节庆礼俗

泰国的节日比较具有特色,泰国泼水节也称"宋干节",是泰国的重要传统节日,节期在每年4月13日至15日,主要活动有互相泼水、沐浴净身、敬拜长辈、放生、堆沙及歌舞游戏等。泰国清迈府的泼水因隆重热闹而享有盛名,每年都吸引了大批国内外游客。泼水节既是娱乐的节日,也是祈福的日子。水灯节也被称为泰国的"七夕节",每年的11月泰国青年男女会通过放水灯的方式来互表爱意。每逢水灯节的夜晚,河港、湖泊的水面上都会漂满水灯,浪漫而美丽,极具民族特色。守夏节又称守居节、入夏节、入雨节等,是泰国最重要的佛教传统节日,这个节日源自佛祖的慈悲,僧侣在万物生长的夏季选择禁足,避免踩坏庄稼。

5. 习俗禁忌

(1) 忌摸头。泰国人认为头是人体最神圣的部位,人的头部,尤其是孩子的头部绝对不准触摸,就算拿着东西从泰国人头上通过,也会被视作一种侮辱。此习俗与马来西亚相同。

(2) 忌讳"左手"和"脚"。用左手拿东西给别人是鄙视对方的行为;脚除了走路外别无所用——忌用脚指示方向,忌讳用脚踩踏门槛,或以脚底对着人。摸头和用脚底对人这两项在泰国是最大的忌讳。

(3) 忌踩门槛。进门时要小心跨过门槛,万万不要踩在门槛上,按泰国的传统说法,门槛下住着神灵,切不可冒犯。

(4) 忌用红笔签名。在泰国,人们用红笔将死者的姓名写在棺木上,因此,认为红色是不吉利的。

(5) 忌讳鹤、龟两种动物及印有其形象的物品。鹤被视为"色情"鸟,龟则被视为男性"性"的象征。

(6) 忌谈有关政治、王族和宗教方面的话题,喜欢数字"9",忌讳褐色,喜爱黄色等明亮的颜色。

(7) 忌食鲜牛肉,不喜欢红烧菜肴、甜味菜、香蕉和海参等食品。

七、印度尼西亚

印度尼西亚是东南亚的又一岛国,处于太平洋和印度洋之间,其中爪哇岛有著名的花园城市茂物,巴厘岛以"世外桃源"闻名于世。印度尼西亚地跨赤道,是一个典型的热带国家。国内大部分居民信奉伊斯兰教,官方语言为印度尼西亚语,流通英语。印度尼西亚物产丰富,有"金鸡纳霜大本营""千岛之国""火山之国""南洋翡翠"的美称。印度尼西亚是多民族、多宗教国家,岛屿分布范围较广,各地文化习俗差异较大。

1. 社交习俗

印度尼西亚人(简称印尼人)社交时一般行握手礼,对方如果为女性,则轻握对方的手指;同熟人或朋友见面时,则用传统的见面礼——用右手按在自己的胸前,互相问好,诵祝词"愿真主保佑你"。社会交往中最好不问印尼人的姓名,因为他们的姓名有长有短:中间阶层多有两个名字,下层人民往往只有一个名字,富有者则有很长的姓和名。跟有身份的人打交道时宜称正式头衔。他们遵守时间、准时赴约,但更强调事先预约。印尼人"笑口常开",笑是他们社交上的一种礼貌语言。印度尼西亚有尊重女性的民族传统,公共场合都是女士优先。印尼人坐下来时,两腿不能交叉,巴厘岛人坐下时两腿平放在地板上。印尼人同坐时不管认识与否都有打招呼的习惯,初次相识的人应把自己的名片送给对方,否则会受到他的长时间冷遇。

2. 饮食礼仪

印尼人通常以大米为主食,喜欢吃牛肉、羊肉、鱼、虾、鸡肉及动物内脏,喜欢加很多辣椒或胡椒,爱饮红茶和葡萄酒、香槟等果酒饮料。印尼人在用餐时习惯边吃东西边喝水;习惯吃西餐,也喜欢吃中餐;用餐时,正式场合使用刀叉,一般用右手抓饭。印尼人大多数信奉伊斯兰教,忌讳吃猪肉,忌饮烈性酒,不爱吃海参,也不吃带骨带汁的菜和鱼肚等。

3. 服饰礼仪

印尼人在衣着上总体比较保守,在公开场合着装十分得体。日常服装简朴轻便,端庄大方。印度尼西亚的传统服装为"巴迪"(Batik),正式场合男士一般上身着长袖巴迪衬衫,下穿深色裤子;女士一般穿裙子和有袖的短外套,并避免色彩过于鲜艳。印尼人喜欢各式造型独特的装饰品,如项链、耳环、手镯、别针等,佩戴在简单朴素的服装上,也十分耀眼美丽。爪哇男人外出或参加庆典时,腰间常挂一把叫作"格里斯"的短剑,他们认为佩带着剑可辟邪驱秽。印度尼西亚的少数民族至今还穿着原始种族的服装,衣服布料是野生植物纤维制成的,染色用的也是野生植物的汁液;摩鹿加群岛的男性只在腰间系上树叶编成的短蓑衣;巴希尔族人至今仍过着赤身裸体的生活,并有文全身的习惯,看上去就像穿着紧身薄纱衣一样。

4. 婚姻礼俗

印尼人的婚礼多在庄稼收割完后举行,婚礼仪式在女方家举行。达雅族青年结婚,要按照宗教信仰和传统习俗举行两次婚礼。根据当地习俗,女年满16岁、男年满19岁就可以结婚。

5. 生活习俗

印度尼西亚民族较多,各地习俗不尽相同,几乎可以用异彩纷呈来形容:印尼人有崇拜蛇和敬蛇的习俗,视蛇为德行、善良、智慧与本领的象征;达尼人吃猪肉时,常将手上的油脂涂抹在自己和他人的身上,以此表示亲昵和友善;伊班族人热爱洗浴,每日早晨的五六点钟就要洗澡,傍晚再次冲洗;巴厘岛上的妇女搬东西不是肩挑手提,而是把需运送的东西顶在头上;巴布亚人很好客,以奔跑、哼曲、嚷嚷等仪式欢迎客人,用烤猪肉来招待客人。

趣味知识

在印度尼西亚,蛇有着崇高的地位,人们敬蛇如敬神,很多民间传说和传统戏剧都涉及蛇的故事,蛇在传说中往往是善良、智慧、德行和本领的象征。在巴厘岛,有像庙宇一样的蛇舍,里面养着大蛇,蛇舍前设有香案,供磕头、礼拜、祈祷时用,蛇舍后面的蛇洞里,还养着大量的蝙蝠,专供这条蛇吞食。

6. 节庆礼俗

印度尼西亚是个多宗教、多元文化的国家,具有丰富多彩的节日。印度尼西亚的节日多为宗教节日,开斋节就是其中最重要的节日,节日习俗有相互道歉、发绿色红包、吃印尼特色的开斋节粽子。静居日是巴厘岛印度教新年,这个节日的独特之处在于它无任何庆祝活动,民众在家静坐冥思,且不生火、不工作、不出门、不娱乐。节日期间除必要的公共服务机构外,所有地方都暂时关闭,不得在室外活动。猴节是印度尼西亚的加里曼丹岛人为猴子设立的节日,每年的5月7日人们带着糖果、饼干、水果、糕点等来到猴子居住的地方,在民间乐器的伴奏下,猴子们一边抢食,一边欣赏乐队演奏,其乐融融,好不惬意。

7. 习俗禁忌

(1)印尼人有入寺脱鞋的习俗。进入室内或神圣的场所(尤其是清真寺),必须脱鞋。

(2)印度尼西亚巴杜伊人只能穿白色、蓝色和黑色的衣服,忌讳穿戴、谈论其他色彩的衣服。

(3)忌讳夜晚吹口哨。爪哇岛上的人最忌讳吹口哨,认为吹口哨是下流举止且会招来游荡的幽灵,违反者会遭到处罚或挨打。

(4)忌讳用左手传递东西。除了处理个人卫生,其他与人打交道的时候都要用右手。

（5）忌讳与印尼人谈论当地政治、社会主义和国外援助等问题，忌讳提及黛薇夫人。

（6）忌讳老鼠、乌龟。他们认为乌龟是跟"春药""污辱"联系在一起的，令人极其厌恶；老鼠则给人"肮脏""瘟疫""灾难"的坏印象。

（7）忌讳有人摸他们孩子的头部，认为这是缺乏教养和污辱人的行为。

（8）禁食猪肉和使用猪制品，大多数人不饮酒，一般都不喜欢吃带骨、刺的菜肴。

黛薇夫人

1940年，根本七保子出生在日本的一个木匠家庭，16岁时父亲离世后根本七保子放弃学业，前往东京做艺伎，1959年6月与正在日本访问的印尼总统苏加诺邂逅。1962年6月6日，根本七保子与苏加诺在印尼总统府举行秘密婚礼，成为开国总统苏加诺的第四任妻子，被苏加诺赐名"拉托娜·莎利·黛薇·苏加诺"，意为"宝石般的神圣女神"，人称"黛薇夫人"。1965年9月30日，印尼爆发军事政变，苏加诺被软禁，黛薇夫人流亡到法国，活跃在巴黎社交圈，获"东洋珍珠"的美称，但并没有再婚。1970年6月21日，苏加诺在雅加达病逝。1991年黛薇夫人叶落归根，返回日本定居，成为日本各家电视台的常客。1993年黛薇夫人53岁，出版有人体照和文身的写真集《秀雅》，引起亚洲轰动，印尼官方则认为她"违背了东方的规范，侮辱了印度尼西亚的尊严"，民众斥责其行径"有辱苏加诺这个高贵的姓氏"，苏加诺家族认为黛薇玷污了苏加诺家族的声誉，同时宣布将她驱逐出境。

八、印度

印度是南亚次大陆最大的国家，是历史最悠久的文明古国之一，是佛教的发源地。印度是一个讲礼节的民族，又是一个东西方文化共存的国度，全国约40%的人说印地语，11%的人把英语作为第二语言。印度有数百个节日，歌舞比较有名，印度人都比较喜欢唱歌和跳舞。

1. 交际礼俗

当今印度人见面行握手礼也很流行，但男子为避免触碰女性，与女子见面时行合十礼，微微鞠躬，还避免在公共场合与女子单独交谈。双手合十是印度古礼，是佛家最常用的礼节。行礼时，两掌相合，十指伸直，举至胸前，身子略前倾，头微低，合十为礼，以示敬意；行礼时要注意细节，对长辈举手宜高，对平辈宜平，对幼辈则低；行合十礼时，有人会不断点头致意，缺乏虔诚和敬意，不符合印度人的规矩。在印度南部，流行摇头"yes"点头"no"，摇头表示"知道了""好的"，先把头稍微歪到左边，然后立刻恢复原状；而点头则表示"不是""不行"，这一习惯与我们完全相反，可千万别会错了意，造成不应有的麻烦。印度人非常重视身份等级，若身份不同或所属阶级有异,就不能同席共桌吃饭甚至不能交往。迎送贵客时,主人会献上花环,套在客人的脖子上,花环越大,说明客人的身份越尊贵。印度还有一种礼节叫"摸脚礼",一般是由晚辈屈下身子用手摸长者的脚尖,然后用手摸一下自己的头,以表达对长者的敬意。

2. 饮食习俗

印度大部分人为素食主义者,地位越高的人越忌荤食。印度人喜欢邀请人共餐,认为吃独食是小气、不礼貌的行为;常常在共餐之后,在座者中最有钱的人或者最受欢迎的那个人付账。印度宗教众多,大部分人信奉印度教,宗教对饮食有着很大的影响。印度的主食是大米和面食,印度人喜欢吃印度烙饼和咖喱饭,喜欢吃鸡、鸭和鱼、虾,喜欢吃番茄、洋葱、土豆、白菜、菠菜等,烹调喜加辛辣香料,如咖喱粉。印度人忌食蘑菇、木耳、笋类。印度教徒视牛为"圣兽",敬之如神,只允许喝牛奶,不能宰杀和吃牛肉。印度人就餐使用盘子,不习惯用刀叉和筷子,通常以手取食,以手取食的规矩是用右手抓取,且只用拇指、食指与中指。印度人大多不喝酒、不吸烟,但爱喝茶,红茶、咖啡、凉开水是他们的主要饮料。印度正式宴请常以汤菜开始,随后所有菜肴一次送上,不依次上菜,客人一般不能自行取菜,由主人布菜。印度的每个地区都有自己独特的招牌菜和配料,各种奇妙的香草和香料用来调味、增香、增色和食疗。印度人对中国川菜尤其感兴趣。

3. 服饰习俗

印度人在社交场合流行穿西装,但民族服装也很常见。印度男性上身穿宽松的圆领长衫,下身则穿垂至脚面的围裤。印度妇女的传统服饰是"纱丽",纱丽是一条长达15码的丝制长巾,穿着时以披裹的方式缠绕在身上呈筒裙状,下摆披搭在肩头自成活褶,纱丽色彩艳丽、图案美观,是印度服饰的一大特色。印度妇女喜欢在前额点"吉祥痣",其颜色不同、形状各异,均表示不同含义,总之是喜庆、吉祥的象征。在传统习俗中,点红色吉祥痣表示妇女已婚,现在主要用于表示吉祥如意。印度人大多有佩戴饰品的习惯,赠送首饰给女子是男子的义务,女子也应用首饰打扮自己。印度很多地区有包头巾的习俗,如莫迪总理常常以包头巾形象出现在公众面前。

4. 婚姻习俗

印度教教徒的婚礼在当地被称为"维瓦哈",意思就是"把新娘子带走啦"。在印度结婚,女方需要准备一笔丰厚的嫁妆,陪嫁越丰厚,新娘子在夫家的地位就会越高。包办婚姻是印度的传统,父母之命、媒妁之言依然少不了。

5. 日常习俗

印度人特别讲究卫生,每天都洗澡,但不喜欢在澡盆里洗,认为那是死水、不洁净。恒河是印度的圣河,印度人喜欢在恒河洗澡,还喜欢喝恒河水。虔诚的印度教徒常在圣河中沐浴后再做祷告,他们相信,入河沐浴可以洗刷过错。

6. 节庆礼俗

印度的节假日名目繁多,多为宗教性的,富有很强的民族色彩。排灯节是最著名的印度节日,节期在每年10—11月,节俗主要是点灯、礼拜、放鞭、分享糖果。十胜节是印度教的重要节日,也是全国性的重大节日,节期在每年9—10月,一共持续10天。该节日是纪念印度教英雄罗摩与十首魔王罗波那经过十日大战,最后大获全胜的节日,故命名"十胜节"。洒红节又称胡里节,戏称为颜色节,是印度教的传统新年,节期在每年2—3月,这个节日的最大特点是人们相互抛撒红粉或五颜六色的粉末来相互捉弄,上至达官贵族,下到平民百姓都参与到这种热闹的活动中,每个人眼前、身上、脸上都充斥着色彩斑斓的颜色,高喊着"happy Holi"。

7. 礼俗禁忌

(1) 忌讳用左手取递物品或双手递送食品、敬茶,认为左手肮脏,除了上洗手间外,均不得使用左手,伸左手就是对别人的侮辱。

(2) 忌头朝北、脚朝南睡觉,据说阎罗王住在南方。

(3) 忌摸头。他们认为头是人身体中最神圣的部分,尤其是孩子的头,被视为神明停留之处,所以,在任何情况之下绝不允许触摸。

(4) 不喜欢黑色、白色和灰色,不喜欢玫瑰花,忌送人百合花。

(5) 忌讳数字"3"和"13"。因为湿婆神有3只眼睛,第三只眼睛是毁灭性的。忌讳13是因为人死后有13天丧期。

(6) 忌讳谈论有关宗教矛盾、与巴基斯坦的关系、工资以及两性关系的话题。

九、巴基斯坦

巴基斯坦大部分居民信奉伊斯兰教,按宗教信仰把穆斯林称作"多数民族",而把约占人口3%的印度教徒、基督教徒等称为"少数民族"。巴基斯坦到处都是清真寺,居民的生活习俗和饮食起居都深受伊斯兰教的影响,有着保守的风俗和严格的禁忌。巴基斯坦和中国有着最坚实的友谊,中国网民亲切地称其为"巴铁"。

1. 交际礼仪

巴基斯坦人很注重礼节,见面时必须先说"阿斯兰姆阿莱古姆",意即"真主保佑",多以握手为礼,握手时间越长,说明双方友谊越深厚。男士不能与女子握手,除非女子主动伸手,方可相握。也有行拥抱礼的,他们的拥抱礼很独特,双方通常头靠左边拥抱一次,接着靠右边一次,再靠左边一次,毫不含糊地拥抱三次。对久别相逢的亲朋至交,他们通常还给对方戴上花环。巴基斯坦人还特别注意称呼,他们的称谓方式跟我们国家类似,姓加上头衔。他们通用乌尔都语,英语是官方语言。

2. 饮食礼俗

巴基斯坦主食为米饭和面食,他们喜欢牛肉、羊肉和鸡鸭肉。巴基斯坦人不吃猪肉,烹饪时喜欢添加咖喱、胡椒、辣酱、香麻等香辣料,具有其民族特色风味的传统菜有咖喱鸡、涮羊肉、鱼肚、烧羊肉、煎牛排,用胡椒和姜黄等混合调制出的咖喱制品闻名世界。

3. 服饰习俗

巴基斯坦人的穿着打扮必须严守伊斯兰教教规,注重衣着得体、整洁,女性手脚外的其他身体部位不得暴露出来。在日常生活中,女性即使在炎热的夏天也都穿着不露胳膊、不露腿的宽大黑长袍,围黑头巾;外出时,她们还要戴"面罩"。甚至戴上"眼罩"。巴基斯坦的男性一年四季大都穿着宽松的长衫、长裤,夏天绝不会穿背心短裤、打赤膊,在正式场合,穿西服也十分普遍。他们着装的关键在于不可暴露盖体,但不排斥装扮,所以女性会想方设法来打扮自己,戴各式各样的饰品(颈饰、臂饰、鼻饰、足饰、耳饰),染红指甲。他们着装喜欢鲜明的色彩,尤爱翡翠绿,忌黄色,认为黄色是僧侣专用色。

4. 节日习俗

巴基斯坦有很多重要的节日,如开斋节、洒红节、国庆日、先知穆罕默德生日、独立日、古尔邦节等。开斋节是巴基斯坦人的主要节日,隆重热闹的程度类似我国的春节。古尔邦节意为宰牲节,是纪念先知易卜拉欣忠实执行真主命令,向安拉献祭自己儿子的节日。

5. 婚嫁礼俗

每年的4—5月是巴基斯坦人的婚礼季,气温适宜,方便宾客庆祝。巴基斯坦婚礼上的新人流行戴花环。伊斯兰教男教徒可以娶其他教派的女子为妻,女性一般只能嫁给本教派的男性,严禁嫁给教派外男性,导致女性的选择面较窄。同印度一样,巴基斯坦也十分重视嫁妆,开支巨大,不少女性因出不起嫁妆而嫁不出去。女性嫁人后不用工作,由丈夫养活,巴基斯坦人不喜欢让女性就业,女性也很少抛头露面。

6. 习俗禁忌

伊斯兰教教规严格,自然禁忌讲究比较多。

(1)忌用左手递拿东西和握手。他们认为左手是不洁之手,右手才是干净的,餐饮也只能用右手取食。

(2)忌拍打他人肩膀。在当地拍肩属冒犯性的动作,一般警察拘捕犯人前使用这种动作。

(3)巴基斯坦女人出门需戴盖头和面纱,他人忌碰触女人的盖头和面纱,否则就是失礼。

(4)忌吃猪肉、动物的血、死的动物,忌讳在公共场所讨论关于猪的话题。

(5)巴基斯坦禁止饮酒,外国人也不能在公共场所饮酒。

(6)陌生男士忌与女性握手,巴基斯坦民风相对保守,会认为陌生男女握手是过度亲密。

(7)避免提及对方忌讳的话题,不谈论敏感的政治问题。

(8)严禁男女当众拥抱或接吻,他们认为当众接吻是一种罪恶。

十、朝鲜

朝鲜有"朝日鲜明"之意,意即"朝日鲜明之国"。朝鲜是东亚的社会主义国家,其南部与韩国以三八线分隔,北与中国为邻,东北与俄罗斯接壤。朝鲜为单一民族国家,朝鲜半岛三面环海,东邻日本海,西邻黄海,与山东半岛隔海相望,属温带东亚季风气候,夏季温热多雨,冬季寒冷干燥。

1. 交往礼俗

朝鲜素有"礼仪之国"的称谓,朝鲜人十分重视礼仪道德。在社交场合朝鲜人习惯以鞠躬并握手为礼,握手时,可双手握,也可只用右手来握;女士一般不与男士握手,鞠躬致意即可。与客人相见时,热情、客气、有礼貌,"您好!""请慢走!""祝您一路顺风!"之类的礼貌敬语不离口。晚辈与长辈讲话必须用敬语;凡对比自己年龄大4岁以上的人都要用敬语;对比自己年龄大的宾客,一般也用敬语。朝鲜人大部分姓李、金、朴、崔,习惯将一个人的姓氏与籍贯合称,如咸镜崔。朝鲜人注意言谈举止,注重公德,随地吐痰、乱扔乱丢的行为会让人所不齿并受到处罚,衣冠不整,会被卫生警察带走教育。尊老敬长是朝鲜民族恪守的传统礼仪,赡养老人、敬重老人被视为一种光荣的美德。在家早晚必向长辈问安,归来要向父母施跪拜礼;父母外出归来,子女须迎送并施礼;若有年长客人临门,一般父母要率先向来客施跪拜礼,子女随后效仿,表达对长者的尊敬;吃饭、进出让长者先行,接递老人物品必须用双手;与长者说话要使用敬语。

2. 饮食习俗

朝鲜人的主食是大米、面粉,最具民族特色的传统美食有打糕、冷面、饺子汤、狗肉汤、烤牛肉、凉粉等。朝鲜人喜欢的调味品有大葱、大蒜、辣椒、胡椒、生姜等,忌讳糖、花椒等佐料,菜肴口感倾向酸、辣。朝鲜人一般都爱喝酒,日常饮料则为凉白开水或清茶。

3. 生活习俗

朝鲜人喜爱木槿花并尊其为国花,认为它是民族坚毅不屈的象征;对金达莱也深有感情,认为金达莱象征着繁荣昌盛、幸福永存。最欣赏熊和虎,视熊为民族的祖先,当虎作山神。朝鲜人崇拜太阳神并自称为太阳神的子孙,白色表示太阳光,故对白色倍加喜爱,国民也喜穿白衣,得"白袍之国"称谓。元旦时,朝鲜民间有把钱塞进稻草人扔到十字街头的习俗,寓意送邪恶、迎福星;把全家人一年脱落的头发全部烧掉,祈求四季平安。新年期间,朝鲜人常常会将糯米、枣泥、蜂蜜、栗子粉、松子等混合蒸煮成饭,预示人丁兴旺、日子甜蜜。朝鲜人热爱体育运动,传统民间游戏与我国颇为类似,有荡秋千、压跷跷板、拔河、摔跤、射箭等。朝鲜人的婚俗很有特点:传统婚宴在新娘家举行,在新娘家同住两夜后,第三天新娘坐轿来新郎家,新郎家再宴请宾客。在婚宴上,传统做法是摆一只嘴里叼着红辣椒的熟公鸡,寓意多子多孙。在婚宴前有一个重要的环节就是新人要向已故领袖铜像献花。

4. 服饰礼仪

朝鲜人一般穿西装,节庆时习惯穿本民族的服装。女子通常是穿短袄、高腰阔裙,裙长及脚面,且用白绒布包头,男子的民族服装有袄、裤、坎肩、长袍等。朝鲜的民族服装颜色以白色为主,所以朝鲜有"白衣民族""白衣之国"之称。儿童则穿七彩服,即上衣袖筒用七种颜色的绸缎缝制而成。

5. 节庆礼俗

朝鲜的好多节日与我国类似,具有民族特色的是回婚节、千人针节、五谷祭等。回婚节也称"归婚节",是朝鲜族家庭中最隆重的节日,是庆祝结婚60周年的节日。能够举办这个节日的家庭无比荣耀和幸福,亲戚邻里都来祝贺,老两口会穿上年轻时的结婚礼服,搀扶着入席,大家举杯祝福,简直超过了年轻时的婚礼。千人针是一种由多人共同缝制的布带,象征着集体的智慧和力量。相传一位年轻人与妖魔决战,得到1000名妇女缝制的布带,汇集了1000人的智慧与能量,最终打败妖魔。后来这种千人针就是齐心协力、共渡难关的代名词。现在但凡有青年应征入伍,家人必会制作这种布带,寓意战无不胜,平安归来。朝鲜族的五谷祭也称"鸟忌之日""射琴匣",节期是每年农历正月十五,节俗是用糯米、大麦、大黄米、高粱米、小豆等原料煮五谷饭,喂牛吃五谷饭,民间认为牛先吃哪种饭,哪种粮食当年就能丰收。五谷祭其实就是祈求风调雨顺、五谷丰登。寒食节也是朝鲜的重要传统节日,节期为冬至后的第105天,是为了纪念介子推而设立的节日,这天民间禁火冷食、扫墓、植树。

6. 习俗禁忌

(1)朝鲜人喜欢单数,不喜欢双数,特别忌讳数字4,因为4的读音与"死"相同,预示着厄运。

(2)朝鲜人忌讳吃鸭肉、羊肉或肥猪肉。

(3)忌讳用手指指人,正确的做法是伸出整个手掌且掌心向上。招呼人过来,则是掌心朝下。

十一、蒙古

蒙古国位于亚洲中部,是一个地广人稀的高原内陆国家,北与俄罗斯为邻,东、南、西三面与中国交界,有一马平川的草原,经济以畜牧业为主。蒙古包是蒙古牧民的住房,这种住房有着许多其他类型住所不能代替的优点,是蒙古人长期游牧生活的智慧结晶。蒙古以喀尔喀蒙古族为主,约占全国人口的80%,官方语言为蒙古语,首都是乌兰巴托。

1. 交际礼俗

蒙古人传统上是没有姓只有名的,所以见面时不要习惯性地问"你贵姓"。蒙古人开朗直爽、待人真诚,当得知有客人到访时,总是会恭敬地站在门口迎接,见面语多为"您好!""向您请安了!"等。客人离开时,多说"欢迎再来""一路平安"等客气话。蒙古国人见面时有一种奇特的问候方式:一般不先问对方身体可好,而是先问对方家的牲畜是否平安。据说这是蒙古族的一种传统习俗,毕竟他们是游牧民族,牲畜在每个人心目中、生活中极其重要,牲畜是他们养家糊口的根本。蒙古国的待客习惯也极为特别:主人喜欢拿出自己珍爱的鼻烟壶让客人闻,客人应迎合对方接过来真闻,然后把壶盖盖好还给主人。在正式社交场合与客人见面时,一般也行握手礼,但献哈达才是蒙古民族最正统的传统礼节,尤其是迎接贵客时更应如此。在献哈达时还会献上一碗鲜奶,蒙古国人敬献的哈达是天蓝色丝绸制成的,与中国蒙古族的白色哈达不同。

2. 饮食礼俗

蒙古族的饮食大致为肉食、奶食、粮食三大类,最爱吃肉类和奶类食品,手扒肉、烤全羊、石烤肉是他们常吃的传统佳肴。他们口味偏咸,追求肉质鲜嫩,常常把整块肉放进锅中煮,六成熟就捞出用手撕着吃或用小刀切来吃,大快朵颐,食量惊人。他们不吃鱼虾蟹、鸡鸭鹅以及猪肉,不喜吃甜味、辣味、糖醋类菜肴。他们爱喝烈性酒,尤其偏爱马奶酒,还喜欢喝红茶、奶茶、啤酒。马奶酒俗称酸马奶,是蒙古人亲自酿造的传统珍贵饮料,不仅自己喝,也用来款待客人,是草原上的一大特色。

3. 生活习俗

蒙古民族有尊老爱幼的习俗,有谚语"老人的经验教育人,太阳的光辉温暖人"。蒙古牧民的住房是蒙古包。他们不喜欢陌生人坐在他们的蒙古包中。蒙古人具有好客的美好传统,即使对不相识的来客,也往往以礼相待,"在蒙古,即使没带干粮,也可旅行数月"。蒙古人最忌讳的是将自家牲畜的乳汁卖掉,认为这是贫穷的表现。客人来访时,忌讳将鞭子或棍杖随身带进主人的毡帐,忌讳将帽子朝着门口放。当主人用酸马奶招待客人时,客人应一饮而尽,忌讳一口一口地品尝。有贵客临门时,热情的蒙古人多会以全羊款待,一般由主人先切肉或先吃,然后贵宾才吃。

4. 节庆礼俗

蒙古国有七项庆祝活动,政府为这些活动设立了公共假期。那达慕是蒙古族人民的传统盛会,是一个集娱乐和交易为一体的大会,节期为每年农历六月初四开始,为期五天。那达慕大会的内容主要有摔跤、赛马、射箭、套马、下蒙古棋等民族传统项目,也有田径、拔河、篮球等体育项目。交易的内容除农副产品外,还有民族特色产品,如牛羊肉、奶制品、熏制品等。马奶节是蒙古族传统节日,节期在草肥肉美的农历八月末,为期一天。这是一个庆祝丰收的节日。春节又称白月节、牧民节,以前只在牧区庆祝,后来改为全民族的节日。其主要庆祝形式与我国的春节类似,只在个别地方有些不同,如除夕吃手把肉,初一献哈达,十六"哈巴德"打黑墨(在人熟睡时抹锅底灰)。拜火节源自古代蒙古族对火的崇拜,祭火的习俗自古就有,仪式是在农历腊月二十三日晚间。祭敖包也是一项重要的祭祀活动。麦德尔节是纪念弥勒佛的日子,节期在正月十五,宗教色彩较浓。

5. 习俗禁忌

蒙古人喜欢用颜色来寄托自己的愿望和感情:崇尚蓝色,认为蓝色象征着永恒、忠诚,把自己的国家称为"蓝色的蒙古国";珍视黄色,认为黄色是荣华和富贵的象征;偏爱红色,认为红色象征着幸福、胜利,许多人喜欢穿红色的蒙古袍,用红色缎带扎头发;喜爱白色,认为白色寓意着洁净、质朴。蒙古人最厌恶黑色,视黑色为不祥的色彩。蒙古人认为用烟袋或手指点他人的头部是一种极不礼貌的行为,十分忌讳。

十二、叙利亚

叙利亚是位于亚洲西部、地中海东岸的一个文明古国,其首都大马士革是世界著名古城,有4000多年的历史,素有"天国里的城市"之称。叙利亚是个多民族国家,阿拉伯人占80%以上,约85%的居民信奉伊斯兰教,少数居民信奉基督教。玫瑰花遍及叙利亚,是叙利亚人民十分喜爱的花。叙利亚位于中东的中心,自古以来就是连接亚、非、欧的桥梁,被称为"阿拉伯跳动的心脏"。其地理位置十分重要,再加上石油、磷酸盐、天然气等矿产资源十分丰富,一直为兵家必争之地。

1. 交际礼俗

叙利亚人见面一般先问好再握手,同性亲朋在久别重逢时,会拥抱并亲吻对方双颊三下,通常男性之间是先吻左颊,后吻右颊,再吻左颊,而女性则相反,先吻右颊,后吻左颊,再吻右颊。一般男女之间,只握手,不拥吻。

正式社交场合,叙利亚人常以先生、女士、小姐相称,或加上其姓氏。称呼当地妇女时,名字前面加上阿拉伯语"西蒂",即"某某夫人";男士名字前面加"艾布",即"某某之父"。遵照传统习俗,叙利亚人的名字由三部分组成——本名+父名+姓氏,现代人则常常把父名省略,只保留本名+姓氏。叙利亚人待客热情,为人正直,好友之间感情真挚,亲密无间,同行时习惯于肩并肩,手拉手,这是阿拉伯民族表示友好的一种传统模式。叙利亚人在社交场合的交谈方式比较特别,可同时和不同朋友一起讨论几个问题,这里并没有不尊重他人的意思,是他们的习俗而已。

拜访叙利亚人须提前预约,主人习惯用苦咖啡招待客人,咖啡一般只倒杯子的1/3左右。叙利亚人在家中请客,一般只有男性出面招待,客人要带点礼物给对方,切忌给对方的妻子。

2. 饮食习俗

叙利亚人的主食是面饼和米饭,将面粉发酵后制成的面饼是各阶层人民喜欢的食品。政府对面饼有补贴,价格因此较为便宜。将大米焖熟,撒上松仁,浇上奶酪酱的手抓饭也是叙利亚人的日常主食。在首都大马士革街头,到处都有"沙沃路马烤羊肉"小铺,门前摆着烤炉,炉上设一个备有铁扦的铁制托盘,羊肉插在扦子上,随托盘在火上转动,这样烤出的羊肉是阿拉伯人的最爱。叙利亚人喜欢用烤全羊来招待客人,烤全羊是叙利亚人认为最珍贵的菜品(将羊肚子内塞满大米、葡萄干、杏仁、松子等干果和调料,放在火上慢烤,至羊肉焦黄、流油,便分割成块,与面饼一起吃)。

叙利亚人餐桌上常见的菜肴有烤羊肉、鸡肉、炸鱼、煮牛肉、黄瓜、腌橄榄、奶酪、西红柿沙拉、生菜、洋葱、焖蚕豆等。叙利亚人的口味偏甜,几乎每餐必备甜食;常饮红茶、咖啡,饮红茶喜加糖,喝咖啡喜加豆蔻。

叙利亚不像其他阿拉伯国家禁酒,有啤酒、葡萄酒、香槟、威士忌等出售,请客时也常备酒。宴请结束时主人一般会给客人捧上糖果,客人要象征性拿一两颗,表示留下甜美的回忆。

叙利亚人喜欢吃苹果、石榴、哈密瓜、西瓜、橘子和香蕉,也乐于品尝中国的干果,如西瓜子、花生、核桃仁、松子、杏仁等。

3. 装扮习俗

叙利亚人喜欢穿白色、黑色等阿拉伯式大袍,扎腰带,头上披戴白色或红白相间的花格头巾,并以黑色或棕色头箍缠头或头戴白帽。传统服饰以阿拉伯袍式服装为主,年轻人则流行穿西式服装。叙利亚男性多穿白色宽松的长上衣和长裤,头缠绢布,脚上穿凉鞋。伊斯兰教女式袍装颜色多种多样,年轻女性多穿彩色袍装,头戴金银、花朵;老年妇女多穿黑长袍,戴黑头巾及面纱。

4. 婚恋习俗

在叙利亚首都大马士革流行母亲为儿子挑选媳妇的传统风俗,通常男方母亲多方物色,然后将看中的姑娘约到公共浴室,一起沐浴、聊天、吃饭。若双方父母都满意,就请阿訇到姑娘家门口,问门后的姑娘是否同意结婚,如姑娘连说三声

"我愿意",就算订婚了。订婚后男方家庭开始准备新房、贵重彩礼、金银首饰等,婚礼由男方家庭举办,常盛大而隆重。

5. 节庆礼俗

叙利亚有着丰富的节日,它体现了叙利亚的宗教和文化。复活节、开斋节、圣纪节等传统宗教节日就不再赘述了,在其他地方已有所涉及。叙利亚节日的独特之处在于纪念日较多。3月8日革命日是为了纪念叙利亚的革命活动。4月17日是国庆日,也称撤军节(1945年12月,英、法共同宣布将逐步从叙利亚撤军,1946年4月17日,法军全部撤出叙利亚,是叙利亚人民结束殖民统治,实现国家独立的日子)。5月6日烈士节是为了纪念为国家献身的烈士,当晚政府要员设宴款待烈士亲属。9月1日叙、埃、利三国联合日是为了纪念叙利亚、埃及和利比亚三国之间的联合。10月6日十月战争开战日是为了纪念叙利亚参与的十月战争。

6. 习俗禁忌

(1) 叙利亚人忌讳黄色,认为黄色是死亡的颜色。他们喜爱绿色,视绿色为吉祥色,认为绿色会给人们带来美好和幸福;还认为青色、蓝色、深红色是积极向上的颜色,比较青睐。

(2) 大部分叙利亚人信奉伊斯兰教,忌吃猪肉、未按伊斯兰方式屠宰或以其他方式死亡的动物或血液、无鳞无鳍的水产动物。

(3) 忌送酒、女人照片作为礼物,这些东西都是教规所禁止的,不能当作礼物送人。男客人送礼,只送男主人,不送女主人以及已婚女子。

(4) 信奉伊斯兰教的人忌食狗肉、猫肉、驴肉、马肉、蛇肉以及其他猛兽的肉。

(5) 叙利亚人吃饭时,只用右手抓食,忌讳用左手;吃饭喝汤时,忌讳发出声响。忌讳用左手传递物品给他人,认为用左手递物是对对方人格的污辱。

(6) 忌讳别人送的礼物中带有星星的图案。

(7) 忌讳交谈时手插裤兜,双臂相抱,认为这两种姿势有侮辱他人之嫌,非常失礼。

第二节 欧洲部分国家礼俗

一、俄罗斯

俄罗斯横跨欧亚大陆,地广人稀,是世界上国土面积最大的国家,东面与日本和美国隔海相望,东南面与我国东北接壤,中俄两国人民往来较多,但俄罗斯的习俗礼节与我国大相径庭。俄罗斯是一个多元宗教信仰的国家,他们信仰的有东正教、伊斯兰教、佛教和犹太教,约75%的人口信仰东正教。

1. 交际礼仪

俄罗斯人素以热情、豪放著称于世,在社交场合,俄罗斯人与初次会面的人行握手礼,久未谋面的朋友或亲人见面时行拥抱礼,男子对特别尊重的已婚女子,一般行吻手礼。在迎接贵宾时,俄罗斯人按传统礼节会献上面包和盐,这在俄罗斯是一种极为隆重的欢迎仪式。俄罗斯人认为,面包和盐是人的生存之本,最适合用来欢迎"必不可少的客人"。俄罗斯人不欢迎不速之客,俄罗斯有谚语云"被邀请的是座上客,未被邀请的是一条狗""不请自到是大笨蛋",所以想去俄罗斯人家里做客必须提前预约,最好不要贸然登门。

2. 饮食礼俗

俄罗斯人讲究烹调,菜肴丰富多彩,"俄式大餐""罗宋汤"享誉世界。俄罗斯人口味浓重,喜油腻、酸、甜、咸、微辣,爱吃黑麦面包、鱼子酱、黄油、酸牛奶、酸黄瓜、咸鱼等。俄罗斯男人"嗜饮"烈性酒伏特加,女性喜喝香槟酒、果酒、"格瓦斯"饮料。俄罗斯人用餐餐具主要是刀叉和盘子,基本不用碗。与他们一起用餐时,如果发现他们将手放在喉部,我们应明白那是表示已经吃饱的意思,就不要再劝他们多吃了。

3. 馈赠礼仪

俄罗斯的传统习俗是上门做客要带点礼物,空手上门做客被认为是不礼貌的。去俄罗斯人家里做客时可带点不是太贵重的小礼品,表达心意即可(礼轻情意重)。俄罗斯有谚语云"礼品虽不贵,但情意深厚"。最常见的礼物是给女士送鲜花,给男士送白酒,富有中国特色的礼品如茶叶、瓷器、刺绣等在俄罗斯非常受欢迎。俄罗斯人几乎逢节送花,但送花讲究"喜单丧双"——喜事送单数,丧事送双数,跟我们的"好事成双"的习俗相反。俄罗斯人收到礼物时往往会当着客人的面把礼物打开,并开心地表达谢意。

4. 生活习俗

俄罗斯靠近北极圈,冬天漫长、酷寒,且昼短夜长,人很容易有抑郁情绪,所以俄罗斯人喜欢豪放地大口饮酒,还喜欢音乐、舞蹈,以此展示出他们对生活的热爱和对大自然的向往。俄罗斯套娃是具有俄罗斯民族风情的传统手工艺品,一般由多个图案一样、大小不一的空心木娃娃一个套一个组成,可达十多个,尽量避免买九个一组的。套娃通常为圆柱形,底部平坦,可以直立,常见的有红色、蓝色、绿色、紫色等。俄罗斯套娃也叫吉祥娃娃、幸福娃娃,寓意你中有我,我中有你,永不分离。俄罗斯人偏爱数字"7",认为"7"预兆着办事成功,还可以给人带来美满和幸福。俄罗斯人大都讲究仪表,注重服饰。在民间已婚妇女必须戴头巾,以白色的为主;未婚姑娘则不戴头巾,常戴帽子。

5. 节庆礼俗

俄罗斯除了一些常规节日外,有几个节日值得关注。诗歌节是为了纪念诗人普希金的诞辰而设立的节日,在每年的 6 月 6 日,俄罗斯民众会参与诗歌节的纪念仪式和赛诗会。胜利日是俄罗斯最重要的节日之一,是纪念 1941—1945 年苏联卫国战争胜利的节日,庆祝活动有游行、阅兵式、放礼炮、音乐会、献花,参加过卫国战争的老兵们会聚集在红场上拉手风琴,唱战地歌曲。谢肉节,也称"送冬节",是俄罗斯迎春送冬的传统大节,人们会烤薄饼、烧稻草人偶、化装游行来庆祝。

6．习俗禁忌

（1）俄罗斯人喜欢奇数,忌讳偶数,但讨厌"13",也不喜欢星期五。

（2）俄罗斯人大多信奉东正教,有"左主凶,右主吉"的传统思想,忌讳左手握手或递东西,认为抽签用左手会不吉利。

（3）俄罗斯人忌讳的话题较多,如苏联解体、阿富汗战争、经济难题、宗教矛盾、民族纠纷、大国地位问题等。

（4）在公共场合忌讳不尊重女性,俄罗斯人讲究"女士优先"。

（5）俄罗斯人豪爽大方,认为说他们小气是对他们最大的污辱。

（6）忌讳提前祝贺他人生日快乐,在他们看来,庆生可晚而不可早,早了是不吉利的。

（7）俄罗斯人忌讳打碎镜子,认为镜子是神圣的物品,打碎镜子会带来灾难。俄罗斯人也忌讳打翻盐罐,把打翻盐罐看作家庭不和的预兆,但是认为打碎杯子、碟子、盘子是富贵和幸福的吉兆。

（8）忌讳跨门槛握手或告别。俄罗斯人认为门槛是阴和阳的分界线,做任何事情都尽量不要跟门槛相关,否则会不吉利,跨门槛握手会把友谊隔断。

（9）忌送刀、手帕这两样物品。俄罗斯人认为刀意味着武力残杀或交情断绝,手帕是擦眼泪用的,象征着悲哀和离别。

（10）俄罗斯人忌讳黄色,认为黄色意味着背叛,也忌讳给人送手套,认为这是一种挑衅。

趣味知识:伏特加

伏特加是北欧一些酷寒国家流行的烈性酒,是俄罗斯的国酒,被俄罗斯人称为"生命之水"。它不仅是俄罗斯人生活的一部分,还是俄罗斯人民的精神支柱,深深地影响着俄罗斯的民族性格——豪放、热情、勇敢、好客,可以这么说:没有伏特加,就没有"战斗民族"。有学者说,历史上俄罗斯人是"靠伏特加和喀秋莎打赢了战争"。据史料记载,的确如此,卫国战争时期斯大林下令每天给前线每人派发 100 克伏特加,后又增至 200 克,这一举措无疑大大提高了士兵的战斗力。

俄罗斯大多数男人都嗜好饮用伏特加,甚至把它称作"战斗男人的第一任妻子"。

19世纪化学家德米特里·门捷列夫首次推出伏特加的国家标准,他经过反复科学实验并提出建议:伏特加中的酒精浓度以40%Vol为最佳,这对人体来说是最为适宜的度数。1895年,俄国官方将全国伏特加的度数统一定为40%Vol,到如今,无论是产自美国还是其他欧洲国家的伏特加,都以40%Vol为标准。

二、英国

英国是位于西欧的一个岛国,由英格兰、威尔士、苏格兰和北爱尔兰四部分组成,因为主体是英格兰,所以习惯上称作英国。英国全年温和湿润,四季变化不大,但一日之内却时晴时雨。英国人崇尚"绅士风度"和"淑女风范",讲究"女士优先",注意仪表,讲究穿着;性格比较保守谨慎,在待人接物上讲究含蓄和距离,奉行"不问他人是非"的信条,把家当成"私人城堡",不经邀请,谁也不能进入,邻里之间很少往来。

1. 交际礼俗

英国人见面时一般都行握手礼,而不是像东欧人那样喜欢拥抱。英国人一向守时,特别是苏格兰人,他们认为守时是对他人最基本的尊重。英国人待人彬彬有礼,讲话十分客气,礼貌用语"Please""Thank you""Sorry"每天在许多场合都会用到。

2. 饮食礼俗

英国人非常重视早餐,餐馆中早餐种类繁多,面包、果汁、水果、蛋类、肉类、麦粥类、果酱、咖啡等一应俱全。英国人一般在下午3:00—4:00放下手中的工作,喝一杯红茶,有时也吃块点心,休息一刻钟,称为"茶休"。英国人爱喝红茶,饮红茶的历史有300多年。晚餐是英国人日常生活中最重要的一部分,他们的用餐时间通常较晚。英国人喜欢喝苏格兰威士忌,喜欢吃烩、烧烤、煎、油炸等烹饪手法做成的食物。他们的主食是面包,副食为牛肉、海鲜、野味等。比较知名的英国菜有烧烤牛肉、牛肉腰子派、炸鱼排、皇家奶油鸡、野味大餐(用野味加杜松子、浆果及酒制作而成)。英国人宴请大都在酒店、饭店进行,他们讨厌浪费,宴请以俭朴为主。在正式的宴会上,吸烟被视为失礼。英国人的宴会礼仪非常讲究,礼仪程序颇多,具体可参考西餐礼仪相关内容。

3. 服饰礼仪

英国人注重装扮,但凡出门,必是衣冠楚楚,同时也喜欢以貌取人。英国人的日常穿着是非常时尚和多样化的,各种穿衣模式受到世界上许多人的推崇,像近些年流行的英伦风、夹克、牛仔服都跟英国服饰有关。尽管英国人讲究衣着,但十分节俭,一套衣服要穿好多年,一个英国男子一般有两套深色衣服、两三条灰裤子。英国人对服饰的讲究渗透到生活的方方面面,正式的宴会上男士忌打条纹领带,忌穿浅色皮鞋配深色西服,女士应穿套装或优雅的连衣裙。此外,像某些正规的西餐厅、音乐会禁止着装不够正式的人入内,都是从英国流传开来的。

4. 婚庆礼俗

英国谚语云:"九月娶妻正当时,生活富庶日子乐。"英国人认为最好的结婚季节是秋收后、圣诞前。在英国,婚礼一般是在周六的下午,在教堂或登记处举行。在教堂里举行婚礼仪式时,不可缺少的一项重要内容是新郎给新娘戴戒指,象征着新郎对新娘的纯真爱情,新娘接受并愿意忠实于爱情。英国人结婚新郎要穿礼服,新娘身着白婚纱,手持白色花束。英国人崇尚白色,认为白色象征着爱情的纯洁。举行完婚礼,新郎新娘从教堂里出来时,人们会向新人撒五彩缤纷的纸屑以示祝贺,撒纸屑的习俗起源于撒麦粒,象征着丰收和祝福。度蜜月也是英国人结婚的重要内容,"蜜月"一词源自新娘在婚后一个月内饮食蜂蜜酒的古老习俗,这种饮料从结婚开始就要连喝30天,因此就把新婚第一个月称作蜜月。

5. 馈赠礼仪

英国人崇尚"礼轻情意重",去英国人家里做客,最好带点小礼品,他们认为贵重的东西有贿赂之嫌,送巧克力、酒、雪茄或鲜花会普遍地受到欢迎。生日或大小节日,英国人都有选购礼物送亲人朋友的习惯,圣诞节和新年是人们交换礼物最频繁的时候,礼物不需挑太贵,用心就好,但要注重包装。

6. 节庆礼俗

年轻人所熟悉的"洋节"英国几乎都有,以下介绍很多人不甚了解的几个节日。节礼日是英国的传统节日,节期在圣诞节后的12月26日,工作人员将教堂前募捐箱中的礼物分发给穷人,它起源于中世纪。神圣星期四是"最后晚餐"的一天,是为了纪念耶稣与他的门徒共进的那顿晚餐。圣戴维日是威尔士的重要节日,在每年的3月1日,是为了纪念公元二世纪到威尔士传教的圣戴维而设立的一个节日。在节日期间,人们在衣襟上佩戴一朵黄色的水仙花来纪念圣戴维。爱丁堡国际艺术节是英国著名的艺术盛事,节期在每年8月,涵盖了脱口秀、戏剧、艺术展、马戏、烟花等活动,是世界上最盛大的艺术节之一。

7. 习俗禁忌

(1)忌讳用百合花和菊花送人,因为菊花在欧洲国家只用于万圣节或葬礼,白色的百合花在英国象征着死亡。

(2)英国人忌讳数字"13"与星期五,认为数字"13"和星期五都带有不祥寓意,如果13号又恰逢星期五,则认为是双倍的不吉利。英国人对"666"也十分忌讳。

(3)忌谈薪水和年龄等个人私事、家事、婚丧、职业、宗教问题。英国人非常不喜欢谈论男人的工资和女人的年龄。

（4）在英国购物最忌讳砍价，英国人认为合适就买，不合适就走开，认为讨价还价是很丢面子的事情。

（5）英国人认为"加塞"是一种令人不齿的行为，他们有排队的传统习惯。

（6）忌随便闯入别人的家，但若受到邀请，则应欣然前往，不要忘记给女士带上一束鲜花或巧克力。

（7）忌讳当众打喷嚏、用同一根火柴连续点燃三根香烟、把鞋子放在桌上、在屋子里撑伞、从梯子下面走。

（8）英国人偏爱蓝色、红色、白色，反感墨绿色，讨厌大象、孔雀和猫头鹰。

（9）比V字形手势的时候，一定要手心向外，手背向外是一种带有敌意的做法。

（10）切忌跨门槛与人握手，尤忌四人交叉握手。

三、法国

法国位于欧洲西部，为西欧面积最大的国家。法国的气候特点是海洋性、大陆性、地中海型和山地气候并存，舒爽宜人。法国核电、航空、航天、铁路等居世界领先地位，是最发达的工业国家之一，是联合国安全理事会常任理事国、欧盟创始国及北约成员国。法国是个爱美、讲究吃、嗜酒、重礼的浪漫国度，时装、美食和艺术享誉全世界。法国大部分人信奉天主教，官方语言为法语。

1. 交际礼俗

法国人热情开朗、天性浪漫，常用的问候语是Bonjour（您好），见面时主要行握手礼、拥抱礼和吻面礼。法国是第一个公认以吻表示感情的国家，但吻有严格的界限：见到久别重逢的亲友是贴贴脸或颊，长辈对晚辈则是亲额头，恋人情侣之间才吻嘴唇。在法国的上流社会中，"吻手礼"也颇为流行。施"吻手礼"时，注意嘴不要碰到女士的手，也不能吻戴手套的手，更不得吻少女的手。法国人爱好社交，善于交际，爽朗热情，喜开玩笑，讨厌性格沉闷、愁眉苦脸、不爱讲话的人。法国人有骑士风度，尊重妇女，对妇女谦恭礼貌是引以为豪的民族传统。法国人的姓名由两部分组成，名在前，姓在后。正式称呼法国人的姓名时，宜只称其姓氏或是姓与名兼称。常用的敬称主要有三种：对一般人称"您"，对有身份者称"阁下""殿下"，对陌生人称"先生""小姐""夫人"。

2. 服饰礼仪

法国时装以选料丰富、设计大胆、制作技术高超而享誉全球，巴黎是世界时装之都，一直引导世界时装潮流。法国人对于衣饰的讲究是非常出名的，他们善于穿着打扮，不同的场合穿不同的衣服，不同的衣服配不同的发型、妆容、手袋、帽子、鞋子、手表、眼镜等。法国人认为穿着打扮重在色彩、款式、面料、配饰搭配得法,身份、场合、年龄协调一致。在正式场合,男士穿西装,女士则穿套裙或连衣裙,颜色多为蓝色、灰色或黑色,款式新颖,质地多为纯毛的优良面料。出席庆典仪式等隆重场合,男士多穿带有蝴蝶结的燕尾服或深色西服套装,女士则穿连衣裙式的单色大礼服或小礼服。法国女士爱打扮,参加社交活动一定要化妆、佩戴首饰。法国男士对自己仪表的修饰也十分看重,正式场合亮相时必剃须修面,头发"一丝不苟",喷洒香水。法国人的穿戴讲究品位、突出个性。

3. 餐饮礼仪

法国作为世界三大烹饪王国之一,法式大餐世界闻名,法国菜风靡全球。法国人十分讲究饮食,喜欢吃蜗牛和青蛙腿,最名贵的菜是鹅肝。法国人逢餐必喝酒:餐前酒多为威士忌、朗姆酒等低度甜酒,餐间酒为葡萄酒,餐后酒多为白兰地。他们讲究菜肴和酒的搭配,如:吃肉饮红葡萄酒,吃鱼饮白葡萄酒。法国人爱吃面食,尤其喜欢吃"法式长棍面包"("法棍",表皮松脆,内芯柔软而稍具韧性,充满麦香味),法国人一刻也离不开"法棍"。2018年法国总统马克龙表示支持将"法棍"列入联合国人类非物质文化遗产代表作名录。他们大都爱吃奶制品,如奶酪、奶油、牛奶、酸奶、黄油等,各类奶制品又分不同口味。他们爱吃牛肉、猪肉、鸡肉、鱼子酱、鹅肝,不吃肥肉、宠物、肝脏之外的动物内脏、无鳞鱼和带刺骨的鱼。

法国餐饮礼节繁多,正式宴请时入席要从座位左侧进入,两肘不可支在桌上;西餐的主要餐具是刀、叉,使用时要右手握刀,左手持叉;放下刀、叉时,习惯于将其一半放在碟子上,一半放在餐桌上,将刀、叉呈"八"字状或交叉放在盘上,且刀口向内,叉齿朝下;吃牛排,先从左边切起,吃一块切一块;嘴角油渍,可用餐巾一角轻轻按一下去除,不可用力擦拭。法国菜在西餐中可以说是最讲究的,法国美食的特色在于使用新鲜的季节性材料,加上厨师个人的独特的调理,无论视觉上、嗅觉上、味觉上还是触感上,都给人无与伦比的体验,用餐氛围也是高雅温馨的。

4. 馈赠礼仪

法国人送礼一般选在重逢时,初次见面就送礼会被认为行为鲁莽。生性浪漫的法国人喜欢以花为礼,因此了解花语很重要,很多花不能随便乱送,而且日常送花只送单枝,只有丧葬才送双数。礼品的选择有许多讲究,可以选择品位高雅、有审美价值的艺术品、工艺品,如唱片、画册、剪纸、京剧脸谱等作为礼品;香槟酒、白兰地、糖果等也是常见的好礼品。在接受礼品时若不当面打开礼品的包装,会被看成是一种无礼的表现。如果应邀去法国人家中做客,最好带上几枝不加捆扎的鲜花。

5. 婚姻习俗

法国人是著名的"自由主义者","自由、平等、博爱"的信条在婚恋上也体现得淋漓尽致,他们的婚恋生活颇为自由。法国有个奇特的传统婚俗,在婚礼前夕,新郎要举行一次"告别单身生活"的晚会,广邀自己的好友开怀畅饮,热闹一番,之后新郎以一个象征性的"棺材"举行一次"葬礼"来告别"单身汉"身份;新娘也要举行一场"辞别"女友们的晚会,参加新娘告别晚会的都是未婚的姑娘,姑娘们向新娘献上鲜花,载歌载舞,依依惜别新娘。

很多国家在婚嫁这件事上,新郎下聘礼的比较常见,但法国却恰好相反,新娘不光要准备充足的嫁妆,婚宴的费用也必须由女方承担,所以法国女孩从青少年时期就开始为将来的婚姻做准备了。在法国农村还有这样的传统习俗:新娘结婚那天要在衣裤中藏鸡蛋,当新郎新娘进入洞房时,新娘要故意跌倒将鸡蛋打破,寓意生生不息。

6. 节庆礼俗

法国是一个浪漫而又有着深厚文化底蕴的国家,有着许多特别的节日。阿维尼翁艺术节是世界著名戏剧节之一,节期在每年7月,为期三周,在阿维尼翁城内举办。尼斯狂欢节是世界三大狂欢节之一,节期在每年的二月底至三月上旬,持续15天,每年的狂欢节都有不同的主题。主显节又称作"三王来朝节",是为了纪念东方三博士朝觐耶稣显身而设立的节日,节期在每年的1月6日,节食是内中藏有蚕豆的薄饼,称作国王饼,谁吃到谁会有好运。巴士底日又称国庆节,是为了庆祝1789年7月14日巴黎人民攻占巴士底狱而设立的节日,这一事件是法国大革命的标志性事件。巴士底日最为壮观的活动是香榭丽舍大街上的游行。

7. 习俗禁忌

(1) 忌送菊花、牡丹花、玫瑰、杜鹃花、水仙花、金盏花、康乃馨和纸花给法国人;黄色的花象征着不忠诚,不适合送人。

(2) 忌送刀、剑、剪、餐具等给他人,这些物品常被认为会割断双方关系。

(3) 忌讳"13"和星期五,认为这个数字和时间暗藏凶险。

(4) 忌讳给已婚女子送香水或玫瑰花,有过分亲密之嫌。最好不送过于个人化的礼品,如衣服、鞋子、香水、化妆品等。

(5) 忌谈论政治、钱及对方的私事,忌称老年女性为"老太太",他们将这种称谓看作是一种侮辱。

(6) 法国人忌讳核桃、孔雀、仙鹤、乌龟,认为核桃不吉祥,视孔雀为恶鸟,认为仙鹤是蠢汉的象征,所以送礼时应避开以上元素。他们认为鸡是吉祥物,代表着勇敢顽强。野鸭商标图案也很受法国人喜爱。

(7) 法国人喜爱蓝色、白色、红色,他们忌讳黄色、墨绿色(因为墨绿色是第二次世界大战中纳粹军服的颜色)。忌讳黑桃图案,认为黑桃图案不吉利。

四、塞尔维亚

塞尔维亚是位于欧洲东南部、巴尔干半岛中部的一个内陆国,冬季寒冷,夏季炎热,属于温带大陆性气候。塞尔维亚是连接欧洲、亚洲、中东、非洲的陆上必经之路,被称作欧洲的十字路口。塞尔维亚是一个多民族的国家,大部分人是塞尔维亚族,官方语言为塞尔维亚语,普及英语。塞尔维亚是一个具有悠久历史和独特文化的国家,首都贝尔格莱德是欧洲最古老的城市之一。

1. 交际礼俗

塞尔维亚人热情、豪爽,喜欢交友,在社交场合衣着整齐、得体。塞尔维亚人非常注重传统礼仪,包括问候、握手和礼貌用语。在社交场合与客人相见时,要与被介绍过的客人一一握手,并报出自己的姓名;亲朋好友相见时,习惯施拥抱礼、相互亲吻脸颊。塞尔维亚人见面的称谓与问候比较讲究,要在姓氏前冠以先生、夫人、小姐和头衔等尊称。只有家人之间、亲朋之间才称呼名字。但凡有宴请,主人都会邀请客人品尝当地酿造的烈性果酒,并相互祝酒。如果想去塞尔维亚人家里拜访,务必提前预约,拜访时可以带点酒、鲜花等作为礼品,呈上礼品时需当面拆掉包装纸,展示并介绍礼品内容。

2. 饮食习俗

塞尔维亚人的主食是面包;蔬菜有土豆、西红柿、黄瓜、洋葱、卷心菜等;水果较多,除了满足日常需求之外,富余的还加工一些果酱、果酒;肉类以牛肉为主,偶尔也吃些羊肉、猪肉、鸡肉;塞尔维亚是个内陆国,但对海鲜的需求量较大。塞尔维亚的小麦品质很好,且物价低廉。塞尔维亚人的饮食习惯与很多欧洲国家相近,早餐和晚餐要求从简,注重午餐,午餐通常是以汤开始,然后是主菜(通常是烤猪肉、牛肉或鸡肉)和小吃。他们一年四季都爱喝清凉饮料,并喜欢冰镇,餐桌上常备酱油、醋、盐等调味品。塞尔维亚人非常爱吃肉食,简直是无肉不欢,所以超重人员较多。塞尔维亚人喜欢腌制东西,不仅会腌制一些蔬菜,还会腌制一些水果,如樱桃、李子、杏子等。当地人喜食酸菜,一个名叫姆尔查耶夫齐的小镇腌制的酸菜最为出名,远销荷兰、奥地利、法国等国。塞尔维亚人习惯吃具有民族特色的西餐,也喜欢吃中餐,烤肉是塞尔维亚最具特色的美食之一,传承古老正宗配方烤制而成的莱斯科瓦茨烤肉闻名遐迩。

3. 服饰礼仪

塞尔维亚最古老的民族服饰是长裤与衬衣,外穿背心、短上衣、长斗篷。男子服饰中最具特色的是又长又宽的华丽腰带,足蹬软皮皮鞋。女服则为鲜艳的绣花衬衫、围裙、腰带、各种背心、短上衣、连衣裙,还装饰着各种美丽图案、流苏、小钱币。

4. 婚俗

塞尔维亚有咖啡订婚的习俗,一旦男孩看上了哪位女孩,就可到女孩家中求婚,女孩会用咖啡来招待,如果在咖啡里加了糖,就意味着女孩答应求婚,否则就是拒绝。

5. 节庆礼俗

塞尔维亚是一个拥有丰富文化传统的国家,被称为"节日圣地",形形色色的节日数不胜数。斯拉瓦是由塞尔维亚中世纪时期的圣徒萨瓦发起的,是纪念每个家庭守护神的传统节日,节日特色是制作斯拉瓦面包。斯拉瓦在塞尔维亚人心目中意义重大,与洗礼、婚礼和葬礼并重。2014年斯拉瓦被联合国教科文组织列入人类非物质文化遗产代表作名录。苏玛蒂亚音乐节是塞尔维亚中部最受欢迎的节日之一,它将音乐、艺术和运动完美地联系在一起,为期两天,塞尔维亚本土的艺术团队和塞尔维亚知名乐队会参加。

6. 习俗禁忌

(1) 塞尔维亚有许多重要的文化遗产和历史建筑,都是世界上独一无二的,没有得到允许,不要随意拍照,也不要触碰或故意破坏它们。

(2) 塞尔维亚有许多独特的习俗和民间文化,不要随意嘲笑或批评,要尊重他们的习俗和传统。

(3) 塞尔维亚人对宗教非常敏感,不要随意在宗教场所拍照,不得有对宗教信仰不敬的言论或行为。

(4) 塞尔维亚人非常注重公共场合的秩序和安静,忌随地乱扔垃圾、大声喧哗、破坏公共设施。

(5) 塞尔维亚人十分注重穿着得体,忌讳穿着暴露过多皮肤的衣服出入宗教场所。

(6) 塞尔维亚有复杂的历史和政治背景,避免谈论政治、宗教等敏感话题。

五、德国

德国位于欧洲的中部,人口总数达8400多万。德国人大多数信仰基督教,德语是他们的通用语言。德国人崇尚自由、民主、开放,具有严谨、认真、干脆的特点,办任何事情都是一丝不苟。德国人一般比较简单直接,时间观念很强,讲究效率,不喜欢暮气沉沉、拖拖拉拉、不守纪律和不讲卫生的坏习气。

1. 交际礼俗

在人际交往中,德国人对礼节非常重视,通常见面行握手礼,握手时肢体语言也会注意把控好,一是坦然注视对方,二是留意握手的时长、晃动的次数、握手的力度。与亲朋好友久别重逢时,德国人往往会行拥抱礼。德国人重视称呼,一般来讲,德国人打招呼时更喜欢互称头衔,不直接称呼对方的名字,可称呼其全称或仅呼其姓。德国人很在意"您"与"你"的使用,称"你"表示地位平等、关系密切,只能朋友、熟人、同龄人之间互称;"您"是尊称。如若对德国人称呼不当,会令对方大为不快。但他们不喜欢听恭维话,认为过分的恭维实际上是对他们的侮辱,是看不起他们的表现。

德国人比较注意礼仪,两人无论是在路上、在电梯里,还是在商店相遇,即使不认识,也都会互相微笑着问声"您好"或"你好"打招呼。他们通常对皱眉头、发呆、打哈欠等一些较为随意的小动作很克制,认为社交中出现这些举动是对他人的不尊重,也是自身缺少教养、礼貌的表现。德国人不喜欢在公共场合窃窃私语,认为此行为颇为无礼。

2. 饮食习俗

德国人十分讲究饮食,最爱吃猪肉,其次才是牛肉,对猪肉制成的各种香肠百吃不厌。德国人胃口较大,爱吃油腻食品,口味偏重,香肠、火腿、土豆等都是他们最爱吃的,导致德国胖人极多。德国人的早餐简单,一般是咖啡、小面包、黄油和果酱,或少许灌肠和火腿。午餐是主餐,主食以羊肉、猪肉、鸡肉、鸭肉等肉类为多,配上马铃薯、沙拉,大多数人不爱吃鱼,只有北部沿海少数居民才吃鱼。德国几乎是全民喜爱喝啤酒,有人总结出:世界上喝酒最多的是欧洲人,在欧洲人中又首推德国人。

德国人非常重视餐饮礼仪,在稍正式的用餐场合,遵从"以右为上"的传统和"女士优先"的原则,男士通常坐在妇女和位尊者的左侧。用餐的仪态也很讲究:餐巾铺放在大腿的1/3处,有需要时将餐巾用来擦嘴角,不能用来擦脸;上身坐姿保持笔直,可略微前倾,手和手腕不可以架在桌面上,双大臂应紧贴身体,避免影响他人进餐;喝汤不能端起盘子直接喝,而需要用勺子一勺一勺舀进嘴里"吃",故称"吃汤"。用餐时约定俗成的规矩有:吃鱼用的刀叉只能作为吃鱼专用,不得用来吃别的食物;啤酒与葡萄酒的饮用,在顺序上有先后讲究,通常是先饮啤酒再饮葡萄酒,否则会被看作是有损健康的不良行为;他们非常崇尚节俭,餐盘中不允许堆积过多的吃食。

3. 服饰礼仪

德国人在穿着打扮上不喜欢太过花哨,比较庄重、朴素、整洁,穿西装时一定要打领带。在参加宴会或者去剧院等正式场合,必须穿戴整齐,男士多穿深色三件套礼服,女士则穿长裙,并略施粉黛,德国人的服饰民族特色并不明显。德国人对发型很重视,男士最好不剃光头,以免被人当作"新纳粹"分子;少女多留短发或直长披肩发,一般只有已婚妇女才烫发;已婚人士出门在外多佩戴金戒指。

4. 馈赠礼俗

德国人很注重馈赠礼仪,如果应邀到德国人家里做客,一般都要送礼物。德国人送礼多讲究实用、有意义,而并不一味追求价高,可以是一束鲜花、一瓶威士忌或者一本书。所送礼品通常事先用礼品纸包装好,受赠人在收到礼品后常会当面打开并表示感谢。德国送礼的习俗是:所送之花应提前打开包装,送上一束包好的花在德国被看作是不礼貌的;送威士忌好过葡萄酒;礼品包装最好不用白色、黑色或咖啡色的包装纸,也不要用彩带作外包装;赠送太过贵重的礼品给德国人会令他们不安。尽量不选择刀、剑、剪刀、餐刀、餐叉等锐利器具作为礼物,否则有"断交"之嫌,实在避不开,则请对方回一个硬币给你,寓意友谊免受伤害。

5. 生活习俗

德国有种独特的传统习俗,小伙子一旦看中哪位姑娘,一般会在 4 月 30 日或 5 月 1 日送上一株小白桦树(求爱树)以表爱慕之情。复活节这天德国人用滚火球的仪式象征夏季的到来(将一堆干草点燃,从山坡上滚下来)。德国人相信四叶草、幸运猪、七星瓢虫、烟囱清扫工能带来好运,哪天遇见了扫烟囱的人,便坚信这天会有好运。德国人非常注重规则和纪律,凡有明文规定的,都会自觉遵守;凡是明确禁止的,绝不碰触,守时、认真、严谨、干脆。

6. 节庆礼俗

德国除了拥有欧洲国家该有的节日之外,还具有自己国家的特色节日。其中最为著名的当属慕尼黑啤酒节、科隆狂欢节。慕尼黑啤酒节又称"十月节",它源自 1810 年 10 月巴伐利亚的路德维格王子和萨克森的希尔斯公主的婚礼庆典,尔后每年 9 月末到 10 月初在慕尼黑举行啤酒节的习俗就流传下来。啤酒节一般持续两周,是慕尼黑乃至整个巴伐利亚一年中最盛大的活动,每年吸引着来自世界各地的朋友参加。科隆狂欢节也称"第五季节",于每年 11 月 11 日 11 时 11 分正式开幕,一直持续到下一年 2 月底,长达冬春之交的三个多月时间。节日的主题是花车游行,主角是小丑和狂人,节日期间,到处都是奇装异服的人们。

7. 习俗禁忌

(1)忌谈个人收入、年龄、职业、婚姻状况、宗教信仰、政治面貌,忌问询物品价钱。

(2)与德国人可谈业余爱好之类的话题,但不要涉及垒球、篮球或美式橄榄球。

(3)德国人一般不提前祝人"生日快乐",一定要等到生日那天。如果提前给人庆生,会让人感觉非常晦气。

(4)德国人将猪、公鸡、鲤鱼等视作吉祥物,将黑猫、公羊、仙鹤、孔雀、核桃视作不祥之物。

(5)德国人忌讳数字"13"和星期五,不喜欢红色、茶色和深蓝色。

(6)德国人喜欢矢车菊,并视它为国花。忌讳随便送人玫瑰和蔷薇,玫瑰表示求爱,蔷薇用于悼亡。

六、意大利

意大利位于欧洲南部,全国大部分地区属亚热带地中海式气候,是一个发达的资本主义国家,为欧洲四大经济体之一。意大利比较有名的城市有威尼斯、罗马、米兰、佛罗伦萨、那不勒斯、都灵、博洛尼亚等,官方语言为意大利语,90%以上的居民信奉天主教。意大利是欧洲文明古国,世界历史文化遗产非常丰富,和中国并列为全球拥有世界遗产最多的国家。习近平主席曾这样概括中意两国关系:中意同为文明古国,古老的丝绸之路将两国紧密相连,架起一座东西文明交流互鉴的桥梁。

1. 交际礼俗

意大利人开朗热情,重视友谊,富有人情味,善于社交。他们比较绅士,处处对女士特别照顾,与人打交道时非常爽快,不拐弯抹角。许多意大利人时间观念不强,参加一些重大的活动、重要的会议、谈判或者一般的约会,迟到10～20分钟的现象很常见。如果去意大利人家做客,一般不宜早到,稍晚一点为好。

意大利人的姓名与中国人姓名的顺序相反,一般是名在前,姓在后。对长者、有地位的人或不熟悉的人,须称呼他们的姓,要在姓前面加上"先生""女士"等用语,或加上"教授""博士"等头衔,也可以不称呼他们的姓而直接称呼头衔。只有亲朋好友之间才可以直呼其名。妇女婚后一般用夫姓,也可以用原姓。

2. 服饰礼俗

意大利的艺术及时尚居于世界领导地位,米兰是享誉全球的时尚之都。意大利人十分在意穿着打扮,讲究时尚,喜欢标新立异,出席正式场合注意穿着得体。在工作场合,男士喜欢穿三件式西装打领带,女士穿西服套裙。在生活中,人们衣着讲究轻松随意,常穿T恤、夹克、牛仔、衬衣、裙子。在婚礼上,新娘一般穿黄色的结婚礼服。在看歌剧时,大都穿着、举止讲究,男士穿晚礼服,女士着裙装。在节庆活动中,男女老少则喜穿各种奇装异服。

3. 饮食习俗

提起意大利饮食,人们自然会想起葡萄酒、橄榄油、比萨、奶酪、意大利面条。意大利气候适宜种植葡萄,盛产葡萄酒,意大利人喜欢喝葡萄酒,关于喝酒的讲究颇多:一般餐前喝开胃酒,用以增加食欲;餐间视海鲜或肉类等不同配以佐餐酒;餐后还要喝助消化的酒。意大利人甚至还有在冰淇淋上浇白兰地、在咖啡中掺酒的习惯,认为别有风味。意大利的许多小城镇以及农户常常会用自产葡萄酿酒,自给有余就会售卖一些。他们的传统风俗是,有酒出售的人家将葡萄枝挂在自家门口,路人一看便知哪家有酒卖;酒一售完,就马上取下葡萄枝。意大利的餐食一般包括三道菜。第一道菜包括汤或面食(意大利面被看成是汤),所以原则上汤和面不同时点。第二道菜包括海鲜和肉类。第三道是沙拉、甜品或奶酪。意大利最著名的甜品是冰淇淋,其中奶油冰淇淋和威士忌冰淇淋最为普遍。吃意大利菜一般会饮佐餐酒,口味重的牛肉、羊肉、猪肉等红肉配红酒,口味清淡的鸡肉、海鲜等白肉则配白酒。用餐后往往会喝杯泡沫咖啡卡布奇诺或浓缩咖啡帮助消化。

意大利是西餐烹饪的始祖,餐具为刀叉,吃羊排、牛排、意面、香蕉、苹果、梨等都用刀叉,但吃面包不能用刀叉。喝汤不能端起盘子往嘴里倒,而应用汤匙舀着往嘴里送。各类鸡鸭鱼肉的骨头和刺、水果的核不能直接吐在盘子里,而应吐在手里,再往盘里送。

4. 节庆礼俗

意大利是一个生活节奏比较慢的浪漫国家,各种类型的节日让人们能体验人生的快乐、享受生活。圣母升天节是意大利的一个重要且传统的宗教、家庭节日,是纪念圣母玛利亚被上帝召回天堂的节日,在8月15日这天,全民放假,人们会进行祈祷和纪念。圣母受胎节是每年的12月8日,据说这天是圣母玛利亚蒙受天恩而怀上耶稣的日子,被定为国家的法定节日。威尼斯狂欢节又称谢肉节,是意大利基督教大斋期前的重要节日,节日特点是戴面具、穿华服,这一传统起源于古代的神农节,主要是庆祝新一年的农事活动开始。伊夫雷亚狂欢节是意大利乃至全球著名的节日,起源于中世纪,主要节俗是着古装游行、歌舞庆典、橙子大战,欢乐不断。锡耶纳赛马节是世界上最著名的、历史悠久的赛马节之一,每年7月2日和8月16日在锡耶纳举行。威尼斯国际电影节是大家早有耳闻的"国际电影盛会",影响力堪比好莱坞的奥斯卡金像奖,每次都会吸引全球的不少电影界名流参加。

5. 习俗禁忌

(1)意大利人忌讳数字"13",认为13象征着"厄兆",各种编号都不准有13的字样;也忌讳数字"17",17在罗马数字中写作XVII,将XVII调换字母顺序后为VIXI,其拉丁文的意思是活完了——可解读为生命结束了,经常写在墓碑上;还忌讳星期五,认为它也是不吉利的象征。

(2)意大利人忌讳菊花,视菊花为"丧花",是扫墓和丧葬用花。送花时切忌送菊花,即使是带有菊花图案的东西也不能送人。因为菊花盛开的季节正是意大利扫墓的时节(相当于中国的清明节)。

(3)意大利人忌讳将手帕作为礼品送人,因为手帕是离别时擦眼泪的,是一种令人悲伤的东西,用手帕送礼是失礼的,改送丝巾妥当许多。

(4)意大利人忌讳用目光盯视他人,认为此举是对他人的不敬甚至是不良企图的表现。

(5)意大利人忌讳用一根火柴连续给三个人点烟,因为这表示对第三者不尊重。

(6)意大利人忌讳吃喝发出响声,忌讳在公开场合挖鼻孔、掏耳朵。

趣味知识:意大利的手势和名胜

意大利人的手势和表情比较丰富,常在说话时配以手势,如手势表达不正确,很容易造成双方误会。几种常见的手势是：用大拇指和食指围成圆圈，其余三指向上翘起，一般表示"好""行""一切顺利"，在餐桌上表示"好吃极了"或"做得棒极了"；用食指顶住脸颊来回转动，意为"好吃""味道鲜美"；竖起食指来回摆动表示"不""不是""不行"；耸肩摊掌加上摇头，有时还加撇嘴，表示"不知道"；五指并拢，手心向下，对着胃部来回转动，表示"饥饿"。此外，在与不认识的人打交道时，忌讳用食指侧面碰击额头，因为这是骂人"笨蛋""傻瓜"。

意大利人拥有众多迷人的风景和名胜古迹。

罗马斗兽场是古罗马文明的象征，位于首都罗马市中心，在古罗马市场附近，为古罗马帝国供奴隶主、贵族和自由民观看斗兽或奴隶角斗的场所。它俯瞰为椭圆形，占地面积约2万平方米，可同时容纳近九万人。

花之圣母大教堂又名圣母百花大教堂、佛罗伦萨主教堂，是世界五大教堂之一，位于意大利佛罗伦萨中心城区。教堂建筑群由大教堂、钟塔、洗礼堂构成，1982年被列入世界文化遗产名录。佛罗伦萨在意大利语中意为花之都，徐志摩称它为"翡冷翠"。

万神殿又译万神庙、潘提翁神殿，是至今完整保存的唯一一座古罗马帝国时期建筑，是屋大维用来供奉奥林匹斯山上诸神的宫殿，是奥古斯都时期的经典圆顶建筑。

比萨斜塔是意大利比萨城大教堂的独立式钟楼，位于意大利托斯卡纳省比萨城北面的奇迹广场上。

圣马可广场又称威尼斯中心广场，是威尼斯的政治、宗教和传统节日的公共活动中心。

真理之口是一个雕刻着海神头像的圆盘，据说把手放在海神的嘴里，如果说谎，手就会被咬掉，被传说为别具特色的"测谎仪"。

七、匈牙利

匈牙利是中欧的一个内陆国家，跟罗马尼亚、乌克兰、克罗地亚、塞尔维亚等多个国家接壤。国土面积9万多平方千米，全国总人口900多万人，主要民族为匈牙利族，约占90%。首都布达佩斯是匈牙利最大的城市，是欧洲地区著名的古城，每年很多游客慕名而来。匈牙利的官方语言是匈牙利语。

1. 交际礼俗

匈牙利人在社交场合与客人相见时，一般行握手礼。握手时，一定要坦然注视对方。他们有时也行拥抱礼，女性多行屈膝礼。匈牙利人的姓名，姓在前，名在后，与我国汉族人名类似。匈牙利是欧洲唯一一个姓在前、名在后的国家，再加上某些生活习俗与我国相似，所以匈牙利一度被认为是我们国家的"远亲"。称呼匈牙利人时，只称姓不称名。匈牙利是一个非常注意礼节的国家，人们热情开朗、举止得体、循规蹈矩、公私分明。

2. 饮食习俗

匈牙利人以面食为主,喜欢吃猪肉、牛肉、蛋类、鸡、鸭、鹅等,蔬菜多为土豆、洋葱、辣椒、白菜、西红柿、黄瓜、豌豆等,他们不大吃鱼、虾、蟹、海参之类的东西。匈牙利人习惯于炒、烧、煎、炸,用蒜、酱油、醋、胡椒粉调味,喜欢吃辣,不怕油腻、重口味。中餐的粤菜、川菜和京菜很适合他们,他们喜欢吃中餐的烤乳猪、辣子鸡、炒猪肝、姜芽鸭片、红烧牛肉、香酥鸡、烤鸭、干锅花菜、冬瓜盅、鸡片汤等。土豆烧牛肉是匈牙利一道著名的菜肴,人们都喜欢吃。匈牙利菜肴兼有东、西方饮食特色,在色、香、味上有很多独到之处。匈牙利萨拉米香肠、鹅肝、鸡肉、葡萄酒非常有名。匈牙利人的传统饮食习惯为一日两餐,现在习惯一日三餐。早餐相对简单,以面包、鸡蛋、牛奶为主。午餐是主餐,较为丰盛,吃面包,搭配各类肉菜、汤。晚餐简单,吃面包夹火腿、香肠,喝牛奶。匈牙利的葡萄酒酿造历史悠久,最著名的"托卡伊葡萄酒"和"国王的葡萄酒"都被誉为"葡萄酒之王"。匈牙利人尤其爱喝酒,主要喝葡萄酒、啤酒,也喜欢喝红茶、咖啡,吃甜点。红辣椒、葡萄酒和水果白酒,并称为匈牙利的"三宝"。

3. 服饰礼仪

匈牙利的传统服装以红色、蓝色、黑色为主,舒适耐穿,色彩鲜艳,线条简洁,印花和刺绣等独具特色。匈牙利的考洛乔刺绣非常有名,色彩鲜艳明快且充满活力,成为匈牙利国家文化的一部分。匈牙利人的日常着装比较随意,强调舒适实用,对衣服的颜色、款式、衣料不是很讲究,干净整洁即可。每逢过节、出席宴会、听歌剧等正式场合,匈牙利人都要换上正式的服装,男子多着西服,女子则多是裙子配上衣或者礼服,佩戴与服装相协调的首饰。

4. 婚嫁礼俗

匈牙利人的婚礼通常有两种形式,一种是在教堂里由神父主持,另一种是在家庭中举行。匈牙利男性法定结婚年龄为18岁,但若双方父母同意,16岁也可成婚。他们有栽恋爱树、留"求婚"披风、挂情人锁的恋爱习俗。婚礼当天新娘流泪了,预示着她会有幸福的婚姻。婚礼仪式上,新郎会把婚戒在新娘左手的三个指头上轮流试戴,以象征"三位一体",最后套在新娘的无名指上,不会摘下。如果将戒指弄丢,会视为不吉利,甚至有离婚的可能。结婚后妇女会用花布把头发包住。

5. 节庆礼俗

匈牙利传统节日种类丰富,具有特色的有莫哈奇面具狂欢节、霍尔洛克复活节、蒂豪尼薰衣草节、匈牙利民间艺术节、考洛乔红椒丰收节。莫哈奇每年2月会举办面具狂欢节,在狂欢节期间,狂欢者会头戴面具,身穿羊皮袄,腰系铃铛,游走在大街小巷,吓唬当地居民和游客取乐。霍尔洛克保留着一个传统,复活节期间小伙子们向姑娘们身上整盆整桶地泼水。蒂豪尼的6月是薰衣草盛放的季节,人们可以欣赏到薰衣草的美景,还能采摘薰衣草,品尝薰衣草茶。8月20日是匈牙利第一个国王的加冕登基纪念日,布达城堡里会有木偶戏、民族歌舞、交响乐、服装表演、集体舞蹈,十分热闹。每年9月都会在考洛乔举行红椒丰收节,旨在发扬红椒这项物质文化遗产。

6. 习俗禁忌

(1) 匈牙利人忌讳数字"13"、星期五,请客席位忌单数,尤其忌13号席位。他们认为13会给人带来灾难,星期五是个丧日。非常喜欢数字"6"和数字"9"。

(2) 忌除夕吃飞禽和鱼类,认为吃了飞禽肉,幸福就会像鸟儿一样飞走;吃了鱼肉,吉祥就会像鱼儿一样溜掉。认为除夕最好的菜是烤乳猪,猪头象征"幸福、兴旺"。

(3) 忌黑色,认为黑色是丧葬的色彩,把见到黑猫视为不祥之兆。

(4) 忌打破玻璃和镜子,认为打破玻璃和镜子是厄运的前兆,将成为不受欢迎的人。

(5) 忌将包放在地上,认为将包放在地上预示着财运会溜掉。

(6) 忌碰酒杯。

(7) 忌送偶数的花束,应送奇数。

(8) 忌谈政治、宗教类话题。

第三节 美洲、大洋洲部分国家习俗礼仪

一、美国

美国是由华盛顿哥伦比亚特区、50个州和关岛等众多海外领土组成的国家,其主体领土为北美洲中部、阿拉斯加、夏威夷群岛,北与加拿大接壤,南邻墨西哥湾,首都为华盛顿,主要城市有纽约、洛杉矶、芝加哥、底特律、亚特兰大、波士顿、达拉斯、西雅图等。美国多数居民信奉基督教新教,其他人信奉天主教、摩门教……美国是多民族和多元文化的国家,各民族风俗习惯迥异。

1. 交际礼俗

美国人性情开朗、乐于交际、不拘礼节,见面时一声"Hi"或"Hello"就算是见面礼。如果握手就要紧握,并且眼睛正视对方,微弓身体才算作有礼。美国人很少用正式的头衔、行政职务称呼他人,他们认为过于郑重其事;在交谈时,尽量不涉及个人的私事,譬如年龄、婚姻、收入、价格等问题,美国人常用"鼻子伸到人家私生活里来了"这句话来表达对"喜欢打听私事"行为的轻蔑;交往中过于

谦虚在美国也行不通,会被他们看作"口是心非、装腔作势";美国人非常注重效率,人际往来一定要预约,不要当不速之客;一旦约定,就要守时,不要迟到,也不要早到;他们也非常在意"个人空间",社交场合、公共场合都习惯于保持适当距离。

2. 服饰礼仪

美国人休闲时穿着打扮不太讲究,比较随意,他们崇尚自然,追求个性,喜欢宽衣大裤,但非常注重服装的整洁。美国人的口头禅是"不怕穿破,不许穿错",他们在平时穿衣随意,在正式场合却非常讲究,坚持什么场合穿什么衣服的原则:上班、赴宴时一定会穿正装出席,如女士在办公室应穿裙装,避免穿牛仔长裤;参加婚礼、丧礼等,应尽量选择素色的服装;律师和银行职员每天都是西装革履;宴请请柬上注明"黑领结",男士就一定要系黑色领结,男士常穿无尾礼服赴宴,女士则穿晚礼服。

3. 饮食习俗

美国人用餐实行分餐制,早餐是面包、牛奶、鸡蛋、麦片、咖啡等,午餐吃三明治、水果、咖啡、汉堡包、热狗等快餐,晚餐是他们的正餐,常用牛排、猪排、烤肉、炸鸡等肉类配面包、黄油、青菜、水果、点心。一日三餐遵循的是"早餐吃好,午餐吃少,晚餐管饱"。美国人的口味清淡少盐,喜欢吃生、冷食品,牛排带血丝,饮料大都加冰。美国较具特色的食物是汉堡、比萨、薯条、炸鸡、土豆泥、冰淇淋,以面包为主食。美国人宴请时讲究经济实惠,不摆阔气,不拘泥于形式。

4. 馈赠礼仪

美国人喜欢饱含情意的礼物,不太看重礼品的价值,但注重礼品的包装。接受礼物时,没有谦让的概念,往往会毫不客气地"笑纳"并当面打开,表示感谢,赞美礼品。应邀到他人家去赴宴,可赠送给主人一些小礼物,通常是一束花、一盒巧克力、一瓶红酒等。应邀赴宴不一定非带礼品不可,情真意切的祝酒词就是最好的礼品。点心、巧克力、乡土工艺品、书籍等,均可作为礼品送予他人。送礼要有事由,要么节日,要么拜访,要么庆祝,目的不明确的馈赠会令人莫名其妙。

5. 节庆礼俗

美国的节日非常多,其中独立日、劳动节、感恩节、万圣节和圣诞节是美国的传统节日,每一种节日都有其独特的历史和由此产生的庆祝方式,经历多年的沉淀,形成了独特的习俗和传统。独立日的节期是7月4日,是纪念1776年7月4日《独立宣言》通过的节日。美国独立日热闹非凡,所有教堂钟声齐鸣,其中费城自由钟最先敲响,各种彩车、小型乐队、民众一起浩浩荡荡地上街巡游。劳动节是美国全国性节日,节期为9月的第一个星期一,正处于夏季的结束和秋季的开始,人们会选择去野餐、烧烤、户外活动,同时会有一些音乐节、游行、嘉年华等娱乐活动。劳动节是美国一年中最受欢迎的节日之一。感恩节的节期在11月的第四个星期四,是一个以感恩为主题的日子,重要的节俗是全家人聚在一起共进晚餐、感恩祷告以及感谢生活中所拥有的一切、感恩节游行、购物狂欢。节日食品有烤火鸡、南瓜饼、蔬菜等传统美食。感恩节假期一般会从星期四持续到星期天。万圣节节期在11月1日,也是美国一年中最受欢迎的节日之一。万圣节在孩子们看来是一个充满神秘色彩的节日,可以纵情玩乐。万圣节前夜,小孩会装扮成各种可爱的形象,戴上奇怪的面具,逐家逐户地去敲门,嘴里说着"要恶作剧还是给款待""不给糖就捣蛋"之类的话,各家各户会给予节日款待。万圣节的必备食品有南瓜派、苹果、糖果、牛羊肉等。圣诞节节期是12月25日,是美国最盛大的节日之一,美国人通常会在这一天给亲朋好友送礼物,用绿色圣诞树和各色挂饰等传统装饰物来营造节日氛围。圣诞节必吃的传统食品有火鸡、烤面包、肉馅饼、南瓜饼等。

6. 礼俗禁忌

(1) 美国人忌讳蝙蝠和黑猫,认为蝙蝠是吸血鬼和凶神的象征,黑猫会带来厄运,忌讳数字"3""13"和星期五等。

(2) 忌讳问个人收入及财产状况、妇女婚否、年龄以及服饰价格等私事,忌讳别人冲自己伸舌头,认为这是污辱人的动作。

(3) 忌讳黑色,认为黑色是肃穆的象征,是丧葬用的色彩,忌讳赠送带有公司标志的便宜礼物。

(4) 与人交谈时忌把黑人称作"Negro",否则会认为你在蔑视黑人。

(5) 忌讳向妇女赠送香水、衣物和化妆用品。

(6) 女性忌讳穿黑色皮裙,随便在男士面前脱鞋,撩动自己的裙下摆,否则会有"引诱对方之嫌",还忌讳穿睡衣和拖鞋外出。

(7) 女性忌公共场合着艳妆,当众化妆补妆,否则,不但会被人认为缺乏教养,而且令人感到"身份可疑"。忌室内戴墨镜,会被认为是"见不得光的人"。

(8) 忌讳进餐时发出声响,替他人取菜,向别人劝酒,忌吃动物的内脏。

二、加拿大

加拿大位于北美洲北部,东邻大西洋,西濒太平洋,西北邻美国阿拉斯加州,南接美国本土,北靠北冰洋,国土面积近1000万平方千米,仅次于俄罗斯。加拿大的原住民为印第安人与因纽特人,历史上曾为法、英殖民地,所以现在居民主要为英、法等欧洲后裔,其他为亚裔、拉美裔、非裔。加拿大官方语言为英语和法语,全国人口约4000万人,是一个地广人稀的移民国家、发达国家,在经济上受美国影响较深。加拿大人大多数信奉基督教和天主教,他们喜欢现代艺术,酷爱体育运动,尤其是冬季冰雪运动。加拿大是世界上驰名的"枫叶之国",视枫叶为国宝和骄傲;偏爱白雪,视白雪为吉祥的象征。

1. 交际礼规

加拿大人友善随和,待人诚恳,加拿大因纽特人还被喻为世界上"永不发怒的人"。加拿大人与人相见时,一般都行握手礼,拥抱礼仪适合熟人、亲友和情人之间,或在法语场合。他们与人谈话时,会友好地看着对方,喜欢用手指做"V"或"OK"的手势;介绍朋友认识时,会注意手臂微微伸开,手掌向上,手指靠得很近,很注重礼貌。加拿大人时间观念强,约会要事先约定,准时赴约;他们比较健谈,但敏感性的话题会注意避开;加拿大人的姓名同欧美人一样,名在前,姓在后,不喜欢带"老"的称谓。

2. 饮食习俗

加拿大人爱吃牛羊肉、鱼、野味、蛋和各种蔬菜,饮食以肉类、蔬菜为主,以面食、米饭为辅,日常常吃西红柿、芹菜、菜花、洋葱、土豆、黄瓜、面包、牛肉、鸡肉等。口味偏好酸、甜,不喜欢咸、辣,注重营养品质。一日三餐中,早餐简单,主要吃面包、麦片、火腿等。午餐常吃快餐,多为三明治、热狗、水果。晚餐最为重视,是正餐,往往比较丰富,主要吃牛肉、鱼、猪排、土豆、胡萝卜、面包等。加拿大的传统菜肴为法国菜,受欢迎的食物是肉汁、奶酪、薯条、枫糖浆,也喜欢吃中国的苏菜、沪菜、鲁菜。由于气候寒冷,加拿大人养成了爱吃烤制食品的习惯,不吃动物头和脚爪、动物内脏及太热的食物。加拿大人喜欢喝白兰地、香槟、啤酒、葡萄酒等,饭后喝咖啡、吃水果。

3. 服饰礼仪

加拿大人在非正式场合穿着比较随意,常着夹克衫、圆领衫等,但在正式场合非常讲究,不同的场合会有不同的着装,衣着得当十分关键。去教堂,男士会着深色西装,打领结,女士一般穿款式较为端庄的服装;上班时,男子穿得体的西装,女子穿款式新颖、颜色协调的裙装。

4. 节庆礼俗

加拿大的传统节日有狂欢节、枫糖节、卡尔加里牛仔节、加拿大国庆日、新春、劳动节、感恩节、圣诞节、和平纪念日等,不同的节日有不同的特点及不同的庆祝方式。狂欢节也可称作"冬日狂欢节",是港口城市魁北克的冬季盛典,节期在每年2月的第一个周末,节长10天。狂欢节的规模盛大,内容奇特多彩,人们尽情狂欢。节日当天,城市的中央筑起一座五层楼高的"雪的城堡",城堡上彩旗林立,迎风招展,蔚为壮观,躲在家里过冬的市民纷纷来到广场,选出狂欢节的"冰雪之王"和"王后",让他们作为"临时统治者"向大家招手致意。整个狂欢节热闹非凡,有冰雕比赛、冰上赛马、越野滑雪比赛、轮胎滑雪比赛、大型滑车、狗拉雪橇赛、巡游等多种活动。枫糖节是一个传统的加拿大民间节日,节期在3月底到4月初,枫糖节期间,人们采集枫树液,聚集在传统的制作作坊熬制枫糖浆,品尝枫糖浆和太妃糖,感受大自然馈赠给人们的甜蜜。卡尔加里牛仔节节期在每年7月的第一个星期五,是有100多年历史的传统文化节,节俗是驯马、驯牛、障碍马赛、套索、篷车赛等危险性很高的才艺表演和赛事,节日活动被称作"世界上最精彩的户外表演"。和平纪念日是第一次世界大战停火纪念日,也是加拿大的"阵亡将士纪念日",11月11日当天,加拿大人佩戴红色罂粟花,以纪念为加拿大牺牲的人。

5. 婚礼习俗

加拿大是个多民族的国家,也是一个具有多姿多彩婚礼习俗的国家。英裔、法裔婚礼与西方婚礼有很多相似之处,印第安人和因纽特人的婚礼则有很浓厚的民族色彩。加拿大人一般在5月到9月举行婚礼,婚礼多选在星期六,新婚夫妇互赠的戒指内侧刻有各自姓名的字母缩写和结婚日期。印第安人的婚礼上有"吸烟""喝麋鹿肉汤"的传统习俗,因纽特人流行"抢亲"的古老习俗。

6. 礼俗禁忌

(1) 加拿大人忌送白色百合花,认为白色百合花只在葬礼上使用。

(2) 交谈时忌讳将他们的国家与美国做过分的比较,忌谈民族问题。

(3) 特别忌讳数字"13"和星期五,无论做什么事情,他们总是力图避开这一数字和日期。接待加拿大人一定不要安排单数的席次,尤其要避开13个席次。

(4) 忌吃虾酱、鱼露、臭豆腐等有怪味、腥味的食物以及各种动物内脏和脚爪。此外,他们也不喜欢辣味的菜肴。

(5) 忌打破玻璃制品,忌打翻盐罐。

因纽特人

因纽特人原来叫爱斯基摩人,即"吃生肉的人"。据说,这个名称最初是印第安人叫的,意思是说他们是茹毛饮血的野蛮人。爱斯基摩人不喜欢这名字,自称"因纽特人",即"真正的人"。因纽特人生活在北极圈附近,主要分布于格陵兰岛、加拿大北部、美国的阿拉斯加等地,人口总数量仅有20万人。他们生活的环境酷寒,食物受限,曾经住雪屋,吃鱼、海豹、海狮、白鲸等,生吃鱼、肉。现在,鱼类、驯鹿、海豹仍然是因纽特人最常吃的传统食物。也吃面包、烤肠等现代食物,住木楼,从事固定的渔业、建筑业和服务业等行业。

三、澳大利亚

澳大利亚是位于大洋洲的一个发达国家,总人口为2600多万人,最早居民为土著人,大部分为英国及爱尔兰裔,官方语言为英语,国土面积约770万平方千米,是一个地广人稀的南半球移民国家。澳大利亚四面环海,是世界上唯一一个国土覆盖一整块大陆的国家,拥有丰富的动植物、自然景观、矿产资源、石油和天然气,农牧业和采矿业是他们的传统产业。

1. 饮食习俗

澳大利亚人的食材可以说是世界上最为丰富的,澳大利亚被称作"海鲜天堂",各类鱼虾蟹、牛肉、羊肉、袋鼠肉、奶制品、蔬菜、时令水果自产自销,应有尽有。澳大利亚人的饮食习惯、口味和英国人差不多,菜清淡,不吃辣,注重营养品质,讲究色彩搭配,烹饪手法多为煎、炒、炸、烤,喜欢用味精、酱油、生姜、胡椒粉等调料。主食是面食,荤菜为海鲜、猪牛肉、鸡、鸭、鸽、鱼、袋鼠肉等,蔬菜一般是黄瓜、生菜、豆芽菜、西红柿、菜花等;水果常为苹果、西瓜、梨、枇杷、葡萄、荔枝等;他们喜欢喝咖啡、茶、酒及牛奶。澳大利亚人的家常菜有煎蛋、炒蛋、火腿、炸大虾、脆皮鸡、油爆虾、糖醋鱼、熏鱼、牛肉等,啤酒是最受他们欢迎的饮料,其中达尔文城的居民以喝啤酒闻名。澳大利亚人的一日三餐习惯是:早餐在家吃面包、酸奶、牛奶、麦片、蛋糕、鸡蛋、肉、蔬菜等;午餐时间比较短,吃的也比较简单,一般是三明治、沙拉、汉堡、炸鸡、薯条等;晚餐是最重视的一餐,种类包括海鲜、肉类、蔬菜、果汁、红酒、烧烤等。

2. 服饰礼仪

澳大利亚人平时着装注重简约、轻松、舒适,以便服、休闲服为主,多着T恤、短裤、牛仔装、夹克衫、"达尔文服"、棒球帽。在典礼仪式、宴会、剧院等正式场合,男子穿西服,打领带,或系黑色领结;女性一年中大部分时间都穿裙子,在稍正式场合则套上西装上衣,工作场合穿西服套裙,遵守"什么场合穿什么衣服"的原则。

3. 社交礼仪

澳大利亚人见面常行握手礼,名在前,姓在后,称呼别人时先说姓,然后带上"先生""夫人""女士""小姐""太太"等,随意一点的也可直呼姓名。他们同英国一样有"妇女优先"的习惯。澳大利亚人时间观念很强,约会必须事先联系并准时赴约。澳大利亚的基督教徒有"周日做礼拜"的习惯。澳大利亚被称作是"民族的拼盘",既具有西方人的爽朗,又有东方人的矜持,不拘泥于形式。澳大利亚人喜欢体育活动,游泳和日光浴是人们的最爱。澳大利亚人讲究礼貌,在公共场合不大声喧哗,也注意公共场所的仪表,为人随和。

4. 节庆习俗

澳大利亚是多民族的国家,不同民族的文化差异为澳大利亚的节日和活动倍添姿彩。澳大利亚的节日有国庆节、澳新军团日、圣诞节、阿德莱德艺术节、墨尔本杯赛马节、蒙巴节、悉尼同性恋狂欢节、野餐日、复活节等。澳大利亚国庆节节期在1月26日,是纪念英国第一批船登陆澳大利亚,启动该国殖民历史的日子;7月1日也是澳大利亚国庆节。澳新军团日是每年的4月25日,是为纪念一战中澳大利亚和新西兰联合军决死登陆而设立的节日,这一天,有老兵戴着各式各样的勋章巡游,民众手执国旗夹道欢呼。墨尔本杯赛马节节期在每年11月的第一个星期二,是澳大利亚最主要的年度种马赛,接受三岁或以上的纯种马参赛,比赛赛程3200米,是全世界两英里赛马中最具有影响力的赛事,被誉为"让举国屏息的赛事",在墨尔本举行。蒙巴节是墨尔本的劳动节,是澳大利亚最大的免费社区节日,是一个四天的嘉年华,有水上表演、烟火表演、游行等。悉尼同性恋狂欢节是世界上最大规模的同性恋节日之一,节俗有芭蕾舞、戏剧、时装秀、音乐会、同性恋大游行,节期在每年三月份,为期两周。野餐日是澳大利亚人享受野餐乐趣、共享大自然的重大节日,通常在8月的第一个星期一。复活节是基督教纪念耶稣复活的节日,通常在四月的某个周末,为期四天,有赠送彩蛋的传统。

5. 婚嫁风俗

澳大利亚人婚嫁时喜欢用白色,认为白色象征纯洁。一般结婚的费用由女方承担,连订婚都是由女方家长宴请男方的家长及兄弟姐妹。澳大利亚现在流行"游走婚礼",就是新婚夫妇带上双方父母去旅行,旅行途中有心情的时候再举行婚礼。澳大利亚的传统婚礼中有宾客往"同心碗"中放小石头的习俗,婚礼结束后,新人会将这个装满客人支持和爱意的碗带回家。

6. 礼俗禁忌

①澳大利亚人对兔子特别忌讳,认为兔子是一种不吉利的动物,人们看到它都会感到倒霉。②因为信仰,澳大利亚人对数字"13"和星期五反感至极。③忌讳"自谦"的客套语言,澳大利亚人认为这是虚伪和无能或看不起人的表现。④澳大利亚人极其厌恶在公共场合制造噪声,与人交往时忌讳打哈欠、伸懒腰等小动作,交往时忌谈工会、宗教、个人问题、袋鼠数量的控制等敏感话题。⑤忌打骂、虐待儿童和宠物,不得家暴。⑥忌坐车不系安全带、购物时讨价还价。⑦忌随意拍照,尤其不能拍14岁以下的儿童、土著居民。

补充知识:人兔大战

澳大利亚的动物种类很多,我们常常听说的有鸭嘴兽、袋鼠、考拉、澳龙、兔子等。为什么澳大利亚人独独讨厌、痛恨兔子呢?这要从澳大利亚近百年的"人兔大战"谈起。澳大利亚生态环境良好,原本并没有兔子,各种野生动物与人类和平相处。1788年,菲利普船长率领的英国舰队来到澳大利亚,带来了第一批兔子。于是,悲剧就从这里开始了:兔子的到来,打破了澳大利亚的生态平衡。原来,澳大利亚根本就没有兔子的天敌!像狐狸、鹰之类的。温润宜人的气候、鲜嫩可口的青草对"移民"到澳大利亚的兔子来说简直是进了天堂,它们吃得好,睡得安心,自然就以极快的速度繁殖、扩散,困扰澳大利亚人百年的"兔灾"就此拉开序幕。呈几何级繁殖的兔子抢占了奶牛、羊等草食动物的口粮(澳大利亚可是"骑在羊背上的国家"啊!),破坏庄稼,啃坏草坪,咬断电线,人们的经济和生活皆受到极大影响。于是,对付泛滥成灾的兔子的"人兔大战"正式上演:政府鼓励人们食用兔肉、引进天敌、修建隔离带、生物灭兔等能用的办法用遍了,收效却甚微,"兔灾"没灭,新的问题又产生了,澳大利亚人承受着极大的压力。所以,澳大利亚人对兔子深恶痛绝!

四、新西兰

新西兰是太平洋西南部的一个岛国,位于南半球。新西兰四面环海,拥有极佳的自然风光、丰富的海洋资源、较低的人口密度,毫无悬念地成为全球公认的宜居之地,有"天堂之国"的美誉。新西兰国土面积约27万平方千米,总人口约522万人,欧洲移民后裔占70%,毛利人占17%,是一个移民国家,原住民为毛利人。官方语言为英语、毛利语。

1. 社交习惯

新西兰的社交模式受欧洲影响较深,见面或告别都行握手礼,拥抱礼、贴面礼也常见,有时见到长辈行鞠躬礼。新西兰的鞠躬礼无须弯腰,一般是抬头挺胸,身体微微前倾即可。优越的环境、富足的生活使新西兰人养成了悠闲的慢生活方式,说话轻言细语,不喜欢喧哗,也不喜欢被人打搅,更不愿意谈及个人隐私等话题。拜访他人需要预约,并按约定的时间提前几分钟到达,以示对对方的尊重。新西兰人睡觉比较早,一般晚八点之后不适合给对方打电话。与人交谈时,应保持礼貌,并使用恰当的称呼,一般在姓后加"先生""女士""小姐",避免过于亲昵的称呼。

2. 饮食习俗

新西兰的饮食习俗受到毛利人、欧洲移民和太平洋岛国等多方面因素影响,形成了独特的传统美食。毛利人的食物多以鱼类、贝类、海藻、野生鸟类、蔬菜为主,烹饪方式是烤和煮炖。欧洲移民的西餐烹饪方式加上其他各地移民带来的新的烹饪方式,使得新西兰的饮食文化丰富多元、独具特色。新西兰人的主食是面包,也有大米饭。新西兰的传统食品有牛排、薯片、卷心菜、鱼、熏肉等,特产有羊肉、猪肉、鹿肉、三文鱼、龙虾、布拉夫牡蛎、鲍鱼、贻贝、扇贝、红薯等,可以烤着吃或变着其他花样来烹饪。猕猴桃和树番茄果酿成的果酒、果酱,蛋白蛋糕都是新西兰人爱吃的食品,牛奶可当水喝。总之,新西兰的美食丰富多样,可以满足任何口味的需要,真是一个美食天堂。

3. 服装礼俗

新西兰人日常着装往往以舒适、随意、整洁为主,讲究轻松自在、各美其美,不像有些地方过多地追求时尚,非正式场合的着装是短裤、拖鞋、衬衫、连衣裙、毛衣、牛仔、夹克、T恤等,甚至有人还光着脚出门,总体给人的印象是无拘无束,但比较有品位。出席正式场合，男性一般穿西装，而女性则一定要化妆，并穿礼服，因为很大一部分人是欧洲人的后裔，所以穿衣在某种程度上沿袭了欧洲人着装的风格。

4. 节庆习俗

新西兰的传统节日有新年、新年翌日、怀唐伊日、复活节、澳新军团日、女王诞辰日、毛利新年、劳动节、圣诞节、节礼日等，此外还有一些具有独特风情的艺术节、赛马节、嘉年华等。怀唐伊日是新西兰的立国日，1840年2月6日，毛利人和英国王室在怀唐伊签署了《怀唐伊条约》，确定新西兰成为英国的殖民地，这个条约被看作新西兰的建国文件，所以每年的2月6日是新西兰人眼中非常重要的怀唐伊日，举国欢庆。新西兰的圣诞节正处炎热夏季，所以与北半球的圣诞节庆祝方式有些不同，彩灯、圣诞老人、驯鹿、烟花、阳光、沙滩、烧烤交织在一起，热闹极了。节礼日是在圣诞节后的一天，工作人员将教堂前的募捐箱打开，将募得款项捐给穷人的日子。

5. 毛利人的礼俗

毛利人的礼节独一无二、与众不同。毛利人至今仍保留着浓郁的传统习俗，每遇重大的活动，他们会到河里做祈祷，还要相互泼水；每有客人到来，必会欢迎集会，先是一片寂静，突然一位男子引吭高歌，姑娘们开始跳起迎宾的"哈卡舞"，然后部落中德高望重的人和客人们碰鼻子，行"碰鼻礼"，鼻尖对鼻尖连碰两三次或更多，碰的次数越多，时间越长，说明礼遇越高，越受欢迎。文面是毛利人自古以来的传统，就是将图案文在脸上，所有高等级、有社会地位、有权力的人都会文面，越有权力的人脸上的文身就越多，女性只文在下巴、嘴唇和鼻子上。

6. 礼俗禁忌

①忌讳谈及个人私事、宗教、种族等问题。②新西兰人讨厌数字"13"与星期五。如果这一天既是13日，又是星期五，那么新西兰人不论干什么都会提心吊胆。③新西兰人忌讳男女混合活动，即使看戏、看电影，也要男女分场。④忌讳建造或居住于密集型的住宅，喜欢分散居住。⑤土著居民毛利人相信灵魂不灭，对拍照、摄像十分忌讳，忌讳让老年人或病重垂危的人住进医院，认为只有罪人或奴隶才死于家外。

补充知识：毛利人

新西兰的美食美景令人向往，新西兰的毛利人更让人感到好奇。毛利人是新西兰的原住民，毛利人自称"Māori"，即"正常人"，称呼外来的欧洲人为"Pakeha"，即"反常人"。据说毛利人是新西兰唯一的原住民，早在1000年前就来到了新西兰岛，比英国人早到800多年。在英国人到来之前，毛利人部落之间经常爆发血腥、残忍的战争。英国人到来后,促使他们改变现状,现在的毛利人为他们的祖先曾经的悍勇而感到自豪。

课后思考题

1. 你最想去看看的是哪个国家,为什么?
2. 你认为匈牙利是我们的"远亲"吗?说出理由。
3. 列举出你最想尝一尝的10种世界美食。

附录

附录A 带你领略不一样的风土人情[①]

不同的国家、民族,有着不一样的文化和传统,形成不同的习俗和风土人情。世界那么大,真想去看看!在出发之前,不妨先领略一下各地的风土人情,选出最让你心动的地方,再迈开步伐。

(1) 有很多国家过年有发压岁钱的习俗,我国发的是红包,马来西亚和文莱发"绿包",韩国发"白包"。

(2) 阿甘树是一种长满长刺的常青树,是摩洛哥南部特有的高大树种,需生长40至60年才能结果。每当阿甘果实成熟时,当地牧羊人便会赶山羊爬上阿甘树,形成"羊上树"的奇景。牧羊人跟随在山羊后面,随时拣拾从山羊嘴里掉落在地上的果核,从中取出果仁,可榨出被美容界誉为"液体黄金"的阿甘油。

(3) 印度人很崇拜牛,就连牛的排泄物牛粪、牛尿也不例外。印度人会将牛粪制作成饼状,等晾晒干燥后拿去售卖,当然,"牛粪饼"并不是用来吃的,而是用来建造房屋。虔诚的印度人不仅喝新鲜的牛尿,还会把牛尿加工成饮料,摆到商场的货架上出售,有些爱牛的妇女有时还会给牛喂人类的乳汁。

(4) 在南非的约翰内斯堡,人们迎接新年的习俗是把旧家具扔出窗外,扔到下面的街道上。这一传统受到警察的监督,以确保没有人受伤。

(5) 在斯拉夫人的传统文化中,用面包和盐待客是最隆重的一种礼节,用来欢迎"重要、尊敬和钦佩的客人"。据说,历史上曾经稀缺、昂贵的盐,最能够体现友情的长久深厚。而在斯拉夫人看来,面包和盐是"人一生中不可或缺的东西",最适合用来欢迎"必不可少的客人"。

(6) 在非洲的不少地方,吃饭时有着严格的礼仪,甚至连牛羊鸡鸭的每个部位归谁吃都有规定。如在马里,鸡大腿由年长的男人吃,鸡胸脯肉归年长妇女吃,当

[①] 资料来源:60条世界各地风土人情,一定让你大开眼界,https://baijiahao.baidu.com/s?id=1693224501072685786&wfr=spider&for=pc。

家的人吃鸡脖、胃和肝,鸡的头、爪和翅膀由孩子们分食。又如在博茨瓦纳,在公众大型宴会上,宾客和男人吃牛肉,已婚的妇女吃杂碎,两者分开煮,分开食,不得混淆。

(7) 贵州是个多民族省份,民族历史悠久,文化源远流长、底蕴深厚、特色鲜明。据不完全统计,贵州少数民族的节日有1000多个,集会地点有1000多个。

(8) 数字手势是使用一只手或两只手的手势来象征从一到十的数字的一种方式。这种数字表达的方法在中国古代商业活动中被广泛使用,避免了方言可能带来的对于数字的误会。欧美人习惯用大拇指代表"1",数数是从拇指开始,向小指数过去,所以中国的手势"8",在他们看来是手势"2"。中国人用一只手的5个指头还可以表示6~10的数字,而欧美人表示6~10要用两只手。

(9) 在日本,如果女士怀孕了,会有为"准妈妈"们准备的孕妇标志牌,挂在背包上。这种标志牌的底色为粉色和蓝色,牌子上写着"我肚子里有孩子"。交通管理部门希望乘客们看到标志牌后,主动关照这些"准妈妈",尽量避让并为站着的"准妈妈"让座。注意,碰到了这些"准妈妈"不要推搡,否则可能要负法律责任!

(10) 在日本和新加坡等国家,有一个很奇怪的现象,那就是所有4层以上的建筑物都能看见有"红三角"标识贴在几列竖排的窗户上。这些"红三角"实际上是消防逃生与救援标识,所贴的窗户都是可以打开的。一旦建筑物发生火灾,消防员可以迅速推窗而入,而建筑物内的人发现火情时,也可选择前往贴有"红三角"窗户的位置集合,因为在这里可以最先遇到消防员。

(11) 通过和服的袖子或和服背后的太鼓结可以判断日本女性是不是已婚。长长的大袖子叫振袖,一般由未婚女性穿着;已婚女性剪掉了振袖上长长的布,变成短短的留袖。和服背后的太鼓结如果是蝴蝶结,标志着她是未婚女子,还有鲜艳的色彩也能说明她未婚;已婚女性则多采用比较简朴的"背包"。

(12) 在日本新潟县超过1200年历史的长谷寺,曾经长满了杂草,因此人们放养兔子进行除草。后来为了纪念兔子的功劳,建造了一座佛像——兔子观音像。佛像全身用白色的玉石雕琢而成,观音像袋鼠宝宝一样出现在兔子身体上,加上座台约有6 m高。寺庙中的人在兔子眼睛上安装了红色的LED灯,一到晚上灯就会被打开,从远处看兔子的眼睛冒出了红光,连小偷都不敢路过。

(13) 许多韩国民间故事都不以"很久很久以前"开头,而是以"当老虎还在抽烟的时候"开头。许多韩国民间传说与老虎有关,老虎在整个韩国历史上都是身份和文化的代表。在老虎和吸烟之间并没有真正的深层含义。

(14) 越南1919年废除科举制,但保留了很多科举制词汇。在越南高中毕业生叫秀才,大学本科毕业生叫举人,博士毕业生叫进士。而博士一词则是中文"医生"的意思。

(15) 在越南,京族人占总人口的80%以上。嚼槟榔、染牙是京族的古风,过去人们只要到了十七八岁就开始染牙。按照他们的习俗,开始嚼槟榔、染牙,便象征已经成年,可以成亲了。在他们眼里,将牙齿染得又黑又亮才是最美的。随着时代的发展,这种古风已日渐衰微,但在越南农村依然有不少老年妇女的牙齿被染得又黑又亮。

(16) 在泰国的电影院,看电影前大屏幕会播放一段有国王视频的国歌,大概52秒。播放国歌时,无论是泰国人还是外国人都起立致敬。据说曾有人在电影院播放国歌时拒绝起立被指侮辱国王而被逮捕,泰国法律中侮辱国王最高可判刑15年。

(17) 泰国有一座由啤酒瓶构建的寺庙,叫作"百万瓶寺",由150万个棕色和绿色的废弃啤酒瓶组成。在寺庙内无论是走廊,还是墙体,甚至地面都由啤酒瓶构成。1984年开始建设,2009年全部建成完工。当地人听闻为了提倡保护环境而修建一个由啤酒瓶组成的"百万瓶寺",纷纷捐出自己家的啤酒瓶,共筹齐了150万个啤酒瓶。它不但被打造成了当地的特色旅游项目,同时也向游客传递了低碳环保的理念。

(18) 在泰国,过去圆形电线杆可以让蛇轻松攀爬,撕咬电线造成短路。为了解决这个问题,泰国政府做出了决定,将所有电线杆设计成方形。方形电线杆迫使蛇将大部分身体悬空,只能用四个着力点支撑。这样的设计使蛇无法施展全身力量,阻止了它们的进一步攀爬。

(19) 在印度,有一个非政府机构,发行了250万张面额为0卢比的钞票,官方竟然默认让其流通了。这些货币的背面都印有反腐反受贿标语。每当贪污腐败的政府公务员索要贿赂时,愤怒的国民就会用这种纸币"贿赂"他们以示抗议,起到宣传、制约、警告的作用。

(20) 在亚洲双胞胎的出生概率大概是千分之四,也就意味着1000个人中仅有4个人是双胞胎。印度喀拉拉邦有个村庄叫作"Kodinhi",这个村庄只有2000户人家,但是有大约200对双胞胎。这种"盛产"双胞胎现象开始于60年前。医生猜测可能是与饮食有一定的关系,但并无定论。

(21) 丘吉尔城是加拿大最北部的小镇,靠近北极圈。这里是看极光的天堂,据说一年有300天可以看到极光。丘吉尔城是北极熊迁徙的必经之路,每年9月到11月,大批北极熊就会扶老携幼经过这里。这里的居民有一个习惯,停在路边的车总是故意不关门,方便有人被北极熊追的时候躲进去。

(22) 在巴基斯坦开会,有这样一种惯例,议员们如果对一种观点表示赞同,会坐在自己的座位上拍桌子。近年来,也有因愤怒、不赞同而拍桌子的例子。

(23) 瑙鲁是一个位于大洋洲的岛国,陆地面积只有二十多平方千米,曾靠出售稀有的自然资源磷酸盐"发家致富"。这些磷酸盐资源由鸟粪经千万年转变而成。

(24) 向沙特阿拉伯人询问近况、嗜好等,都在严禁之列,理由是不能对别人的大家庭有任何兴趣或感到好奇。沙特阿拉伯人把家族视为财产之一,询问家族的事就如在调查别人的私有财产。询问他们家族的种种情况,会被认为是有意探查隐私,无礼至极。

(25) 一些欧洲国家很忌讳数字"13",在很多旅馆里没有13号房间,有些居住区和街道门牌号也没有13号。许多西方人请客都要避免正好请13位客人,有时如果请到的客人正好是这个数,主人会把一个玩具熊之类的东西放到椅子上充数,把"13"凑成"14"。而一些航空公司的飞机上也都没有第13排。

(26) 安道尔是一个位于西班牙和法国之间的公国,面积约为468平方千米。安道尔居民的平均预期寿命很高,达到82.4岁。安道尔是世界上没有军队的国家之一,失业率不到2%。

(27) 在英国维多利亚时代,人们在拍照时常常会说"prunes"而不是"cheese",为的是让自己看上去更严肃。过去相机需要大约20分钟才能拍完照,原因之一是需要很长时间才能曝光。这意味着拍摄对象必须长时间静坐。因此,以平静的面孔坐着比保持微笑20分钟会更容易。

(28) 男人穿裙子在世界上不多见,苏格兰男人就是其中一例。头戴小黑呢帽,身着花格裙与及膝袜,手上拿着风笛,这是苏格兰男人引以为傲的打扮。苏格兰男人爱穿花格裙,是因为不同图案的花格布代表着不同的氏族,每一个氏族都为自己设计一种代表氏族精神及血缘关系的花格裙。氏族人在穿上自己氏族的花格裙的同时也穿出了他们族人的骄傲、责任与忠诚。

(29) 俄罗斯人在家庭上更像东方人,集体观念强,爱群居。俄罗斯成年人和孩子甚至老人在一起居住,而且在俄罗斯家庭中,奶奶的地位最高。奶奶往往拥有家庭经济的掌控权,她们会管理家庭的财务,制订家庭支出计划,同时也是家庭教育的重要人物,会传授家庭文化和道德价值观。

(30) 在乌克兰,如果你打算送花,一定要确保花束中花枝是奇数,因为偶数的花束是在葬礼上送的。如果你要给女主人送花,或为庆祝生日,或其他特殊节日,不要送黄花或白色的百合,因为这些花在当地是为葬礼准备的。另外,英国、波兰、罗马尼亚、南斯拉夫等国家同样忌讳双数,认为双数花不吉祥、不吉利,送花时必须送单数,即便是一枝也可以。

(31) 法国人认为,吃饭是他们最为宝贵的时间之一,这段时间完完全全是属于自己的,无论什么事情都不重要,好好享受自己的餐食才是最重要的。若有事找他们,建议避开吃饭时间。

(32) 德国超市里卖的土豆有明确细致的分类。绿色包装土豆硬度最大,口感比较脆,煮熟之后可以保持原来的形状,适合做炒土豆丝、凉拌土豆丝、土豆沙拉之类的菜。蓝色包装土豆最面、最软,煮熟之后不容易保持形状,口感比较绵软,适合做土豆泥、排骨炖土豆、牛肉炖土豆之类的汤菜。红色包装土豆的特性介于上述两种土豆之间,属于万金油土豆。

（33）德国是欧洲邻国最多的国家，东邻波兰和捷克，南邻奥地利和瑞士，西邻荷兰、比利时、卢森堡、法国，北与丹麦相连，并邻北海和波罗的海，与北欧国家隔海相望。

（34）比利时是一个瓶装水比啤酒要贵的国家，有全球最长的酒吧街"Oude Markt"，有全球最大的啤酒企业"百威英博"。我们熟悉的百威、时代、科罗娜、贝克都是百威英博的品牌。百威英博在全球总共经营着300多种啤酒品牌，1999年世界上第一家啤酒学院创建于比利时。

（35）中国人推崇穿红色的贴身衣物来驱赶邪祟，因为红色在原始社会代表太阳的颜色，在现代社会又是喜庆和生命力的象征，所以中国人就将红色穿在了身上。无独有偶，新年之夜，意大利人也通过穿红内裤的方式来为自己带来好运。

（36）如果你在美国捡到某人丢失的驾驶执照，可以将其随便扔进一个邮筒内，邮政部门会把它寄回给失主。

（37）西藏的布达拉宫是一座宫堡式建筑群，是松赞干布为迎娶文成公主而建的。布达拉宫每年都会有一个"粉刷季"，义工们会自发组团，背着牛奶、白糖、蜂蜜和藏红花等混合而成的涂料，到布达拉宫粉刷墙壁。

（38）上海市区主要路段是以全国各地地名来命名的。南北走向的采用省名，如河南路；东西走向的采用市区县名，如南京路。

（39）巴西狂欢节是世界上最盛大的狂欢节之一，有"地球上最伟大的表演"之称，一般在每年二月的中旬或下旬，为期三天。在巴西狂欢节上，每个人都不愿表现自我，而是想成为别人。有的男人希望自己拥有女性的特征，而有些平时内向的女人则大跳狂热的舞蹈，尽量模仿他人的敏捷和有力动作。在巴西的狂欢节中，里约热内卢狂欢节是世界上最著名、最令人神往的盛会之一。

（40）巴西南部的南里奥格兰德州盛产美人，将近50%的巴西模特都来自该州。从前，那里的移民大多来自德国、意大利、波兰和斯洛文尼亚，很多人由此继承了瘦高个子、金发、蓝眼睛和丰满的苹果肌——这些都是纽约、米兰和巴黎秀场最喜欢的模样。

（41）美国和加拿大的国界线恰好穿过了一座房屋，将其"一分为二"，也就是说每次从卧室去趟洗手间就相当于出了一次国。房子主人决定将这座房子出售，但无奈的是，潜在买家了解此情况后都会打退堂鼓。这座房子属于两个国家，买房一方与卖房一方需要交接的手续极其烦琐，这也导致了该房屋直到现在都无法卖出去！

附录 B 谦辞和敬语

所谓谦辞,就是表示谦虚的言辞。所谓敬语,是指敬称他人或与他人有关的人和事的言语。

1. 谦辞

拙笔:称自己的文章和书画。

拙见:称自己的见解。

拙作:称自己的作品。

薄酒:味淡的酒,常用作待客时的谦辞。

薄礼:不丰厚的礼物,多用来谦称自己送的礼物。

薄面:为人求情时谦称自己的情面。

拜访:指看望别人。

拜望:指探望别人。

拜托:指托对方办事情。

拜读:指阅读对方的文章。

家父:对别人称自己的父亲。

小弟:男性在朋友或熟人之间谦称自己。

小儿:谦称自己的儿子。

小女:谦称自己的女儿。

寒舍:称自己的家。

过誉:谦辞,过分称赞。

斗胆:形容大胆,多用作谦辞。

过奖:指对方过分地表扬或夸奖。

错爱:谦辞,表示感谢对方的爱护、培养。

2. 敬语

令尊:称对方的父亲。

令堂:称对方的母亲。

令郎:称对方的儿子。

令爱:称对方的女儿。

高堂:尊称对方父母。

先帝:称已死皇帝。

先考:称已经死去的父亲。

先妣:称已死母亲。

先贤：称已死去的有才德的人。
高就：指人离开原来的职位就任较高职位。
高论：称别人的议论。
高见：称对方的见解。

3. 客套话

初次见面说"久仰"，好久不见说"久违"。
请人评论说"指教"，求人原谅说"包涵"。
求人帮助说"劳驾"，求人给方便说"借光"。
麻烦别人说"打扰"，向人祝贺说"恭喜"。
请人改稿称"斧正"，请人指点用"赐教"。
求人解答用"请问"，赞人见解用"高见"。
看望别人用"拜访"，托人办事用"拜托"。
宾客来到用"光临"，送客出门称"慢走"。
招待远客称"洗尘"，陪伴朋友用"奉陪"。
请人勿送用"留步"，欢迎购买叫"光顾"。

主要参考文献

[1] 金正昆.商务礼仪教程(微课版)[M].7版.北京:中国人民大学出版社,2023.
[2] 李荣建.社交礼仪[M].4版.武汉:武汉大学出版社,2020.
[3] 李曾辉,张敏,曾诺.实用社交礼仪[M].秦皇岛:燕山大学出版社,2022.
[4] 马保奉.外交礼仪漫谈[M].北京:中国铁道出版社,1996.
[5] 蒋璟萍.礼仪教程[M].北京:清华大学出版社,2021.
[6] 袁涤非.现代礼仪[M].2版.北京:高等教育出版社,2021.
[7] 周思敏.你的礼仪价值百万[M].北京:中国纺织出版社,2009.
[8] 羽西.听礼仪专家讲故事[M].北京:当代世界出版社,2008.
[9] 王玉苓.商务礼仪[M].2版.北京:人民邮电出版社,2018.
[10] 托嘉.跟法国女孩学社交礼仪[M].治棋,译.北京:电子工业出版社,2013.
[11] 闫秀荣,杨秀丽.现代社交礼仪[M].3版.北京:人民邮电出版社,2018.
[12] 杨雅蓉.高端商务礼仪——快速成为职场沟通达人[M].北京:化学工业出版社,2021.
[13] 郑彦离.礼仪与形象设计[M].北京:清华大学出版社,2009.
[14] 高忠严.礼俗之道:中国古代的风俗礼仪[M].太原:希望出版社,2012.
[15] 华平生.齐家有礼——幸福家庭经营智慧[M].上海:复旦大学出版社,2023.
[16] 李雪梅.实用礼仪教程[M].北京:中国人民大学出版社,2018.
[17] 罗云明,杨筱玲.礼仪规范教程[M].北京:电子工业出版社,2017.
[18] 王艳,曾虹.商务礼仪与沟通[M].北京:中国财政经济出版社,2021.
[19] 马保奉.朝鲜礼俗(礼仪漫谈)[N].人民日报海外版,2018-11-3(5).
[20] 百度文库.朝鲜的礼仪[EB/OL].(2022-04-07).https://wenku.baidu.com/view/00c16e160a12a21614791711cc7931b765ce7b9c.htm.